Raoul von Dombrowski

Der Fuchs

Monographischer Beitrag zur Jagd-Zoologie

Raoul von Dombrowski

Der Fuchs
Monographischer Beitrag zur Jagd-Zoologie

ISBN/EAN: 9783743301030

Hergestellt in Europa, USA, Kanada, Australien, Japan

Cover: Foto ©Lupo / pixelio.de

Manufactured and distributed by brebook publishing software
(www.brebook.com)

Raoul von Dombrowski

Der Fuchs

DER FUCHS,

UND VERLAG CARL GEROLD'S SOHN
1883.

VORWORT.

— — —

Reinecke, Schalk und Bösewicht,
Wer liebt dich nicht und hasst dich nicht,
Beides in einem Athem?
Laube, „Jagdbrevier".

Eine Vorrede zu Meister Reineckens Lob und Tadel; ein
Buch über den Buschklepper, Dieb und Meuchelmörder, über
welchen seit Menschengedenken so viel erzählt, geschrieben,
gedichtet und — erdichtet wurde!

Es regt sich eine, mir sonst ziemlich fremde Lust zu Streit
und Widerspruch, indem ich, die Monographie über den Fuchs
abschliessend, nun im Vorwort »Farbe bekennen«, die Visit- und
Adresskarte redigiren soll, mit welcher ich das bescheidene
Werk meiner Mussestunden vor das Forum der Fachgenossen-
schaft und der Kritik lege.

Es regt sich die Lust in mir, den Fehdehandschuh allen
Jenen hinzuwerfen, die den Fuchs über alle Gebühr verherr-
lichen, allen Jenen, die ihm Fähigkeiten andichten, deren Meister
Fuchs eben — nicht fähig ist; allen Jenen, welche nachbeten,
was Andere ohne Ueberzeugung vorgebetet haben.

Eine vieljährige Erfahrung neben vergleichenden Beobachtungen und Studien, die ich reichlich und eingehend anzu-
stellen in der Lage war, dies sind die Schutz- und Trutzwaffen,
mit welchen ich die Thesis verfechten will:

Der Fuchs überrage weder mit seinen Sinnen, noch durch deren Gebrauch die freien Thiere des Naturhaushalts«.

Wer je im tiefverschneiten kirchenstillen Waldrevier den Fuchs schussrecht heranschnüren sah, wer ihm je verdutzt nachblickte, als er blitzschnell umschlug, oder lautlos wie ein Gedanke über die engste Stelle der Schneuse fuhr, mit seiner nur eben noch sichtbaren Standartenblume ein Adieu winkend; wer bei guter Neue all' seinen schlauen Kreuz- und Querzügen auf der schnürenden Spur folgte; -- wer ihn im Feuer niederschoss und sei es auch das hundertstemal, der wird es nicht leugnen: der Fuchs sei eines der interessantesten Jagdthiere, die Zierde einer Waldjagdstrecke, eine verdienstvolle Jagdtrophäe des hegenden Waidmanns, an rauhen, bitterkalten Wintermorgen.

Wer wird dem alten böhmischen Wildheger rücksichtlich der Epitheta nicht zustimmen, welcher einst beim Fuchsgraben mit der blossen Hand in den Einschlag fuhr, um den sichtbar gewordenen Reinecke lebendig hervorzuholen und dem Oberförster auf die Frage »ob er ihn habe«, polternd zur Antwort gab —: »Nein bitte, abe Fuchs-Lude hat mich — Viech tiffige!«

Dies Alles zugegeben, muss ich doch dem ungebührlichen Cultus entgegentreten, welcher dem Fuchs gezollt wird.

Jedes Thier entwickelt im Kampfe um's Dasein ein geradezu erstaunliches Mass von Sinneskräften und klugem Ermessen. Der Mensch, dieser gewaltigste Feind wird umsomehr davon zu erzählen wissen, je mehr er, namentlich als Jäger jenen mächtigen Schutzwaffen des Thierreiches offensiv gegenüber steht.

Im Urzustande zeigt sich jedes Thier nur seinem naturgesetzlichen Feinde gegenüber scheu und vorsichtig, welchen es als solchen instinctiv kennt oder erkennen lernt.

Oft habe ich im Urwalde die Beobachtung gemacht, dass sich ein mausender Fuchs durch meine wohl längst bemerkte Annäherung keineswegs stören liess und dieselbe bis auf Büchsenschussdistanz sorglos duldete. Auch in gehegten Revieren kann man ähnliche Beobachtungen machen. Der edle Hirsch, der zierliche Rehbock zeigen sich, wenn sie selten beunruhigt werden, in hohem Grade zutraulich. Beginnt jedoch die Schusszeit, nun dann kann der schlaueste Fuchs bei einem alten Hirsch oder Rehbock in die Lehre gehen, welche es weit besser verstehen, als der vielgerühmte Reinecke, das bestcombinirte Bemühen des Jägers gründlich zu paralysiren.

Wie vertraut, fast zahm, zeigt sich der Fasan, so lange dies ohne Gefahr angeht. Wie eminent versteht es jedoch dieser schmucke Jagdvogel aus dem Jagdboden laufend und schleichend zu verschwinden, wenn er merkt, und er merkt dies bald, dass gewisse Vorbereitungen der Jagd seiner wohlschmeckenden Individualität gelten.

Welch' erstaunlichen Grad von List und Verschlagenheit, Vorsicht und Frechheit beweisen die Nebelkrähe, die Elster, der Habicht!

Ist ein Fuchs in irgend einer Schonung bestattet, dann wird der erfahrene revierkundige Jäger, mit ziemlicher Sicherheit den Wechsel bezeichnen können, auf welchem der Fuchs zu Schuss kommen werde, und es genügen in der Regel zwei, drei gute Schützen, um den bestatteten Fuchs zur Strecke zu bringen. Wird ein solcher Trieb, still und rasch eingelappt, dann genügt ein Schütze am Hauptwechsel, und ich selbst habe auf diese Weise eine grosse Zahl von Füchsen erlegt, und nur vereinzelt Fehljagden zu verzeichnen.

Ist jedoch ein alter Hirsch oder Rehbock bestattet und selbst eingelappt, dann wird nur ein präpotenter oder noch — sehr grüner Jäger mit jener ruhigen Sicherheit einen Erfolg prognosticiren, wie dies beim Treiben des Fuchses der Fall ist.

Wie oft beäugt der Steinmarder von einem – mit Ueber-
legung gewählten— Plätzchen ein stundenlanges Rumoren und
Lärmen am Scheunenboden geduldig, unbeweglich, bis seinen
Verfolgern die Geduld ausgeht.

Ich wäre in der Lage, noch eine Reihe von Episoden aus
dem Thierleben zu schildern, deren strenge, auf gewissenhafte
Beobachtung gestützte Wahrheit ich verbürge und welche meine
vorangestellte Thesis bekräftigen.

Eine gewisse Species von Naturforschern und eine andere
von der grünen Gilde der Jägerei — Beide im »Latein« und
auch im Nachbeten Tüchtiges leistend — haben bis nun für Meister Reinecke, weit über Gebühr und Thatsächlichkeit, Reclame
gemacht und — an deren Adresse ist in erster Reihe der negi-
rende Text meiner Vorrede gerichtet.

Ob auch gewissenhafte Forscher, ob auch erfahrene, scharf
beobachtende Waidmänner diesfalls über oder neben mir, oder
aber — — mir gegenüber stehen werden?

Gewappnet, und auf die Wahrheit mich stützend, darf
ich dies wohl ruhig abwarten.

Raoul von Dombrowski.

INHALT.

Acht Tafeln Abbildungen nach Originalzeichnungen des Verfassers.

I. Naturgeschichte.

a) Waidmännische Bezeichnungen.

Der Fuchs, *Canis Vulpes* L., zählt zur Ordnung der Raubthiere — *Carnivora* — zur Gruppe der Hunde und zur Familie der Zehengänger — *Digitigrada*.

Der männliche Fuchs trägt in der Waidmannssprache denselben Namen, wird jedoch in manchen Gegenden R i e d oder R ü d genannt.

Der weibliche Fuchs heisst: F ü c h s i n, F ä h e, F ä h i n oder B e t z e.

Der Fuchs hat L i c h t e r oder S e h e r und nicht Augen; L a u s c h e r oder L o s e r und nicht Ohren.

Der Fuchs hat L ä u f e nicht Füsse; B r a n t e n, P r a n - te n nicht Zehen.

Der Schwanz wird S t a n d a r t e, L u n t e oder S t a n g e, die Spitze desselben B l u m e genannt; die mit einem rauhen Haarbüschel überwachsene Drüse ob derselben nennt man V i o l e.

Der Fuchs k r i e c h t zu Bau, s t e c k t in, und f ä h r t aus demselben.

Der Fuchs s c h l e i c h t, wenn er sich langsam, er t r a b t und s c h n ü r t, wenn er sich rascher fortbewegt; er wird f l ü c h - t i g, wenn er läuft.

Wenn der Fuchs dem Lockton — dem nachgeahmten Klagelaut eines Hasen, eines Vogels — oder dem Fipplaut der

Mäuse — dem »Mäuseln« — folgt, so läuft er, oder kommt auf's Reizen, er läuft an.

Der Fuchs bellt; im Zorn keckert und murrt er; er klagt, wenn er einen Schmerzlaut vernehmen lässt.

Das männliche Zeugungsglied wird Ruthe oder Fruchtglied, das weibliche »Schnalle« genannt. Die Füchsin »rennt« wenn sich der Begattungstrieb regt; sie »wirft« oder »wölft« ihre Jungen. Die Periode der Begattung wird »Rollzeit« genannt.

Der Fuchs »beschleicht« seine Beute, »schlägt« sie, indem er sie fängt, und »reisst« sie, indem er sie zerbeisst.

Die Haut des Fuchses heisst der »Balg«; der Balg wird »abgeschürft« oder »abgestreift«, nicht abgezogen.

Der bekannte Beiname »Reinecke« ist von einem gegen Ende des fünfzehnten Jahrhundertes in niederdeutscher Sprache verfassten epischen Gedicht »Reineke Vos« abzuleiten. Reinecke ist das niederdeutsche Diminutiv von »Reginohart« — der Rathstarke — zusammengezogen Reinhart.

Auch der Dichterheros Wolfgang von Goethe hat Reinecke Fuchs besungen, während Wilhelm von Kaulbach die Gesänge in meisterhafter, humorvoller Weise illustrirte.

Auch in der japanesischen Thiersprache spielt der Fuchs — »Kitsune« — eine hervorragende Rolle.

b) Beschreibung.

Der ausgewachsene Fuchs erreicht eine Höhe von 36 bis 40 Centim. und eine Länge von 1·30 bis 1·40 Meter von der Nase bis zur Blume gemessen; sein Gewicht beträgt 7 bis 10 Kilogr.

Das scharfe Gebiss weist 42 Zähne, von welchen die hervorragenden Eckzähne Fänge, Fangzähne genannt werden.

Zahnformel: $\dfrac{2.1.3.\quad 1.\quad 6.\quad 1.\quad 3.1.2.}{2.1.4.\quad 1.\quad 6.\quad 1.\quad 4.1.2.} = 42$ Zähne.

Die Pupille der Lichter zeigt eine länglichrunde Form und ist etwas schief gestellt. Die grobgekerbte Nasenhaut ist kalt und feucht. Der nach Innen gekehrte nackte Rand der Oberlippe ist seicht gefaltet, der Unterlippenrand vom Fangzahn bis zum Mundwinkel grob gekerbt. Die Lauscher haben eine dreieckige, ziemlich spitzige Form und etwas über Kopfeslänge. Die Zehen an den Vorderläufen zeigen stark entwickelte Bindehäute, die höherstehende fünfte jedoch einen nackten Ballen. Die Unterseite der Zehen ist in starken nackten Zehenballen entwickelt; hinter ihnen, quer über die Breite der Sohle ist ein nach der Mitte erweiterter grosser Ballen eingefügt, von welchem nach vorn drei Längsstreifen von Haaren zwischen den Zehen verlaufen. Die Sohle hinter diesem ist dicht behaart. Die etwas schmäleren, längeren Hinterbranten zeigen die gleiche Structur.

Die Beschreibung von hinlänglich Bekanntem ist eine missliche Aufgabe und doch darf sie auch hier nicht übergangen werden, trotzdem der Autor supponiren muss, dass die Schelmenphysiognomie, sowie der äussere Habitus Reineckens Jedermann hinlänglich bekannt ist und er somit »Wasser zum Strome«, »Eulen nach Athen« trägt.

Der scharfgeschnittene, spitz zulaufende Kopf, der böse, stechende Blick, die ganze Haltung des Körpers und dessen elastische Bewegungen verrathen den schleichenden Dieb und Meuchelmörder. Der im Verhältniss zu den kurzen Läufen in Folge der dichten Behaarung fast zu schwer erscheinende Rumpf, die lange buschig behaarte Standarte lassen die dem Fuchse eigene blitzschnelle Behendigkeit, Kraft und Ausdauer kaum ahnen. Die buschige Standarte, welche im Schleichen mit der Blume den Boden streift, trägt er, trabend, ebenfalls nach abwärts gerichtet, streckt sie in voller Flucht wagrecht und schnellt sie im Affect nahezu senkrecht auf.

»Zierlicher als seine Verwandten in Tracht und Haltung« — sagt Tschudi — »feiner, vorsichtiger, berechnender, biegsamer, von grossem Gedächtniss und Ortssinn, erfinderisch, geduldig, entschlossen, gleich gewandt im Springen, Schleichen, Kriechen und Schwimmen, scheint er alle Erfordernisse des vollendeten Strauchdiebes in sich zu vereinigen und macht, wenn man seinen geistreichen Humor hinzu nimmt, den angenehmen Eindruck eines abgerundeten Virtuosen in seiner Art.«

Reinecke verliert seine Besonnenheit, seine kühle Ueberlegung — die richtigen Vorläufer einer kühnen raschen That — nicht leicht, und versteht es selbst in der ärgsten Klemme ein Hinterthürchen zu finden oder — sich's zu schaffen.

Es ist dies Alles indess nur halb sein Verdienst, denn nur der rege und nicht eben freundliche Verkehr mit dem Menschen, der Umstand, dass er als wahrer Feinschmecker weder den Steinwall des Weingartens noch die Einfriedung des Hühnerhofes, dass er weder das friedliche Wochenbett der Häsin, noch die muntere Descendenz der streitbaren grimmigen Wildsau, dass er weder die Gesetze im Allgemeinen, noch die Schongesetze und die Hege-Principien des Waidmanns im Besonderen respectirt — dies Alles bringt ihm stündlich arge Conflicte und Verwickelungen an den Hals, deren Paralysirung eben die List und Verschlagenheit zu jener Meisterschaft ausbilden hilft, zu welcher die unausgesetzte Verfolgung die besten zwingendsten Lehrmittel von Fall zu Fall bietet.

In Gegenden, wo er mit den vielfachen erworbenen und usurpirten Rechten des Menschen selten oder nicht in Conflict geräth, wie in Urwäldern und Steppen, ist der Fuchs ein weit weniger universell gebildeter und ziemlich sorgloser Geselle. Es ist eben der Kampf um's Dasein, welcher die natürlichen Trutz- und Schutzwaffen des Meisters Fuchs — wie jeder Creatur überhaupt — durch die Anwendung schärft und stählt, und das Einrosten verhütet!

Die für alle ihre Geschöpfe gleich sorgsame Mutter Natur
färbt den Rock ihres so vielgelästerten, in ihrem hohen Sinne
aber keineswegs missrathenen Sohnes -- wie er ihn mit Rücksicht auf seine Umgebung eben braucht. — Die harmonisch
abgestuften Farben seines Balges, welche er in gemässigten
Landstrichen trägt, fügen sich unauffällig in das Colorit des
Laub- und Nadelwaldes, des Felsgeklüftes ; die gelbröthliche
fahle Färbung in die warmen Tinten seiner spanischen und
italischen Heimat; die variirende Behaarung endlich im hohen
Norden ist der kurzen Vegetationsperiode, dem erstarrenden
Winter angepasst.

In Mitteleuropa sind zwei Varietäten von *Canis Vulpes*,
und zwar der Birk- oder Rothfuchs und Brand- oder Kohlfuchs,
heimisch, welche ein und dasselbe Verbreitungsgebiet bewohnen,
sich geschlechtlich vermischen, trotzdem aber die wesentlich
verschiedene Färbung des Balges individuell und constant vererben. Ihre Färbung stellt sich folgendermassen dar : Beim
Birkfuchs läuft ein schmaler weisslicher Rand an den Ober-
lippen hin, um die Mundwinkel herum sichelförmig aufwärts
längs den Backen, breitet sich am Unterkiefer über Kinn und
Kehle aus, und verläuft in einem zugespitzten Streif an den
Vorderläufen. Dieselbe Zeichnung, welche beim Birkfuchs wie
vorbeschrieben weisslich ist, erscheint beim Brandfuchs schwärzlich grau.

Die Grundwolle, welche über den ganzen Körper, wo derselbe lang behaart ist, sich verbreitet, zeigt beim Birkfuchs eine
gelbgraue, beim Brandfuchs eine schwärzlich graue Färbung.

Am Kopfe zeigt sich gleich über der schwarzen, stets
feuchten Nasenhaut ein glatt anliegendes, kurzes, tief braun-
rothes Haar, welches höher hinauf sich allmälig verlängernd,
beim Birkfuchs weiss gestichelt, beim Brandfuchs aschgrau
überflogen erscheint. Die Lauscher sind an der Wurzel hell-
roth, gegen die Spitze hinauf schwarz, nach innen grau und

wollig behaart. Beim Birkfuchs bleibt die gelbrothe Haarfarbe am ganzen Oberhalse, auf einem Theile des Rückens und auch an den Schultern und Blättern die herrschende, während sie an den oberen Theilen der Flanken in's braungelbe, am unteren Theile von hellgelb bis in's weissliche übergeht. Das übrige Rückenhaar ist graubraun, hat dicht über der Standarte einen rothbraunen lichtgelblich gesäumten Streif. Der Brandfuchs zeigt dieselbe Zeichnung in dunklerer Farbe, welche an den unteren Seiten der Flanken in aschgrau verläuft. Die Standarte ist buschig und struppig behaart und es zeigt sich an der oberen Seite von der Wurzel bis gegen die Blume ein etwa 5 Centim. breiter braunrother und dunkelbraun gestichelter Streif, welcher in einer einzigen schneckenförmigen Windung verläuft. An der unteren Seite zeigt sich ein ebenso breiter gelblicher, grau gestichelter Streif, welcher den Zwischenraum der vorerwähnten schneckenförmigen Windung ausfüllt. Die Spitze der Standarte des Birkfuchses — »die Blume« — ist weiss. Der Brandfuchs trägt auch hier eine viel dunklere, schwärzlich gestichelte Färbung und die Standarte verläuft in einer aschgrauen, schwarz gestichelten Blume. Auf dem oberen Theile der Standarte, ungefähr 6 Centim. von deren Wurzel zeigt sich eine kleine, mit brandroth gefärbtem borstenartigem Haar bewachsene, mit einer zähen, nach Veilchen riechenden Flüssigkeit gefüllte Drüse, welche Viole genannt wird. Die beim Birkfuchs weisse, beim Brandfuchs dunkelgrau gefärbte Blume ist von schwarzen Stichelhaaren gesäumt. Die Vorderläufe sind beim Birkfuchs gelbroth, beim Brandfuchs braunroth; bei Ersterem an der Innenseite mit einem weisslichen, bei Letzterem mit einem schwärzlich grauen Streifen geziert und enden in schwarz gefärbten Branten. Ein gleicher Zwickel verläuft aufwärts gegen das Kniegelenk.

Die Hinterläufe zeigen eine gleiche Färbung, doch ist der vorerwähnte Zwickel schmäler und kürzer, neben welchem sich beim Birkfuchs ein weisslicher, beim Brandfuchs ein schwärz-

licher Streif bis zu den Wammen hinaufzieht. Haarfarbe und
Zeichnung sind bei beiden Geschlechtern durchaus gleich, doch
kommen beim Birkfuchs wie beim Brandfuchs zuweilen Farben-
varietäten vor, welche als Spielarten zu bezeichnen sind *).

Der gewöhnliche Laut des Fuchses hat einige Aehnlichkeit mit dem Bellen eines schwächeren Hundes. Der kläf-
fende Laut wird in rascher Folge fünf-, sechsmal ausgestossen
und schliesst zumeist mit einem winselnden kreischenden Ge-
heul ab. Im Winter, wo das Bellen des Fuchses zur Nachtzeit
vernehmbar wird, kündigt es zumeist den Eintritt strenger
oder stürmischer Witterung an. Auch beim Eintritt der Rollzeit und wenn der Schnee jene dem Wilde so gefährlichen
Eiskrusten bildet und die Füchse — dies nützend — das küm-
mernde Wild jagen, ist dieser widrige Laut vernehmbar. Auch
lässt der Fuchs während der Rollzeit einen Laut vernehmen,
welcher ziemlich dem Schreien der Pfauen ähnelt. Mit einer
sanfteren Modulation des Bellens locken die alten Füchse ihre
halbwüchsigen Jungen beim praktischen Unterricht im Diebs-
und Räuberhandwerk, und auch die noch im Bau befindlichen Jungen verkünden durch ähnlichen Laut die Mah-
nungen ihres stets regen Hungers. Wird der Fuchs von Hunden
angegriffen und gestellt, dann begleitet er seine äusserst tapfere
Vertheidigung mit einem boshaften Murren und heiserem Keckern.
Ein übrigens schwer zu beschreibender Klagelaut wird vom
Fuchs nur äusserst selten, zuweilen dann vernommen, wenn ihm
durch einen Schuss ein Röhrenknochen gesplittert wird. Ich
habe die Beobachtung gemacht, dass das Hoch- und Rehwild

---

*) Ich schoss einst zu Beginn der Rollzeit mit einem coup double
ein Fuchspaar von interessanter Färbung. Die beiden Füchse waren in einer
Fichtenschonung bestattet, wurden eingelappt und kamen mir gleichzeitig
zu Schuss. Einer dunkel aschgrau gefärbten Brandfüchsin folgte ein hell-
gelber weiss gestichelter Birkfuchs von capitaler Stärke. Der rasch abgege-
bene Doppelschuss streckte Beide im Feuer nieder. Das interessante Paar
wurde von dem bekannten Präparator Hodek in Wien meisterhaft naturalisirt.

z. B., welches bei tödtlichem Schuss lautlos bleibt, bei ähnlicher
Verwundung einen stöhnenden Klagelaut vernehmen lässt. Auch
vom Wolf vernahm ich in solchem Falle einen knurrenden,
stöhnenden Schmerzlaut — kenne übrigens die Empfindung
auch aus persönlicher Erfahrung und verdenke es weder dem
Fuchs noch irgend Jemand, wenn er ein solch perfides Anschiessen übel nimmt.

Der Fuchs erfreut sich wie die meisten Raubthiere einer
ausserordentlich zähen Lebenskraft und geht oft mit einem
absolut tödtlichen Schuss im Leibe in einer Haltung und mit
einer Raschheit vom Anschusse ab, als liesse sein Allgemeinbefin-
den durchaus nichts zu wünschen übrig. Oft bricht der Fuchs am
Anschuss im Feuer zusammen — einige krampfhafte Zuckun-
gen der Läufe und der Standarte, ein letztes boshaftes Zähne-
fletschen — alle diese Anzeichen deuten unzweifelhaft auf die
eingetretene Agonie, und endlich liegt er regungslos hingestreckt.
Man hält ihn für verendet. Allmälig blinzelt der Erzschelm
vorsichtig recognoscirend mit seinen Sehern — ein leises Auf-
athmen, ein Einziehen der Sprunggelenke und — fort ist er!

Eine lange Reihe verbürgter und unverbürgter, stark lateinischer bis an's Griechische streifender Episoden liefern diesfalls erstaunliche Commentare und ich will hier nur zwei Fälle
anführen, für deren schlichte deutsche, dem »Latein« durchaus
fernstehende Wahrheit ich persönlich einzustehen vermag.

Ein Jäger hatte auf dem Anstande einen Fuchs erlegt und
nachdem er ihn in seinem Rucksack geborgen, trat er den Heim-
weg mit seiner Beute an. Nach Verlauf von etwa zwei Stunden
in seiner Behausung angekommen, löste derselbe die Schnüre
des Rucksacks, um den Fuchs hervorzuholen. Eine Secunde
später hatte der Fuchs seinen fadenscheinigen Sarg jedoch ohne
Beihilfe des Jägers verlassen und mit einem mächtigen Satze
durch die offengebliebene Thüre die Hoffnungen auf Balg und
Schussgeld gründlich in Frage gestellt. Auch die Lippen seines

Erlegers blieben eine Weile offen stehen, bis sie endlich ein unverfälschter altbaierischer Kernfluch wieder in Bewegung setzte, welch' letzterer jedoch sicherer Ueberlieferung gemäss nur mehr vom leeren alten Rucksack vernommen worden sein soll, nachdem sein Insasse bereits die Heimreise angetreten hatte.

Der zweite Fall, welchen ich hier als argumentum ad vulpem anführen will, ist kurz folgender:

Ein biederer böhmischer Wildheger fand, als er in seinem Reviere pflichttreu im Morgengrau bei Fallen und Eisen Nachschau hielt, einen alten starken Fuchs und zwar an der rechten Vorderbrante gefangen. Einige wohlgezielte Hiebe über den empfindlichsten Körpertheil des Fuchses, die Schnauze, endeten rasch die Qualen des gefangenen Räubers, und der Wildheger trug seine Beute um so vergnügter heim, als der Balg den localen Satzungen gemäss sein Eigenthum blieb.

Daheim war grosser Jubel unter der zahlreichen Kinderschaar (ein böhmischer Wildheger thut's selten unter einem halben Dutzend), als der »pan tata« (der Herr Vater) den erschlagenen Buschklepper, welcher bereits steif gefroren schien, auf die Ofenbank warf, damit er behufs sofortigen Streifens aufthaue. Und — er war nach wenigen Secunden auch richtig bereits aufgethaut. Mit einem gewaltigen Sprunge räumte der todtgeglaubte Fuchs die Ofenbank, fuhr zwischen dem kreischenden tief erschrockenen Wildheger-Nachwuchs mitten durch und flugs unter das Ehebett.

Der Heger stand eine Weile verblüfft, doch mit der rasch wiederkehrenden Fassung war auch die exemplarische Züchtigung des frevelhaften Beginnens beschlossen. »Franzl«, der Stammhalter, wurde sofort zum Herbeiholen der beiden krummbeinigen Teckl »Sem« und »Tam« aus dem Zwinger beordert, während die übrigen Kinder auf Tisch und Bank amphitheatralisch gruppirt athemlos und gespannt der Dinge harrten, die nun kommen sollten. — Vorerst kam die dralle schönere

Hegers-Hälfte aus der Küche herbei mit einem gewaltigen Besen bewaffnet und die Röcke fest zusammen haltend denn — »von d e m«, meinte sie, »wäre eben Alles zu erwarten!« Dann kamen die beiden Dachshunde ebenso ahnungslos als schweifwedelnd in die Stube, doch schon im nächsten Augenblick witterten und entdeckten sie den Fuchs, und nun war unter des Hegers Ehebett buchstäblich der Teufel los!

Nach wenigen Minuten indess war unter Murren und Knurren, scharfem Angriff und verzweifelter Gegenwehr die Schlacht entschieden. Der Herr des Hauses und des beunruhigten Ehebettes zog den verendeten, von »Sem« und »Tam« arg zerzausten Missethäter an der Standarte aus dem discreten Schlupfwinkel, während die Hausfrau beruhigt ihren Röcken die Freiheit des Faltenwurfes wieder gab.

»Stirbt der Fuchs, so gilt der Balg.« Bei der Verwerthung des erlegten Fuchses kann wohl nur von jenem die Rede sein, denn ein Fuchsbraten ist eben Geschmacksache, von welcher hier weiter nicht die Rede sein soll. Während bei uns zu Lande durchschnittlich zwei bis fünf Gulden (vier bis zehn Mark) für den Balg gezahlt werden und Fuchspelze wenig begehrt erscheinen, sind sie in Russland, in der Türkei, und in Sibirien ebenso gesucht als beliebt und es sind nach Radde's Mittheilungen in Sibirien für einen guten Fuchsbalg willig zwei bis drei Zobelfelle ausgetauscht worden. Sogenannte Schwarzfüchse — dunkle weissbereifte Felle — werden in Russland bis zu 250 Rubel per Stück bezahlt.

Im Mittelalter wurden übrigens die Körpertheile des Fuchses zu mancherlei Geheimmitteln verarbeitet und auch noch im 17. und 18. Jahrhundert rühmten fahrende Quacksalber die universelle und wunderbare Heilkraft ihrer aus Fuchsleichnamen bereiteten Arzneien und Arcana.

Unter den Feinden, mit denen der Fuchs zu rechnen hat, steht der Mensch als der gewaltigste obenan; doch begegnet

man auch hier sehr getheilten Meinungen. Der zumeist kurz-
sichtige, d. h. mit Brillen bewaffnete Forstmann modernster
Auflage verhimmelt ihn, der Waidmann verdammt ihn. Wie
sehr auch die Meinungen des Volkes entgegengesetzte genannt
werden können, beweist Franz v. Kobell in seinem prächtigen
»Wildanger« durch folgende launige Geschichte: »Ich ging
einmal mit einem Jäger auf die Birsch und wir passirten zwei
nahe gelegene Bauernhöfe. Vor dem einen rief uns ein Weib
zu: »»So schiesst's do a mal den verdammt'n Fuchs, der ma
meini Hendln bei'n helllichten Tag holt, den Teufi d'erschiesst's
a mal, i bitt' Eng gar schö!«« Bei dem zweiten Hof stand ein
Bauer, der uns anredete: »»Gel', habt's ma jetz' mei Fuchs
d'erschoss'n; hätt's a a was g'scheitr's thoa kinna. Hat so fleissi
g'maust auf mein Feld, dass i mei Freud' dra' g'habt ho.««

In der Thierwelt sind es neben dem Luchs die Familien-
genossen — die lieben Verwandten — und zwar Meister Isegrimm,
der Wolf, und die Hunde, die Reinecke's Balg bedrängen. Auch
der Adler und der Uhu sind beachtenswerthe Feinde und den
halbwüchsigen, vor dem Baue sorglos spielenden Füchslein wird
sogar der Habicht gefährlich.

Tschudi berichtet in seinem »Thierleben der Alpenwelt«
über einen interessanten Zweikampf zwischen Adler und Fuchs
wie folgt: »Ein Fuchs lief über den Gletscher, wurde blitzschnell von einem Steinadler gepackt und hoch in die Lüfte
geführt. Der Räuber fing bald an, sonderbar mit den Flügeln
zu schlagen und verlor sich hinter einem Grat. Der Beobachter
stieg zu diesem heran, da lief zu seinem Erstaunen der Fuchs
pfeilschnell an ihm vorbei; — auf der andern Seite fand er
den sterbenden Adler mit aufgebissener Brust. Dem Fuchse
war es gelungen, den Hals zu strecken, seinen Räuber bei der
Kehle zu packen und diese durchzubeissen. Wohlgemuth hinkte
er nun von dannen, mochte aber wohl sein Leben lang die
sausende Luftfahrt nicht vergessen.«

Am Ende der Aufzählung seiner gefährlichen, will ich auch noch seiner lästigen Feinde Erwähnung thun: das sind die Flöhe, munter wie er selbst und nicht minder blutgierig.

Der Fuchs bewohnt zeitweilig unterirdische Baue, in welchen zumeist auch die Begattung vollzogen wird *) und die Füchsin wölft.

Nur gezwungen und ungern unterzieht sich der Fuchs der mühevollen Arbeit, welche die Herstellung eines Baues erforderlich macht, und benützt entweder natürliche Spalten und Höhlungen im Felsgeklüft, welche er zweckentsprechend adaptirt, oder er wählt verlassene Dachsbaue, usurpirt auch solche häufig, indem er seinen griesgrämigen, sehr reinlichen Vetter durch triviale Verunreinigung der Röhren vertreibt. Selten bewohnt der Fuchs mit dem Dachs ein und denselben Bau, und es ist dies nur dann der Fall, wenn derselbe — was eben in felsigem Geklüfte häufig zutrifft — eine bedeutende Ausdehnung hat.

Ein Bau besteht aus mehreren Röhren, welche nach allen Himmelsgegenden ausmünden und aus einem oder mehreren Kesseln, in welche die Röhren einmünden.

Erdbaue haben zumeist nur einen Kessel und selten mehr als drei bis vier Röhren. Vor dem Kessel befindet sich zuweilen eine ovalrunde, fast einen Meter im Durchmesser haltende Räumlichkeit, welche als Vorrathskammer benützt wird.

Nebst den gewöhnlichen und den Hauptbauen bewohnt der Fuchs auch zeitweilig sogenannte Nothbaue, welche nur aus einer etwa 60—80 Centim. tief in den Boden sich einsenkenden Röhre bestehen, die, auf der entgegengesetzten Seite oder in

---

*) Viele Autoren und Jäger behaupten, dass sich die Begattung nur im Baue vollziehe. Dies ist jedoch unrichtig. Während des Rennens und Trabens in der Nacht treten wohl im stillen Waldesdunkel Momente ein, wo die Füchsin nachgiebig und hingebend wird, in der Nähe des Baues aber und in dichten Schonungen — wo des fatalen Hängenbleibens wegen keine Störung zu fürchten ist — vollzieht sich Manches, was die discrete Feder verschweigt.   D. V.

stumpfem Winkel ausmündend, an der tiefsten Stelle eine den
Kessel repräsentirende Ausweitung zeigt. Solche Nothbaue finden
sich häufig im Holze wie auch im freien Felde. Wasserdurchlässe und Ueberbrückungen, trockene Canäle u. dgl. benützt
der Fuchs häufig zu zeitweiligem Aufenthalte.

Ebenso dienen hohle Bäume nicht nur einzelnen Füchsen
zum Aufenthalte, auch die Füchsin wählt sie, wiewohl nur selten
und in zwingenden Nothfällen, zum Wochenbette.

Im Fuchsbaue ist nicht jene Reinlichkeit zu finden, welche
die Behausung des Dachses so sehr auszeichnet, und der vielfache, bei zeitweiligem Ueberflusse verwesende Raub verbreitet
— namentlich zur Zeit, wo die jungen Füchse nicht mehr an
dem Gesäuge der Mutter Genüge finden — einen geradezu un-
erträglichen Geruch, welcher sich bereits im weiten Umkreise
um die Behausung der Sippe bemerkbar macht.

Eine Unzahl von Maden, Würmern, Aasfliegen und —
Flöhen bleiben als Afterparteien im Baue zurück, wenn die
Fuchsfamilie in dichte Schonungen, in die Weinberge oder
ruhige, ausgedehnte Feldfluren auswandert, wo die Füchsin die
letzte Hand an die Erziehung ihres Nachwuchses legt.

Mit Rücksicht auf mehrfache und verbürgte Beispiele, welchen zu Folge der Fuchs ein Alter von 14 — 16 Jahren in
der Gefangenschaft erreichte, lassen auf ein relativ hohes Alter
schliessen, welches derselbe in voller und unbehelligter Freiheit
zu erreichen im Stande ist.

Der Fuchs vollendet sein Wachsthum mit Ablauf des
zweiten Lebensjahres, ist jedoch schon nach Ablauf des ersten
fortpflanzungsfähig.

Die Krankheiten, welchen der Fuchs ausgesetzt ist, und
welche fast ausnahmslos tödtlich verlaufen, sind folgende:

1. Die Räude. Es ist dies ein im hohen Grade an-
steckender Ausschlag, welcher zumeist in der wärmeren Jahres-
zeit auftaucht, und häufiger das weibliche Geschlecht befällt.

2. Die Auszehrung oder Darrsucht. Dieselbe äussert sich durch vollständige Abmagerung des befallenen Thieres bis zum Skelett, doch scheint selbe mehr endemisch aufzutreten.

3. Die Tollwuth. Diese dem Hundegeschlecht eigene entsetzliche Krankheit befällt auch den Fuchs und namentlich ist dies wiederholt in den südlichen Alpenländern beobachtet worden. Brehm schreibt in seinem bedeutenden Werke »Thierleben« diesfalls Folgendes:

»Im kleinen österreichischen Kronlande Kärnten«, so schreibt man mir, »wurde zuerst vor fünf Jahren eine Krankheit der Füchse bemerkt, welche seither an Umfang zuzunehmen scheint, über deren Ursprung und Wesen man aber heute noch nicht im Klaren ist.

Unzweifelhaft verhält sich die aufgetretene Krankheit der Hundswuth sehr ähnlich, theilt sich das Krankheitsgift durch den in die Bisswunde dringenden Geifer der Füchse den Gebissenen mit, wie das Wuthgift toller Hunde, und ruft Erscheinungen wie dieses hervor«.

Allen diesen Beobachtungen zu Folge zieht der kranke Fuchs planlos, in einer Art Irrsinn umher, weicht menschlichen Wohnungen auch bei hellem Tag nicht aus, geht selbst in Wohnzimmer oder Stallungen, und lässt sich von seiner Richtung nicht abbringen.

Seine Gangart ist Schritt oder langsamer Trab. Thiere mit vorgeschrittener Krankheit schleppen das mehr und mehr gelähmte Hintertheil.

Kommt dem kranken Fuchse ein Thier in den Wurf, so sucht er ihm einen Biss beizubringen und setzt dann seinen Marsch wieder fort, aus dessen Richtung ihn das Ansichtigwerden von Menschen nicht abwendet.

In den Mägen so erschlagener Füchse, die stets abgemagert waren, fanden sich Gräser, Holztheile, thierischer Koth, doch keine Fleischfressern zukommenden Nahrungsreste

Aus Kärnten und Krain sind mehrfach Fälle zu constatiren, wo Rinder, Schweine und Schafe von tollen Füchsen
angefallen und gebissen wurden. Bei sämmtlichen äusserten
sich nach einiger Zeit die Symptome der Wasserscheu, unter
welchen sie verendeten.

Bis nun ist jedoch nur ein einziger Fall aus Kärnten
bekannt geworden, wo ein Knecht von einem wuthkranken
Fuchse gebissen nach Verlauf von mehreren Wochen unter
den Folgen dieser furchtbaren Krankheit seinen Geist aufgab.

c) Die geographische Verbreitung und die Arten.

Der Fuchs hat ein sehr ausgedehntes Verbreitungsgebiet,
welches jedoch nicht nur — wie manche Autoren behaupten —
die gemässigten Himmelsstriche der alten Welt umfasst. Den
hohen Norden bewohnt er bis an die äusserste Grenze der
Waldvegetation; der ganze Osten ist seine Heimat bis an die
Südabhänge des Himalaya; im Westen bewohnt er Amerika
und sein südlichster Verbreitungsbezirk in der alten Welt ist
die Nordgrenze der Sahara. J. J. von Tchudi berichtet über
den in Peru vorkommenden azaraischen Fuchs *Canis azarae*,
welcher ein ebenso wildes, diebisches und schlaues Raubthier
sei wie unser heimischer Birk- oder Brandfuchs. Auch in
Brasilien fand der genannte Forscher den Fuchs heimisch und
an Gestalt sowohl wie an der Farbe dem europäischen durchaus ähnlich.

Die klimatischen Verhältnisse üben auf die Gestalt wie
auch auf die Farbe und Dichtigkeit der Behaarung des Fuchses
ihren dominirenden Einfluss.

Die natürliche eigentliche Heimat sind die Länder mit
gemässigtem Klima und die in denselben vorkommenden Arten
sind weitaus stärker als jene, welche die äussersten Grenzgebiete

seiner Verbreitung in Nord und Süd bevölkern. Die vorkommenden Arten sind folgende:

1. *Canis Vulpes vulgaris* L., der Birkfuchs, und

2. *Canis Alopex* L., der Brand- oder Kohlfuchs, welche in dem vorangestellten Abschnitte beschrieben, die in Mitteleuropa vorkommenden zwei Varietäten der Art repräsentiren. Ausser diesen kommen — wiewohl selten — ganz weisse, graue, getigerte, falbe und fast russschwarze Füchse als besondere Spielarten vor. So berichtet z. B. L. von Wildungen in seinem »Neujahrsgeschenk für Jagd- und Forst-Liebhaber« vom Jahre 1796 über ähnliche seltene Spielarten und bringt auf Tafel 3 deren Abbildungen. Auch berichtet derselbe, dass der fürstliche Oberförster Pfeffer zu Rüdingsheim am 26. October 1795 »einen schneeweissen Fuchs geschossen und den köstlichen Balg seiner Landesherrschaft pflichtschuldigst zu Füssen geleget habe.« Diesen Spielarten ist auch

3. *Canis Vulpes crucigera*, der Kreuzfuchs, beizuzählen. Ein dunkler, fast schwarzer Streif zieht sich von der Nase über Kopf und Rücken bis zur Wurzel der Standarte und wird von einem gleichgefärbten und gleichbreiten Streif gekreuzt, welcher sich über die Schultern und Blätter herabzieht. Sein Vorkommen ist ein höchst seltenes.

4. *Canis V. argentatus*, der schwarze Fuchs.

Sein Haar ist dunkel-schwarzbraun und schwarz gestichelt, oder ganz schwarz. Er kommt in nördlichen Gegenden, doch stets nur selten vor und sein Balg wird in Russland mit 25 bis 40 Rubeln bezahlt; Wildungen gibt den Kaufpreis sogar mit 400 Thalern an.

5. *Canis V. lagopus*, der graublaue Fuchs.

Die Heimat desselben ist Grönland, das nördliche Schweden und Norwegen. Er variirt in der Farbe, welche mit Beginn des Winters in eine rein weisse übergeht. Uebrigens kommen auch in Grönland häufig Varietäten vor, welche auch im Winter ein schiefergraues oder bräunliches Kleid tragen. Die Russen nennen ihn »Pessez« (Hündchen); die Tataren »Aig-tilkoe«, die Jakuten »Kirsa«, die Samojeden »Noga«, die Tungusen »Tschitara«, die Grönländer »Kaka«.

6. *Canis V. argentaeus*, der aschgraue Fuchs.

Derselbe fällt eigentlich mit der sub 4 angeführten Art zusammen, doch zeigt der ganz schwarze Balg weisse Stichelhaare und repräsentirt ein ebenso schönes als kostbares Pelzwerk. Seine Verbreitung beschränkt sich merkwürdigerweise nur auf einen Wald »Heetgoinollock« in der russischen Tatarei am Flusse Tura, wo sich diese stärkste, durch den dichtest behaarten Balg ausgezeichnete Fuchsrace unvermischt fortpflanzt. Die Bälge der erlegten Füchse müssen, einem besonderen Ukas gemäss, sämmtlich an den kaiserlichen Hof in Petersburg abgeliefert werden und kommen daher im Handel gar nicht vor.

7. *Canis Vulpes cinereo-argentatus*, der silbergraue Fuchs, und der eisenfarbige Fuchs.

Der erstere kommt in Carolina und in Virginien vor und sein helles Stichelhaar hat ihm den Namen »Amerikanischer Silberfuchs« eingetragen. Derselbe bewohnt hohle Bäume.

Der letztere kommt in Louisiana sehr häufig vor, ist dunkelbraun behaart und der Balg von glänzendem Stichelhaar überwachsen. Die einzelnen Haare erscheinen an der Wurzel weiss, übrigens schwarz, vor der Spitze breit weiss geringelt. Nach Audubon, den auch Brehm in seinem »Thierleben« citirt, ist dieser Fuchs in Neu-England und Kanada selten, in den südlichen Staaten hingegen, die Gebirge von Virginien ausgenommen, die einzig dort vorkommende Art.

In Florida, Mississippi und Louisiana ist er ungemein häufig und sein Verbreitungsgebiet nach Westen hin reicht bis Californien.

8. *Canis Corsac*, *Vulpes Corsac*, der g e l b - w e i s s e
F u c h s, von den Russen »Korsak«, von den Mongolen »Kirsa«
oder »Kirasu«, »Korrsuk« oder »Stepnaya Lisiza« — Steppen-
fuchs — von den Kosaken genannt.

Derselbe bewohnt den Norden Asiens, erreicht eine Gesammtlänge von höchstens 90 Centim. einschliesslich der Lunte
und ist somit schwächer als unser heimischer Reinecke. Das
Verbreitungsgebiet desselben erstreckt sich von den Steppen um
das Kaspische Meer bis in die Mongolei. Er meidet Waldungen,
und wandert bis in die nördlichsten Theile seines Verbreitungs-
gebietes alljährlich in namhafter Zahl ein, das seinem Heimat-
gebiete eigene Nomadenleben führend. Sein weicher, dichter,
matt-röthlicher, weiss bereifter Winterbalg ist namentlich bei
den Kirgisen, Druchmenen und den übrigen, diesseits des Ural
wohnenden Nomadenstämmen sehr beliebt.

9. *Vulpes minimus*, *Fenecus cerdo*, der G r o s s o h r -
f u c h s oder F e n e k, bewohnt die Wüsten Afrika's und die
angrenzenden Theile Asiens. Er zeichnet sich durch seinen
kleinen, zierlichen Körperbau, grosse Seher und noch grössere
Lauscher aus. Als Bewohner der Wüste trägt er ein fahl-
gelbliches Kleid, der Farbe des Wüstensandes durchaus ähnlich.
Er bewohnt wie unser heimischer Reinecke unterirdische Baue,
erreicht jedoch nur eine Gesammtlänge von 65 Centim. und
eine Höhe am Widerrist von kaum 20 Centim. Schliesslich
ist noch anzuführen

10. *Canis caama*, K a a m a, der s ü d a f r i k a n i s c h e F u c h s,
welcher gleichfalls zur Gruppe der Grossohrfüchse — *megalotis*
— gehört und in Südafrika vorkommt.

d) Begattung und Lebensweise.

Die Begattung, die »Rollzeit« tritt im Spätwinter, zu Ende des Monates Januar und im Februar ein, und es äussern diesfalls auch beim Fuchse wie bei den übrigen Jagdthieren die klimatischen Verhältnisse ihren beschleunigenden oder verzögernden Einfluss.

Die Liebeswerbung des Fuchses vollzieht sich wohl nahezu ausnahmslos während der Nacht. Sobald die Füchsin hitzig zu werden beginnt, d. h. sobald die Scheide anschwillt und sich — wie bei den Hündinnen — Schweiss aus derselben abscheidet, trabt sie unruhig umher: sie beginnt zu »rennen« und bald folgen mehrere Füchse ihrer — erröthenden Spur. In dieser Zeit geben die Füchse, auf dem Höhepunkt ihrer Begehrlichkeit angelangt, einen Laut von sich, welcher dem Schrei der Pfauen ähnelt.

Wie vorerwähnt folgen zumeist mehrere Füchse der hitzigen Füchsin. Während einer der Füchse sich stets dicht zur Seite der Geliebten hält und — wohl der herabhängenden Standarte wegen — nicht unmittelbar in die Fährte derselben tritt, folgen die übrigen Füchse geduldig ihrem bevorzugten Rivalen u. zw. zumeist genau in seiner Fährte einer hinter dem andern. Es ist dies im Schnee genau und stets zutreffend zu spüren.

Das Rennen und Traben währt nun im Holz, über Feld und Hau die ganze Nacht in der vorgeschriebenen Ordnung fast ohne Halt und Rast.

Eine jedenfalls geduldige Liebeswerbung!

Mit Tagesanbruch fährt die ganze Gesellschaft zu Bau. Ob da nur einer der Bewerber an das Ziel seiner Wünsche gelangt und sich die übrigen als ungebetene Gäste mit der Zuschauerrolle begnügen müssen; ob sich erbitterte Kämpfe um der Minne Preis entspinnen; ob die Füchsin die Nächstenliebe etwa in der Weise interpretirt, dass dann — der Nächste an die Reihe kömmt: dies Alles entzieht sich der Oeffentlichkeit. — Gestützt auf analoge Beobachtungen möchte ich behaupten, dass wohl nur das kraftvollste Individuum als Gatte gewählt wird und die andern die Rolle der »Beihirsche«, der »Haus- und Busenfreunde« übernehmen.

Für die Monogamie — wenn auch mit zeitweiligem Irren (in dem Getümmel!) — spricht die treue Sorge des männlichen Fuchses für seine Descendenz.

Treffend schildert H. Laube in seinem »Jagdbrevier« Reinecke's Liebeswerbung:

»Es ist Februar,
Im öden Forst
Hört man heis'res Rufen
Das heisst dem Fuchse rufen.
Die Füchse tollen,
Die Füchse rollen,
Die Füchsin rennt
Der Fuchs entbrennt
Und trabet nach dem Rufen.
Er hält sich dicht bei ihrer Stange
Und in dem ächzenden Liebesdrange
Geht's trabend die ganze Nacht hin.
And're Bewerber schliessen sich an,
Doch keiner ist unbescheiden,
Keiner drängt sich gröblich heran,
Er lässt die Füchsin entscheiden. —
Dies ist ein Recht des Prinzengeschlechts,
Ein Rest des adligen Minnerechts,
Er freit hochwohlgeboren,
Dann fahren sie sämmtlich in den Bau,
Wenn der Tag sich kündet im Morgengrau, —
Und kriegen sich dann bei den Ohren?
Bei den Lauschern? wie sie der Jäger nennt. —
Des Ehebetts Falten kein Fremder kennt,
Auch von alter Erziehung ein Zeichen:
Bei intimer Berührung entweichen
Geschlechter von Bildung dem hellen Schein,
Und ziehen sich in ihr Kämmerlein.
Was d'rin sich ereignet,
Ist nicht für Schrift geeignet.«

Dass sich der Begattungsact vorzugsweise im Baue vollziehe, möchte ich negiren. Die Röhren und selbst der Kessel
sind so enge und niedrig, dass die intime Angelegenheit jedenfalls sehr unbequem erledigt werden mag, besonders wenn man
das fatale Hängenbleiben und die perfiden Zudringlichkeiten
der zurückgesetzten Concurrenten mit in Erwägung zieht. —
Der Begattungsact ist im Freien von zahlreichen und glaubwürdigen Augenzeugen wiederholt beobachtet worden; jedenfalls ist hiezu eine verödete Waldblösse im schweigsamen Walde
einladender und geeigneter, als der enge Bau.

Der Begattungsact vollzieht sich wie bei den Hunden, und
auch die Tragezeit — 60 bis 64 Tage — ist die gleiche. Die
Füchsin wählt zumeist denselben Bau, in welchem sich die
Begattung vollzogen hatte, auch zum Wochenbette und verlässt
ihn in der letzten Periode der Tragezeit, wo sie vom Gatten
mit Raub versorgt wird, wohl nur bei Nacht und für kurze Zeit.

Die Füchsin wirft vier bis sieben, selten mehr Junge,
welche ziemlich plump geformt und graubraun bewollt zur
Welt kommen und 14 Tage blind liegen. Nach etwa vier
Wochen wird das wollige Kleid der jungen Füchse von gelb-
lichem Stichelhaar überwachsen, doch bleibt die Färbung zumeist bis zum Verhären im Herbste dunkler, als jene der alten
Füchse und mehr in graubraun abgestuft.

Die Füchsin ist eine äusserst sorgsame Mutter; sie verlässt ihre Jungen, die sie mit dem Gesäuge ernährt, in den
ersten 14 Tagen wohl nur für kurze Augenblicke und wird
auch während dieser Zeit vom Gatten mit Raub versorgt *).

---

*) An einem Frühlingsmorgen von der Birkhahnbalz heimkehrend,
traf ich mit einem starken alten Fuchse zufällig im Fichtenhochwald zusammen, als derselbe eben aus einem verödeten Hohlwege auftauchte. Mein
rasch abgegebener Schuss streckte Reinecke'n im Feuer nieder und als ich
hinzutrat, lagen vier Mäuse neben dem verendeten Räuber, die derselbe wohl
seinem Familienkreise zutragen wollte. Der Bau war in einer nahen felsigen
Waldschlucht und man konnte den Füchsen daselbst nicht direct zu Leibe

Die Entwicklung der Zähne bei den jungen Füchschen vollzieht sich rasch, denn mit dem Tage, wo sich ihre Seher öffnen, haben bereits alle Zähnchen das Zahnfleisch durchbrochen.

Nach etwa vier bis fünf Wochen wagt sich die junge Sippschaft aus dem Bau, um sich zu sonnen und zu balgen. Die sorgsame Fuchsmutter ebenso zärtlich als geduldig mit ihren putzigen, possierlichen Jungen vor dem Baue spielen zu sehen, gewährt ein hochinteressantes Bild des Thierlebens, dessen Anblick indess durch eben so viel Vorsicht als Geduld verdient sein will.

Die ewig hungernden kleinen Racker wollen befriedigt sein und die Füchsin leistet um diese Zeit geradezu Erstaunliches auf dem Gebiete des Stehlens und Raubens.

Allmälig beginnt nun die Füchsin mit der Ernährung auch das Lehren zu verbinden, indem sie ihrer Descendenz lebende Käfer, Mäuse und Frösche zuträgt.

Hiebei wird sie vom Fuchs thätigst unterstützt, welcher nicht müde wird Raub aller Art dem Baue zuzuschleppen.

Gestützt auf eigene diesfällige Beobachtungen, welche mit jenen zahlreicher und gewissenhaft beobachtender Jäger vollkommen übereinstimmen, muss ich hier den Ansichten B r e h m 's, Adolf M ü l l e r 's und Anderer entgegentreten, welche den Fuchs als durchaus theilnahmslosen und indifferenten Vater kennzeichnen.

---

gehen, nachdem ein Graben unthunlich und das weit verzweigte Geklüfte auch den Dachshunden gefährlich war. Ein tapferer schneidiger Dachshund war dort vor zwei Jahren verklüftet und zu Grunde gegangen. Schon war ich eine Strecke Weges vom Anschusse entfernt, als mich der Gedanke zu quälen begann, dass nun wohl die hilflosen Jungen und auch die säugende Mutter Hunger leiden dürften. Ich kehrte zurück und liess die Mäuse durch einen hinzugekommenen Waldheger zum Baue tragen. — Ein Jäger ist doch eigentlich ein sonderbar besaitetes Subject.   D. V.

Es wäre der um diese Zeit durch die vielfachen Mutter-
pflichten geschwächten und in Anspruch genommenen Füchsin
ja absolsut unmöglich, für sechs bis neun, ja oft noch mehr
Junge den Raub in jener Quantität und zumeist aus weiterer
Ferne [*]) herbei zu schaffen, welcher, abgesehen von dem
eigenen Lebensunterhalt, den colossalen Appetit der heran-
wachsenden Diebssippe zu befriedigen im Stande wäre. Auch
die Episode, die ich vorher in der Anmerkung schilderte, bietet
für meine Ansicht ein Argument, denn erstens hat der Fuchs die
erbeuteten Mäuse wohl kaum zu seiner Kurzweil herumgetragen
und zweitens pflegt der Fuchs den Rest des Raubes, welchen
er nicht mehr aufzuzehren im Stande ist und gelegentlich noch
aufzusuchen gedenkt, zu verscharren oder wenigstens mit ab-
gefallenem Laube zu bedecken.

Dr. Theodor Hartig, Forstrath und Professor der Forst-
wissenschaft am Collegio Carolino zu Braunschweig, theilt folgenden Vorfall mit, welchen ich als gewichtigen Beleg hier
anführen will.

»Vor mehreren Jahren, als zur Besserung der um Braunschweig gelegenen Jagden, auch für jeden noch so jungen
Fuchs ein Schussgeld von 1 Thaler gezahlt ward, wurde im
Mai eine Füchsin vor dem Baue todt geschossen. Das Ausgraben der Jungfüchse konnte erst am dritten Tage darauf
bewirkt werden.

Im Baue fanden sich dreiundzwanzig junge Hasen,
ein altes Haushuhn und ein Stück Rindfleisch von beiläufig zwei Pfund Gewicht.

Alle diese Dinge wurden den braunschweigischen Jagd-
liebhabern zur Schau ausgestellt, und ich selbst habe sie
gesehen. Die noch sehr jungen Milchfüchse konnten von ihnen

---

*) Wie der Marder, so schont auch der Fuchs bekanntlich die zahme
und wilde Thierwelt im nächsten Umkreise seiner Kinderstube.   D. V.

noch keinen Gebrauch machen, und ihre vom Hunger ausge-
pressten Klagen mögen den Fuchs Vater veranlasst haben,
diesen grossen Vorrath nach und nach herbei zu schleppen.«
Dies alles jedoch innerhalb kaum dreier Tage!

Wenn man auch Vater Reinecken keine übergrosse Zärtlichkeit, ja sogar mitunter Kindesmord vorwerfen darf, so wäre
es doch andererseits ungerecht und der Thatsächlichkeit wider-
sprechend, wollte man ihm Sorglosigkeit gegenüber seiner
Gattin und seiner Descendenz zum Vorwurf machen, mag auch
dessen alleiniges Autorrecht ein fragwürdiges sein. Selbst der
vorerwähnte Kindesmord wird, wenn dies überhaupt zulässig
erschiene, in seiner Abscheulichkeit durch den Geschwistermord
abgeschwächt, denn es ist ein drakonisches aber thatsächlich
bestehendes Naturgesetz, dass schwächliche unvollkommen entwickelte oder schwer verwundete Individuen von ihrer eigenen
Sippschaft erbarmungslos gemordet und gefressen werden.

Wehe dem jungen Füchslein, welches bei neidischem Balgen
um einen von der Frau Mutter herbeigeschleppten Frosch erheb-
licher gebissen —– nachhaltig schweisst; es wird ohne Erbarmen sofort von seinen Geschwistern überfallen, zerrissen und
gefressen.

Jenes obenerwähnte drakonische Naturgesetz gilt jedoch
nicht nur für den Fuchs und andere Raubthiere, sondern in
der freien Thierwelt überhaupt; und der aufmerksame Waidmann wird jederzeit die Beobachtung bestätigt finden, dass sich
krankes oder angeschweisstes Wild sofort vom Rudel trennt,
um in der Abgeschiedenheit zu verenden oder zu genesen.
Ich selbst habe ein Beispiel erlebt und beobachtet, wo ein gefor-
kelter Hirsch von den in seiner Gesellschaft befindlichen übrigen Hirschen verfolgt, eingeholt und erbarmungslos zu Tode
gestossen und getreten wurde.

So gering, wie ich zugeben will, die Zärtlichkeit Reinecke's sein mag, um so grösser ist die aufopfernde Mutter-

liebe und sorgsame Vorsicht der Füchsin. Scharf nach allen Richtungen äugend und windend, überwacht sie die sorglosen, äusserst possierlichen Spiele ihres Gewölfes und veranlasst die unerfahrene Jugend, wenn ihr der Luftzug Gefahrdrohendes verräth oder auch bei dem geringsten ihr nicht vertrauten Geräusch, sofort zu Bau zu kriechen.

Ernstere gefahrdrohende Beunruhigung des Baues veranlassen die Füchsin ungesäumt, und zwar während der nächstfolgenden Nacht, den Bau mit ihren Jungen gänzlich zu verlassen. Sind die Letzteren noch zu schwach, um ihr auf der oft sehr weiten Wanderung nach einem andern schlau und sorgsam gewählten Schlupfwinkel zu folgen, dann überträgt sie sie einzeln oder paarweise im Rachen dahin.

Wenn auch die sorglosen, noch unerfahrenen Jungen durch hungriges Bellen mitunter ihr Dasein und ihren Aufenthalt verrathen, so sind die Alten, wenn sie auf Raub ausziehend den Bau verlassen oder mit der Beute beladen zu demselben zurückkehren, um so vorsichtiger. Die Annäherung geschieht diesfalls niemals in gerader Richtung, sondern stets unter Wind und scharfer Recognoscirung des Umkreises. Hat die Füchsin nichts Verdächtiges erlauscht, gewindet oder eräugt, dann naht sie trabend dem Bau, vor welchem sie ihre Beute ablegt, um mit leisem Ruf die hungernden kleinen Strolche zur Mahlzeit zu laden, welche unter obligatem Balgen in fabelhaft kurzer Zeit beendet wird.

Haben die jungen Füchse ein Alter von 14 — 18 Tagen erreicht, dann hält sich die Füchsin nur zeitweilig im Baue auf.

Geht die Füchsin während dieser Zeitperiode zu Grunde, dann sorgt der Vater, ja zuweilen auch eine gelte Füchsin aufopfernd für die mutterlosen Waisen.

Hat die Füchsin den ersten Unterricht im Haschen und Fangen herbeigeschleppter lebender Mäuse und Frösche beendet, wobei sie einzelne sich tölpisch und ungeschickt benehmende Junge durch scharfe Bisse straft, dann unternimmt sie in der Abenddämmerung Ausflüge in die Umgegend des Baues und lehrt die jungen Diebe nun auf eigene Rechnung stehlen.

Wie wir Waidmänner einst mit hochklopfendem Pulsschlag den leichtfertigen Meister Spatz als heissersehnte erste Jagdbeute anschlichen, so hascht mit rege erwachendem Jagdeifer das Füchslein unter kundiger Anleitung der Frau Mutter den schwebenden Falter, den summenden Käfer.

Inzwischen ist unter den sengenden Strahlen der Julisonne das Getreide empor gewachsen und die Füchsin denkt nun ernstlich daran, diese lockenden Gefilde mit dem einsamen, von Ungeziefer übervölkerten Bau zu vertauschen. Dort beginnt der Rebhühner zahlreicher Nachwuchs den ersten Ausflug zur Weide zu üben, dort äset nichts Böses ahnend das halbwüchsige Häslein am Feldrain; dort ist das Gebiet der Hochschule — die jungen Buschklepper beziehen die Universität! Ungestört und unbehelligt schwelgen nun die jungen Strolche im ährenbeladenen Halmenwald im Ueberfluss, bis die Sense des Schnitters den »schönen Tagen von Aranjuez« ein Ende macht und die Frau Mutter sammt Familie zwingt, wieder den einsamen Wald aufzusuchen.

Dichte ruhige Schonungen, abgelegene, mit dichtem Buschwerk bestandene Schluchten bieten nun dem Fuchs-Consortium den Unterstand und die Füchse sind zu dieser Zeit nur selten und ausnahmsweise im Baue anzutreffen.

Inmitten der drängenden dichten Holzjugend bietet ein alter modernder Baumstock, ein bemooster Felsblock oder ein Horst von dichtem Riedgras den erwünschten Lagerplatz, auf welchem der Fuchs von der Sonne gewärmt, vom Summen der Insecten eingeschläfert, den lieben langen Tag verträumt, bis ihn die sinkenden Schleier der Dämmerung und der knurrende Magen zum gewohnten Raubzuge mahnen.

Im Herbste, wenn die Blätter fallen, lösen sich die Fami-
lienbande und die Junker und Fräulein der Raubrittersipp-
schaft etabliren sich nun auf eigene Rechnung und so mancher
der jungen Strolche wird allzufrüh mit der Kehrseite des
Daseins, mit dem tödtlichen Blei des Jägers bekannt, wenn im
herbstlichen Walde die Büchse knallt.

Der Fuchs ist ein nimmersatter, grausamer Mörder, der
auch dann noch erbarmungslos tödtet, wenn sein Hunger gestillt ist. Zur Zeit des Ueberflusses — im Sommer — ist er wäh-
lerisch und wehe dem Wildkalbe in den ersten Tagen seines
Lebens, wehe dem lieben herzigen Rehkitzchen, wenn es der
Fuchs in dem Augenblicke beschleicht, wo die säugende Mutter
das hilflose Junge für eine kurze Spanne Zeit verliess, um die drin-
gend nöthige Aesung für sich selbst zu suchen. Da drückt sich
der Fuchs dicht zu Boden und beschleicht sein Opfer mit
schlauer Benützung jeder sich bietenden Deckung. — Nun hält
er an, sein spitzer Kopf mit dem boshaften lauernden Ausdruck taucht zwischen den schwanken Riedgrashalmen hervor,
die Lichter funkeln; er misst mit kluger Berechnung die Entfernung zum letzten Sprunge und wagt ihn! Ein stöhnender
Schmerzlaut deutet das Gelingen und das Opfer hat unter dem
mörderischen Gebiss bald seinen letzten Athemzug gethan. Doch
nicht immer ist das Gelingen trotz lautlosem Schleichen und
schlauem Ermessen ein erfolgreiches, und dem Fuchse wird
statt leckerem Mahle eine empfindliche, ja zuweilen tödtliche
Bestrafung zu Theil. Das rückkehrende Altthier hat den rothen
Räuber eräugt und mit raschen, von der Mutterliebe beflügel-
ten Fluchten auch schon ereilt und wehe ihm, wenn er nicht zeitig
genug den wuchtigen wohlgezielten Schlägen der stahlkräftigen
Vorderläufe ausbeugt. Mit unglaublicher Frechheit beschleicht
der Fuchs die Bachin mit ihrer noch im zartesten Alter befindlichen Descendenz, ersieht den rechten Augenblick, ein Sprung,

ein Biss und mit der quiekenden Beute im Rachen entflieht er der wuthschnaubenden Mutter.

Ich will an dieser Stelle eine Episode einfügen, welche von Wildungen in seinem »Neujahrsgeschenk« 1796 erzählt und welche von einem braven Jäger noch auf dem Todtenbette feierlich bekräftigt worden ist.

»Als der Mann einst Abend auf dem Anstand sitzt kommt ein Fuchs und springt mit kräftigen Anläufen auf einen hohen Baumstrunk hinauf und wieder herab. Nach einigen wiederholten Uebungen dieser Art schleicht er fort, kehrt aber bald mit einem dicken, trockenen Ast von eichenem Holz im Maule zurück und macht, mit dieser Bürde belastet, dieselben Versuche wieder, bis er ohne Anstoss auf den Strunk hinauf kommt. Nun lässt er den Ast fallen, drückt sich oben und bleibt unbeweglich liegen. In der Dämmerung tritt eine Bache nebst ihren fünf ganz schwachen Frischlingen aus der benachbarten Dickung und nimmt ihren gewohnten Wechsel dicht bei jenem Baumstrunk vorbei.

Zwei von den Frischlingen blieben etwas zurück; kaum erreichen sie die gefahrvolle Gegend, so stürzt Meister Reinecke blitzschnell auf einen herab und eilt mit seiner Beute augenblicklich auf den vorher weislich gewählten Zufluchtsort.

Bestürzt über die Klagen des unglücklichen Schlachtopfers kehrt die Alte zurück, bestürmt voller Ingrimm bis tief in die Nacht den Sitz des verwegenen Räubers, der ganz gemächlich vor ihren Augen seine Beute verzehrt, muss aber am Ende doch, ohne Rache nehmen zu können, abziehen.

»Si non è vero, è ben' trovato« — wenn nicht wahr, doch gut erfunden —, dieses italienische Sprichwort darf wohl auch auf diese Geschichte angewendet werden; doch möchte ich mit Rücksicht auf Ort und Stelle, wo sie bekräftigt worden sein soll, zur Entschuldigung anführen, dass dem Waidmann in

jenen stillen geisterhaften Dämmerstunden, die er im einsamen Waldrevier auf dem Anstande verbringt, die erregte Phantasie häufig Bilder vor das Auge führt, die später vor dem Forum besonnener Ueberlegung weder Gnade noch Recht finden.

Ohne diesen mildernden Nachsatz reproducire ich eine andere Fuchsgeschichte, wo — nach Götze — »ein gezähmter Fuchs mehrere Nächte nacheinander das Halsband sich abgestreift hatte, um in den benachbarten Hühnerställen greifbare Umschau zu halten.«

Bis hieher ist die Geschichte noch »deutsch«, nun aber beginnt das »Latein«! Reinecke soll nämlich — so fährt Götze in seiner Fuchsgeschichte fort — »sich stets nach erfolgter Heimkehr wieder in sein Halsband hineingezwängt haben, als wäre seinerseits durchaus nichts geschehen«. Hier lässt sich selbst der Nachsatz des vorangeführten Sprichwortes »ben' trovato« kaum anwenden.

Beim Rauben entwickelt der Fuchs ein Mass von List und Schlauheit, welches in der Hochschule unausgesetzter Anfeindung durch den Menschen die Stufe der Ueberlegung erreicht, welches mit Ursachen und Wirkungen rechnet.

Die ausgetretenen Wildwechsel sind sein Pfad, und diesen zunächst wählt er stets den geeigneten Punkt, von welchem er das nächstgelegene Terrain beherrschen und im rechten Augenblick den Sprung wagen kann.

Wie alle eigentlichen Feinschmecker, liebt der Fuchs scharfe, den Gaumen kitzelnde Gerichte. Wie die ersteren einen Käse dann erst als geniessbar bezeichnen, wenn derselbe aus seiner negativen Stellung als thierisches Product in die positive der — Thierproduction überging, so zieht der Fuchs jene Thiere, welche scharfen Geruch haben —- wie die Maus, den Igel — allen anderen vor. Wie er den mit einem sehr respectablen Panzer gewappneten Igel überlistet, vermag ich nicht mitzutheilen, da mir verlässliche eigene Beobachtungen diesfalls mangeln. Dass der Fuchs den Igel durch Benässen aus seiner Defensivhaltung bringe, ist — mag sie auch von manchen Schriftstellern ernstlich nachgeschrieben werden — eine Fabel aus echt lateinischer Quelle.

Als Freund des Honigs gräbt der Fuchs eifrig nach Wespen und Hornissen und kümmert sich blutwenig um deren wüthende Angriffe. Dass er auch die strotzenden Waben der Biene nicht verschont, wenn ihm selbe zugänglich sind, bedarf wohl keiner weiteren Bekräftigung.

Dohnensteige, Schnepfen- oder Haselhuhnsteige interessiren den Meister Reinecke sehr lebhaft, und er beeilt sich zumeist, dem revidirenden Jäger zuvorzukommen *).

Die Nahrung des Fuchses umfasst, wie dies zum Theil bereits angeführt wurde, eine ziemlich bunte Reihe des Verschiedenartigsten und wechselt ziemlich mit den Jahreszeiten. Die Speisekarte weist folgende leckere Gerichte: Wild und Rehkälber, auch Frischlinge in den ersten Lebenstagen, Rehwild überhaupt in strengem, schneereichem Winter; Hasen, Kaninchen, Maulwürfe, Igel, Hamster, Ratten, Geflügel aller Art, Fische, Krebse, Frösche und Kröten, Schlangen, Muscheln, Käfer, Heuschrecken und Regenwürmer, Vogel- und Ameisen-Eier, Honig, Trauben, Kern- und Steinobst, Beerenfrüchte aller Art und endlich — auch Seinesgleichen.

Man sieht aus dieser ziemlich bunten Reihe von Gerichten, dass sich's Meister Fuchs praktisch und saisongemäss einzutheilen versteht, doch gibt es auch Thiere, die er selbst vom Hunger gepeinigt verschmäht, dies sind die Eulen und auch die meisten Raubvögel. Krähen und Elstern jedoch, dieses schlaue Diebsgelichter, welches den bedächtig schnürenden

---

*) Ich selbst überraschte einen Fuchs bei Tagesanbruch, als derselbe eben bei einer gefangenen Schnepfe anlangend, selbe mit der Vorderprante lüstern und mundgerecht wendete. Ein Kugelschuss ereilte den Räuber im rechten Augenblicke.　　　　　　　　　　　　　　　　D. V.

Fuchs stets mit wüthendem Gekrächze verfolgt und verräth,
schont er keineswegs, wenn es ihm je gelingt, derselben habhaft
zu werden *).

Mit welch' beispielloser Frechheit der Fuchs das zahme
Hausgeflügel decimirt, davon wissen die Bewohner einsam lie-
gender Gehöfte zahlreiche und oft recht auferbauliche Historien
zu erzählen; doch würde es den Umfang des Buches über
Zweck und Gebühr erweitern, wollte ich dieselben, wenn auch
in strenger Auswahl, hier nacherzählen.

Jung eingefangene Füchse kann man ohne sonderliche
Schwierigkeit aufziehen, und es ist mir sogar ein Fall bekannt,
dass eine Dachshündin, deren Wurf zu Grunde ging, an zwei
unmündigen Füchslein Mutterstelle vertrat. Junge Füchse werden,
wenn man sich mit ihnen abgibt, bald zahm, wenn auch nie
im eigentlichen Sinne zutraulich.

Der heranwachsende Reinecke wird im Drange nach allerhand Schelmerei und Lumperei bald genug zum geriebenen
Heuchler und interpretirt den alten und tiefsinnigen Spruch
»*Nulla dies sine linea*« nach seiner Weise, denn es wird kaum
ein Tag vergehen, an welchem der junge Strolch nicht irgend
eine Missethat beginge.

---

*) E. v. H o m a y e r, der bekannte ausgezeichnete Forscher und Waid-
mann, theilt in Brehm's »Thierleben« einen solchen Fall mit, wie folgt:
»Wenn der Fuchs, um sich zu sonnen, auf einer Waldblösse liegt, versammeln sich Krähen in immer wachsender Anzahl unter stetem Lärm und
rücken dem Fuchse, welcher regungslos daliegt, allmälig näher, bis ein
sicherer Sprung des Todtgeglaubten einen der Schreier zum Opfer fordert.
Mein Vater hörte einmal im Mai, ehe es noch junge Krähen gab, von fern
anhaltendes Schreien der Krähen eines Waldes und vermuthete, dass dasselbe einem Raubvogel gelte. Schon in die Nähe gekommen, vernahm er
einen furchtbaren Lärm, welcher sich auf ihn zu bewegte, und bald sprang
ein Fuchs mit einer Krähe im Maule vorüber, gefolgt von einem grossen
Schwarm schreiender Genossen des Opfers. Es ist daher sehr wahrscheinlich, dass das plötzliche Aufschreien aller Krähen 'den Augenblick bezeich-
nete, in welchem der Fuchs eine derselben ergriff.«

Von den vielen Biographien in der Gefangenschaft gehaltener Füchse möge eine hier Raum finden, welche L e n z in Brehm's »Thierleben« wie folgt erzählt:

»Von mehreren Füchsen, welche ich aufgefüttert habe, war der letzte — ein Weibchen — der zahmste, weil ich ihn am kleinsten bekam.

»Er fing eben an selbst zu fressen, war aber doch so boshaft und beissig, dass er, wenn er eine Lieblingsspeise vor sich hatte, dabei immer knurrte und, wenn ihn auch Niemand störte, doch rings um sich in Stroh und Holz biss. Durch freundliche Behandlung war er bald so zahm, dass er sich's gerne gefallen liess, wenn ich ihm ein eben gemordetes Kaninchen aus dem blutigen Rachen nahm und statt dessen den Finger hineinlegte. Ueberhaupt spielte er, selbst als er erwachsen war, ausserordentlich gern mit mir, war ausser sich vor Freude, wenn ich ihn besuchte, wedelte wie ein Hund und sprang winselnd um mich herum. Ebenso freundlich war er gegen jeden Fremden; ja, er unterschied Fremde schon auf fünfzig Schritte weit, wenn sie um die Hausecke kamen, sogleich von mir, und lud sie mit lautem Gewinsel ein zu ihm zu kommen, eine Ehre, welche er mir und meinem Bruder, die wir ihn für gewöhnlich fütterten, in der Regel nicht erwies, wahrscheinlich weil er wusste, dass wir doch kämen.

»Kam ein Hund, so sprang er ihm, jener mochte gross oder klein sein, mit feuersprühenden Augen und fletschenden Zähnen entgegen.

»Er war bei Tag ebenso munter wie bei Nacht. Sein Liebstes war, wenn er an mit Fett geschmierten Schuhen nagen oder sich darauf wälzen konnte. Anfangs befand er sich frei in einem eigens für ihn gebauten Stalle. Gab ich ihm da z. B. einen recht grossen bissigen Hamster, so kam er gleich mit funkelnden Augen geschlichen und legte sich lauernd nieder.

»Der Hamster faucht, fletscht die Zähne und fährt grimmig auf ihn los. Er weicht aus, springt mit den geschmeidig-
sten Wendungen rings um den Hamster herum und hoch über
ihn weg und zwickt ihn bald mit den Pfoten, bald mit den Zähnen. Der Hamster muss sich unaufhörlich nach ihm wenden
und drehen, und wirft sich endlich, wie er das satt kriegt, auf
den Rücken, und sucht mit Krallen und Zähnen zugleich zu
fechten. Nun weiss aber der Fuchs, dass sich der Hamster am
Rücken nicht drehen kann; er geht daher in engem Kreise
um ihn herum, zwingt ihn dadurch aufzustehen, packt ihn,
während er sich wendet, beim Kragen und beisst ihn todt. Hat
sich ein Hamster in einer Ecke festgesetzt, so ist es dem Fuchse
unmöglich ihm beizukommen, er weiss ihn aber doch zu kriegen, denn er neckt ihn so lange, bis er vor Bosheit einen
Sprung thut, und packt ihn in dem Augenblicke, wo er vom
Sprunge niederfällt.«

»Einst da mein Fuchs kaum die Hälfte seiner Grösse erreicht hatte und noch nie in's Freie gekommen war, benutzte
ich die Gelegenheit, als bei einem Feste wohl achtzig Menschen
versammelt waren, und setzte ihn zur Schau auf den drei Fuss
breiten Rand eines runden kleinen Teiches. Die ganze Gesellschaft versammelte sich sogleich rings um das den Teich um-
gebende Geländer, und der Fuchs schlich nun, betroffen über
den unbekannten Platz und den Anblick der vielen Menschen
behutsam um den Teich herum, und während er die Ohren
bald anlegte, bald aufrichtete, bemerkte man in seinem kummervollen Blicke deutlich die Spuren ernsten Nachdenkens über
seine gefährliche Lage. Er suchte, wo gerade Niemand stand,
Auswege durch das Geländer, fand aber keinen. Dann fiel es
ihm ein, dass er in der Mitte gewiss am sichersten sein würde,
und weil er nicht wusste, dass man im Wasser sinkt, so that
er vom Ufer, welches etwa einen Fuss hoch war, einen grossen
Satz nach der Mitte zu, erschrak aber nicht wenig, als er

plötzlich untersank, suchte sich jedoch durch Schwimmen so lange zu halten, bis ich ihn hervorzog, worauf er sich den Pelz tüchtig ausschüttelte.«

»Einstmals fand er Gelegenheit, bei Nacht und Nebel seinen Stall zu verlassen, ging in den Wald spazieren, gelangte am folgenden Tage nach Reinhardsbrunn, liess sich aber dort ganz gemüthlich von Leuten anlocken, aufnehmen und zu mir zurückbringen. Das zweite Mal, als er ohne Erlaubniss spazieren gegangen, traf er mich zufällig im Walde wieder und sprang voller Seligkeit an mir empor, so dass ich ihn aufnehmen konnte. Das dritte Mal suchte ich ihn in Begleitung von sechzehn Knaben in den Ibenheimer Berggärten. Als wir in Masse kamen, hatte er keine Lust, sich einfangen zu lassen, sass mit bedenklicher Miene an einem Zaune und sah uns mit Misstrauen an. Ich ging ihm von unten her langsam entgegen, redete ihm freundlich zu; er ging ebenso langsam rückwärts bis zur oberen Ecke des Zaunes, wo ich ihn zu erwischen hoffte. Dort hielt ich ihm die Hand entgegen, bückte mich, ihn aufzunehmen, aber wupp! da sprang er mit einem Satze über meinen Kopf hin, riss aus, blieb aber auf etwa fünfzig Schritte stehen und sah mich an. Jetzt schickte ich alle die Knaben in weitere Ferne, unterhandelte und hatte ihn bald auf dem Arme. Als ich ihm zum ersten Male ein Halsband umthat, machte er vor Aerger drei Ellen hohe Sprünge, und als ich ihn nun gar anlegte, wimmerte, wand und krümmte er sich ganz verzweiflungsvoll, als wenn er das schrecklichste Bauchweh hätte und wollte tagelang weder essen noch trinken.«

»Als ich einmal einen recht grossen Kater in seinen Stall warf, war er wie rasend, fauchte, grunzte, sträubte alle Haare, machte ungeheuere Sprünge und zeigte sich feig. Gegen mich aber bewies er sich desto tapferer, denn als ich einmal seine Geduld erschöpft hatte, gab er mir einen Biss in die Hand, ich ihm eine Ohrfeige, — er mir wieder einen Biss, ich ihm

wieder eine Ohrfeige; beim dritten Biss packte ich ihn am Hals-
bande und hieb ihn jämmerlich mit einem Stöckchen durch.
Er aber wurde desto rasender, war ganz ausser sich vor Wuth
und wollte immer auf mich losbeissen.«

»Das ist das einzige Mal gewesen, wo er mich oder sonst
Jemand absichtlich gebissen hat, obgleich jahrelang täglich
Leute mit ihm spielten und manche ihn neckten.«

Die Behauptung vieler Naturforscher und Jagdschriftsteller, »dass es eine Eigenheit des Fuchses sei, auch dann
noch zu morden, wenn sein Hunger bereits gestillt ist«, muss
ich bestreiten, denn der Wolf und der Marder — wohl auch
der Iltis — thun dasselbe, und in noch höherem Masse.

Der Fang der Mäuse indess scheint dem Fuchs — abgesehen von gastronomischen Beweggründen — auch als Sport
ein ganz besonderes Vergnügen zu bereiten, und er übt ihn
mit einer nahezu unfehlbaren Meisterschaft.

Ich stand einst in der Morgendämmerung an einer einsamen Waldblösse wohl gedeckt, als ein Fuchs geräuschlos
auf derselben erschien und sich mit einem zierlichen Sprunge
auf ein Häufchen welke Blätter warf, die er mit den Vorder-
pranten niederdrückte. Bedächtig schob er die spitze Schnauze
dazwischen und holte die gefangene Maus hervor. Dieses gra-
ziöse Spiel wiederholte er, ohne die zuletzt gefangene Maus
zu verzehren. Er fing sie, liess sie wieder laufen, fing dann
sein armes geängstigtes Opfer neuerdings, warf es mit der
Schnauze empor und stand dann lauernd still, um, wenn sich
die Maus wieder regte, das Spiel ohne Erbarmen abermals zu
beginnen.

Er hatte von meiner gefährlichen Nähe keine Ahnung und
ich schonte ihn diesmal, obwohl ich gut bewaffnet war. Meine
Anwesenheit galt damals wichtigerem, und zwar zweibeinigem
Raubwilde, dessen Wechsel ich rings in aller Stille und mit
combinirter Einhaltung von Zeit und Ort besetzen liess.

Der Tritt des Fuchses ist dem eines schwächeren Hundes
ziemlich ähnlich, doch zeigt der Abdruck viel deutlicher und
in schmalerem Relief die Klauen der mittleren Zehen, auch erscheint der Ballen viel kleiner. Tafel I zeigt die Formen der
Vorder- und Hinterprante.

Die normale und charakteristische Bewegung des Fuchses
repräsentirt das Schnüren, eine zwischen Schreiten und
Traben schwankende, dem schlauen, vorsichtigen, lauernden
Naturell dieses Raubthieres durchaus entsprechende Gangart.
Tafel II.

Mit leichtem, elastischem, geräuschlosem Tritt schnürt
der Fuchs wie ein Schatten durch's Revier. Ein Meister der
Pürsche beugt er leicht und biegsam Allem aus, was seine
Nähe verrathen könnte, verhofft um zu lauschen, bleibt wie
im Sinnen versunken oft stehen, wobei nur der tückische Ausdruck seiner Physiognomie, der schielende böse Blick seiner
funkelnden Seher, die, lyrisch-sentimentaler Naturbetrachtung
ziemlich ferne liegenden Absichten verräth. Mit blitzschnellem
Sprunge erhascht er die unter dem raschelnden Laube ahnungslos
hantirende Maus und setzt sich dann wohl nach Art der Hunde
für einen kurzen Augenblick auf die Hinterläufe. Lüstern leckt
die Zunge den letzten Schweisstropfen des eben verschlungenen
Opfers von der spitzen Schnauze, während die Lauscher —
stets im Dienste des Geschäftes wie der eigenen Sicherheit, —
den blinzelnden, Umschau haltenden Blick der Seher untersützen.

Beschleicht der Fuchs ein Opfer unter Wind oder in
Sicht, dann schränkt er (Tafel III/a), d. h. er stellt die
Tritte schräg nebeneinander. Häufig wird man dann im Schnee
die Spur der am Boden streifenden Blume unterscheiden.

Wird er flüchtig, dann stellen sich die Tritte — wie
beim Galopp aller Vierfüssler — schräg gestreckt in regel-
mässigen weiten Absätzen, wie dies auf Tafel III/b ersichtlich wird.

Im Zustande voller Ruhe und Sicherheit rollt sich der Fuchs nach Art der Hunde zusammen und verbirgt die Schnauze unter der Standartenblume.

Eine gute, am Abend eingefallene Neue belehrt den Waidmann über die oft erstaunlich weiten nächtlichen Wanderungen des Meisters Reinecke und verräth all' seine Schliche und Ränke: wie er das eigene Gehöfte des Jägers umkreiste, wie er dann im Hohlwege den heranhoppelnden Hasen schlug und am fernen Brachacker das schlummernde Rebhühnervolk beschlich.

Die Schneedecke mit ihren Hieroglyphen von Tritt, Spur und Fährte bietet dem aufmerksamen Auge, dem scharfen, das »Warum« ergründenden Nachdenken ein überreiches Material für anregende Belehrung; beantwortet stumm aber unzweideutig so manche offene Frage, entkleidet manches Räthsel, sie bildet den Verstand, sie schärft die Sinne des Waidmanns zu jenem hohen Grade, den sein Beruf fordert und welchen auch Meister Reinecke selbst kein X für ein U vordemonstriren soll!

Treffend ruft Diezel *) in seiner trefflichen Abhandlung über den Fuchs aus:

»O des Buben! über seinen Ranken,
Geh'n mir Sprache schier und Athem aus!«

und auch mir ergeht es bei der Bearbeitung dieses Abschnittes nicht besser!

Um jede Weitläufigkeit, Schreib- und Redeseligkeit zu vermeiden, will ich es versuchen, die markantesten Züge und Eigenheiten in der Lebensweise und dem Verhalten des Fuchses in kurzgefassten Sätzen zusammenzufassen, beziehungsweise zu recapituliren:

---

*) Diezel, Erfahrungen auf dem Gebiete der Niederjagd. v. Wildungen hat diesen Ausspruch in gebundener Form vor Diezel gethan.   D. V.

1. Aufenthalt.

Der Bau wird nur zur Rollzeit und Wurfzeit oder bei heftigem Regen oder Schneegestöber zu zeitweiligem Aufenthalt gewählt. Dichte Schonungen, steile mit Gestrüpp bewachsene Flussufer-Lehnen und im Hochsommer das Schilf- und Rohrdickicht, oder ruhige mit Wintergetreide (Halmfrucht) bestandene Feldfluren werden vom Fuchse mit Vorliebe zum Aufenthalte während des Tages gewählt.

Es gibt gewisse Forstorte in jedem von Füchsen bewohnten Reviere, in welchen der Fuchs fast ausnahmslos zu finden ist, sog. Fuchstriebe, Fuchslöcher.

Bei heftigem Schneegestöber trabt der Fuchs auch am Tage im Revier umher.

2. Im Bau.

Wird der Bau, in welchem die Füchsin gewölft hat, beunruhigt, so wandert dieselbe sofort mit ihrer Descendenz aus.

Der Fuchs raubt nur im Falle der höchsten Noth in der Umgebung seines Baues.

Wenn man, ohne das geringste Geräusch zu verursachen, einen Bau besucht und den Dachshund einfahren lässt, fährt der Fuchs zumeist schon nach wenigen Minuten heraus.

Naht man jedoch unter lautem Gespräch oder sonstigem Geräusch, dann bleibt der Fuchs selbst vor dem schärfsten Hunde im Bau.

3. Beim Jagen

kömmt der Fuchs in der Regel zuerst, und bei dem geringsten hinter seinem Rücken vernommenen verdächtigen Geräusch sucht er stets dort auszubrechen, wo die Terrain- und Bestands-Beschaffenheit die meiste Deckung bieten.

Häufig jedoch, wenn der Schütze sich nicht ruhig verhält, drückt sich der Fuchs, oder er springt an Bäumen, deren Stellung und Astbildung dies gestattet, empor, um sich zu verbergen und lässt alsdann die lärmenden Treiber an sich vorübergehen.

Der Fuchs fährt nur gezwungen zu Bau beim Treibjagen, und fast nie, wenn ihn Hunde jagen.

4. Dem Lockton

auf's »Reizen« oder »Mäuseln« folgt der Fuchs stets willig, ein Beweis, dass seine Mordgier grösser ist als seine Vorsicht.

5. Die Beute.

Dem Thiere, welches von ihm geschlagen wird, beisst er vorerst den Kopf ab und verzehrt diesen auch zuerst. Den Rest seiner Beute lässt er häufig dort unbekümmert liegen, wo er sein Opfer schlug; zuweilen verscharrt er dasselbe, oder bedeckt es mit trockenem Laube.

6. Die Kirrung

nimmt der Fuchs stets mit äusserster Vorsicht auf. Lässt er an Ort und Stelle seine Losung zurück, so ist dies ein Beweis, dass er keinen Argwohn schöpfte.

7. Den Fangbrocken

nimmt der Fuchs niemals auf, wenn das Eisen ungeschickt gestellt oder das geringste Versehen hiebei bemerkbar ist.

Er kritisirt dann drastisch den Fehler, indem er vorsichtig mit der Prante das Eisen blosslegt.

Hat er sich am Vorderlaufe gefangen und ist der Knochen zerschlagen, dann beisst er resolut die Sehnen und Hauttheile, die ihn noch im Eisen festhalten, durch, und salvirt sich.

8. Gefangenen Genossen

oder einem andern, im Eisen hängenden Thiere nähert sich der Fuchs ohne Scheu und frisst den Gefangenen.

9. Durch's Wasser

geht der Fuchs nur ungern und im Nothfall; – deshalb sind
Brücken und Dämme sichere Wechsel, wo man ihn am Anstande in mondhellen Nächten erwarten mag.

10. In Ameishaufen,

den aus abgefallenen Nadeln und Erdtheilchen gebildeten kegel-
förmigen Bauen der Waldameisen, wälzt sich der Fuchs im
Uebermuth; zuweilen gräbt er seitlich Löcher in dieselben,
wohl um der Eier habhaft zu werden.

*

Eine gewisse Species von Forstwirthen und National-
ökonomen glaubt für die Schonung des Fuches eine Lanze
brechen zu sollen, während ihn die Jägerei für vogelfrei er-
klärt und ihn unbarmherzig verfolgt. Zwischen den beiden Ex-
tremen jedoch, der Schonung und der Ausrottung, gibt es
eine Mittelstrasse; der gerechte echte Waidmann wird sie ohne
Wegweiser zu finden wissen und auf derselben wohl auch dem
berufenen Naturforscher begegnen.

Selbst auf die Gefahr hin, dass mein Vorschlag, dem ich
schliesslich an dieser Stelle Ausdruck gebe, von manchem Fachgenossen der grünen Gilde belächelt wird, will ich ihn doch
unbeirrt stellen; er gipfelt in der Mahnung:

dass auch der Fuchs zur Zeit, wo er seinen
unmündigen Nachwuchs zu ernähren hat, zu schonen
sei, **wenn** man nicht gleichzeitig durch Ausgraben
auch dieses letzteren habhaft werden kann.

Nur ein herzloser oder — gedankenloser Jäger wird die
hilflosen Jungen den Qualen des Hungertodes preisgeben.

Ein scharfes Decimiren dieser schlauen, diebischen, mord-
gierigen Sippschaft ist jedenfalls geboten; — für ein erbar-
mungsloses Ausrotten jedoch, namentlich in Revieren, deren

klimatisch-tellurische Verhältnisse der Niederjagd minder günstig sind, vermag ich mich nicht zu erwärmen, und erholfe
von Meister Reinecke ein thatkräftiges Unterstützen dieser freimüthig geäusserten Meinung!

Der internationale Handel mit Fuchsbälgen.

Dem »Intellectual-Observer« entnehme ich folgende No-
tizen über den internationalen Handel mit Fuchsbälgen.

In London allein werden jährlich zwischen fünfundsiebzig-
und achtzigtausend Fuchsbälge europäischer und theilweise auch
amerikanischer Provenienz versteigert. Die Fuchsbälge Mittel-
Europa's wandern zumeist durch Vermittlung des Leipziger
Platzes direct in den Orient.

In England werden zunächst acht Arten der Unterfamilie
Vulpinae gehandelt und zwar der schwarze oder Silberfuchs, der
Kreuzfuchs, der weisse, blaue, graue, der Kittfuchs, der Korsak
und endlich der Birk- oder Brandfuchs.

Der Silberfuchs oder, wie man ihn oft nennt, der schwarze
Fuchs (*Vulpes argentatus*), steht in unserer Liste pelztragender
Füchse obenan als derjenige, welcher den werthvollsten Balg
liefert. Man kann sich einen Begriff machen von dem Geldwerth der feineren Bälge, welche die Silberfüchse liefern, wenn
wir erfahren, dass ein einziges Fell in London um die Summe
von 100 Pfd. Sterl. verkauft worden ist. Bei der im März 1866
in London abgehaltenen Versteigerung der Hudsonsbay-Gesellschaft wurden für die besten der vorhandenen 646 Silberfuchs-
felle je 30 Pfd. St., für untergeordnete Qualitäten je 32 Shil-
ling gelöst, was einem durchschnittlichen Preise von 7 Pfd. St.
9 Shill. 3 Pence für den Balg gleichkommt. 646 Bälge zu je
7 Pfd. St. 9 Shill. 3 Pence = 4820 Pfd. St. 18 Shill. 6 Pence
(96.580 Reichsmark 50 Pfg.)

Nebenbei will ich erwähnen, dass die Hudsonsbay-Gesellschaft ihren Pelzvorrath im Monat März versteigert. Diese Versteigerungen werden stets durch Pelzhändler von ausländischen Märkten besucht, welche die ihnen passendsten Pelze kaufen und sie nach Leipzig versenden, in welcher Stadt dann während der grossen Messe über dieselben weiter verfügt wird, so dass sie von dort ihren Weg in alle Theile der Welt nehmen. Die anderen Pelz-Compagnien halten ihre Versteigerungen unmittelbar nach der Hudsonsbay-Gesellschaft.

Angenommen nun, dass diese Behauptungen richtig sind, so lässt sich mit Bestimmtheit sagen, dass alljährlich bei den März-Pelzversteigerungen für Bälge des Silberfuchses 14.000 Pfd. St. gelöst werden. Dabei darf man aber nicht vergessen, dass diese Summe nur den Grosshandelspreis darstellt.

Wenn wir daher in Erwägung ziehen, dass diese Bälge später zugerichtet, von den Kürschnern zu Kleidungsstücken verschiedener Arten verwendet und in diesem Zustande im Kleinhandel um weit höhere Preise verkauft werden, so werden wir finden, dass die Bälge des Silberfuchses in Wirklichkeit einen sehr bedeutenden Handelszweig bilden.

Die meisten der bei den jährlichen Versteigerungen gekauften Fuchsbälge nehmen ihren Weg auf den russischen Markt. Für Silberfuchsbälge der feinsten Art zahlt man dann, wenn sie zugerichtet und in Mäntel oder andere Arten von Kleidungsstücken für die russischen Grossen verwandelt sind, Summen Geldes, die uns fast unglaublich dünken. Ein dem verstorbenen Kaiser von Russland gehörender Pelzrock war ganz aus den schwarzen Hälsen der Silberfüchse verfertigt. Dieses kostbare Kleidungsstück war auf der Weltausstellung von 1851 zu sehen; sein wirklicher Geldwerth betrug 3500 Pfd. Sterl. (70.000 Reichsmark). Der russische Geschmack neigt im Allgemeinen dunkelfarbigen Pelzen zu; daher erzielen Pelze, welche beinahe oder ganz schwarz sind und zugleich eine schimmernde, weiche und seidenartige Textur haben, stets die höchsten Preise auf den russischen Märkten.

Schöne Silberfuchsbälge bringt man aus den kalten und unfruchtbaren Bezirken Nord- und Nordwest-Amerika's. Dennoch aber können sie den Vergleich nicht aushalten mit denjenigen, die einige Theile Russlands liefern. Man hört daher häufig sagen, dass diese schwarzen Fuchsbälge russischer Herkunft so viel Gold werth seien, als sie wiegen, — eine Behauptung, die — nebenbei gesagt — von der Wahrheit nicht so weit entfernt ist, wenn wir lesen, dass man für die ausgezeichnetsten Bälge je 400 Rubel löste.

Was den Handelswerth des Balges betrifft, so kommt für unsere Berücksichtigung der Kreuzfuchs (*Vulpes decussatus*) dem Silberfuchs am nächsten. Den Namen Kreuzfuchs erhielt dieses Thier, weil es sich dadurch auszeichnet, dass es auf seinem Rücken ein dunkelfärbiges Kreuz hat. Dieses merkwürdige Abzeichen wird durch zwei Streifen gebildet, von welchen der eine sich längs des Rückens hinzieht; bei einigen ist er ganz schwarz, während er sich bei anderen durch jede Farbenabstufung von Braun bis zu Schmutziggelb abschattet. Der andere Streifen von ähnlicher Färbung kreuzt den Rückenstreifen an den Schultern. Bälge des Kreuzfuches werden, wenn sie deutlich entweder mit einem schwarzen oder einem besonders dunkelfarbigen Kreuz bezeichnet sind, von einigen religiösen Gemeinschaften zur Verzierung der Gewänder ihrer Priester verwendet und häufig zahlt man übertrieben hohe Preise für so gefärbte Bälge, obgleich der Marktwerth von Kreuzfuchsbälgen weit dem Silberfuchspelze nachsteht. Etwa 3500 Kreuzfuchsbälge werden alljährlich von den Londoner Pelz-Gesellschaften versteigert. Ich darf sicherlich als ständigen Durchschnittswerth der Kreuzfuchsbälge — ein Werth, welcher für alle praktischen Zwecke als genau gelten kann — den Preis annehmen, den man für diese Bälge bei der Märzversteigerung vom Jahre 1868 bezahlte, bei

welcher Gelegenheit die Hudsonsbay-Gesellschaft 2064 Kreuz-
füchse zu durchschnittlich je 1 Pfd. St. 14 Sh. 8 Pence absetzte;
der höchste Preis betrug 4 Pfd. St., der niedrigste 14 Sh.;
2064 Felle zu je 1 Pfd. St. 14 Sh. 8 Pence = 3577 Pfd. St.
12 Sh. (71.400 Reichsmark).

Der rothe Fuchs (*Vulpes fulvus*) nimmt die dritte Stelle
in unserem Füchse-Verzeichniss ein. Ungefähr 36.000 Bälge
rother Füchse werden alljährlich in den Londoner Pelzversteige-
rungen verkauft, und ich will die Preise, welche rothe Fuchsbälge
bei dem Märzverkauf der Hudsonsbay-Gesellschaft für das Jahr
1866 erzielten, als mustergiltigen Durchschnittswerth annehmen.
Die Zahl der verkauften Rothfuchsbälge belief sich auf 13.746,
der höchste Preis für ein Stück war 18 Sh. 9 Pence, der niedrigste 4 Sh. 9 Pence. Dies gibt einen Mittelpreis von 10 Sh.
$\frac{1}{2}$ Pence für jedes Stück. 13.746 Bälge zu je 10 Sh. $\frac{1}{2}$ Pence
= 6901 Pfd. Sterl. 12 Shill. (138.020 Reichsmark), wobei wir
indess nicht vergessen dürfen, dass dies nur für den Verkauf
der Pelze von einer Gesellschaft gilt. Der obigen Zahl von Roth-
fuchsbälgen, nämlich 13.746, müssen 22.205 beigefügt werden,
welche im Katalog der Herren Lampson angeführt sind und
1265 für diejenigen der Herren Culverwell, Brooks & Comp.
— im Ganzen also 37.214 Bälge.

Türken sind die Hauptkunden für den Balg des Roth-
fuchses, weil er gemeiniglich zum Füttern der langen Röcke
gebraucht wird, die man so allgemein in der Türkei trägt.
Eine sehr grosse Anzahl Rothfuchsbälge versendet man ebenfalls nach Russland sowohl als nach den kälteren Theilen
Europa's, wo man sie zur Verfertigung von Decken für Wagen
und Schlitten, sowie als Futter für Winterkleider gebraucht.

II. Die Hunde im Dienste der Fuchsjagd.

Unter den Arabern der Wüstensteppen am Rande der Sahara gilt das Sprichwort:

»Ein guter Falk, ein schneller Hund, ein edles Pferd.
Sind mehr als zwanzig Weiber werth!«

Es klingt das ganz schön und es unterliegt auch keinem Zweifel, dass man mühelos die nöthige Zahl von Weibern auch ohne Beihilfe von Arabern und selbt ferne von der Sahara zusammen brächte, welche die Berechtigung des Spruches drastisch zu illustriren im Stande wären.

Wir Abendländer indess -- die wir von unserem Dichter begeistert — vom Pulsschlag des erwachenden Herzens geleitet, »erröthend einer Spur folgen«, haben für solche Parallelen doch nicht das richtige Verständniss, so sehr auch wir den Hund, das Pferd und den Falken zu schätzen wissen.

Ich habe das fatale morgenländische Sprichwort auch nur zu dem Zwecke angeführt, um den Werth eines guten Hundes in Relief zu stellen, mag er nun schnell sein wie der »Slugui« der arabischen Steppen, welcher, »wenn er eine Gazelle sieht, die weidet — sie fängt, ehe sie Zeit fand den Bissen im Munde hinab zu schlingen«; oder wie jener Fuchshund, »Blaumütze« genannt, welcher mit einem berühmten englischen Rennpferd — Flying-Childres — erfolgreich um die Wette lief, möge er bedächtig sein, wie unser mürrische, tapfere krummbeinige Jagdfreund — Meister Dächsel.

Und wahrlich, eine Fuchsjagd ohne das tönende erregende Geläute der Hunde, ist im Waldgrund ein halbes Vergnügen, vom Sattel — undenkbar.

Es sind vier Racen von Hunden, welche vornehmlich für die Fuchsjagd verwendet werden u. zw.:

Der Dachshund *Canis familiaris vertagus;*

der Brackierhund, die Bracke, ein Mischling verwandter, oft auch ziemlich heterogener Racen, welcher in Polen, in Russland, in einigen Gegenden Ungarns und der Alpenländer der Fuchsjagd dienstbar — individuell oft ausgezeichnete Anlagen entwickelt und bei sorgsamer Zuchtwahl auch vererbt;

der Windhund, *Canis familiaris grajus* und

der Fuchshund, *Canis familiaris sogax vulpicapus.*

Wir haben es hier mit vier vorzüglichen Hunderacen zu thun, deren Begabungen, Eigenschaften und Leistungen — obwohl einem Zwecke dienstbar — dennoch geradezu heterogene genannt werden müssen.

Der Züchter und der Jäger haben da schwierige Probleme zu lösen, die mit gedankenlos angewendeten Schablonen-Principien eben n i c h t gelöst werden.

Wer das Seelenleben der Thiere scharf, mit klarem Auge und objectivem Sinne unter der Leuchte des forschenden reflectirenden Gedankens beobachtet, wird Erstaunliches finden, was d a i s t, wird aber überdies eine Summe von Keimen entdecken, die eben nur geistig befruchtet und erzogen zu werden brauchen, um ihr Dasein geltend zu machen.

Der Einfluss der Menschen ist da ein dominirender, bahnbrechender. Was den Fuchs schlau, verschlagen und vorsichtig, das edle feurige Ross botmässig, den Esel intelligent, den Staar, ja selbst den Gimpel gelehrig, den Floh sogar abrichtungsfähig gestaltet, ist eben die Aeusserung desselben. Sein den vorschwebenden Zielen und Zwecken dienstbares, geistig beherrschtes Verhalten gegenüber der Thierwelt weckt

ungeahnte Aeusserungen des Seelenlebens, soferne sie nicht schon
im naturgesetzlichen Kampfe um's Dasein geweckt und thätig sind.

Der edle hochentwickelte Hund charakterisirt den Einfluss des Menschen am schärfsten, wie nicht minder der tückische, bissige, körperlich missgestaltete, unnütze Köter.

»Wie der Herr, so die Diener«, dieser Wahrspruch lässt
sich mit gleicher Berechtigung in den Satz umwandeln: »Wie
der Jäger, so seine Hunde!«

Wenn sich der Jäger die Mühe nimmt, den Spielen und
dem Verhalten eines Wurfes junger Hunde mit aufmerksamen
Augen zu folgen, wird er die allmälige Gestaltung der Indi-
vidualitäten, die höhere oder mindere Entwicklung der
Anlagen derselben bald unterscheiden. — So hoch die Verer-
bungsfähigkeit bei reinblütiger Zucht ist, sofern die sachkundige Auswahl und Zusammenstellung der Indivi-
duen nicht ausser Acht gelassen wird, so werden sich
in der Descendenz dennoch verschiedene Abstufungen in den
angeerbten Eigenschaften erweisen lassen. Sie resultiren aus
Rückschlägen, deren Quelle mehr bei den Grosseltern denn bei
den Eltern zu suchen ist oder aus der mehr minder verküm-
merten oder potenzirten individuellen Entwicklung.

Hunde, die keine guten Anlagen für ihren künftigen Beruf
erweisen, sollten rechtzeitig vertilgt oder anderen Zwecken zugeführt werden. Zeit und Mühe ist an solchen verschwendet.

Das Waidwerk ist eine freie Kunst, weil sie an ihre Jünger, welche Meister werden wollen oder sollen, sehr entschie-
dene Forderungen rücksichtlich angeborener und individuell entwickelter Anlagen stellt; — dies gilt im weiteren
Sinne auch für die vierfüssigen treuen Mithelfer des Jägers.

Wer die Geige kratzt ist noch kein Musikus; in wessen
Hand dieses merkwürdige mit wenigen Darmsaiten bespannte
Holz eben nur jammert, kreischt und stöhnt, wird es nimmer
zu rührendem, erhebendem Gesange zwingen.

Die individuellen Anlagen des Hundes bedürfen eben nur leiser, zielbewusster, mit Ruhe und Festigkeit, nicht mit brutaler Rohheit ertheilter Weisungen, um nach einiger Praxis geradezu Erstaunliches zu leisten.

Wie dem schlichten Lehrer bei den rhapsodischen gewaltigen Sprüngen seines hochbegabten Schülers nach vorwärts und aufwärts »Sehen und Hören vergehen mag«, so wird der Jäger oft nicht minder über seinen Eleven und dessen Leistungen staunen, welche das Mass des Erlernten weit überflügeln.

1. Der Dachshund.

(*Canis familiaris vertagus.*)

Wer überhaupt kennt ihn nicht, wer von uns Jägern liebt ihn nicht, den tapfern, schneidigen, krummbeinigen Gesellen mit seinem ernsten, nachdenklichen Angesicht, mit seiner würdevollen und doch so urkomischen Haltung?

Der lange Leib mit dem eingebogenen Rücken auf den kurzen verdrehten, mit starken Pranten und scharfen Krallen bewehrten Läufen ruhend, der verhältnissmässig grosse Kopf mit breitem Behang, das scharfe starke Gebiss — all' dies gestaltet den Dachshund zu einer der eigenthümlichsten, merkwürdigsten Arten in der Reihe der Hunderacen.

Die Vorderläufe, unverhältnissmässig stark, plump und kurz, erscheinen am Handgelenk so stark einwärts gebogen, dass sie sich fast berühren, während der untere Theil derselben wieder scharf nach auswärts gekrümmt ist. Die Hinterläufe sind mit einer etwas höher gestellten, scharf gekrallten Afterzehe bewehrt.

Die Ruthe, an der Wurzel dick und gegen die Spitze verschmälert, reicht ziemlich bis an das Fersengelenk, wird

jedoch nach aufwärts gerichtet und ziemlich stark nach einwärts gebogen getragen.

Die kurze Behaarung — ziemlich grob — liegt glatt am
Leibe und zeigt zumeist eine schwarze, braunrothe oder gelbrothe Färbung, selten erscheint sie grau gefleckt. Charakte-
ristisch ist die brandrothe Färbung ober den Augen an den
Backen und an der Innenseite der Läufe, »der Brand«. Der Brand
markirt sich auch bei der braunen, gelben und grauen Haar-
färbung, wodurch letztere dann dreifärbig erscheint.

Die eigentliche Heimat, das Stammland des Dachshundes
wie seine Provenienz sind unbekannt. Brehm nennt in seinem
»Thierleben« Spanien als das Heimatland des Dachshundes,
bezweifelt indess selbst — und wohl mit Recht — die Richtig-
keit und Stichhaltigkeit dieser Annahme.

Langhaarige Dachshunde, in vereinzelter Zucht in Schweden,
Norwegen und Dänemark heimisch, taugen wenig. Eine Ausnahme hievon bilden die rauhhaarigen schottischen Dachshunde.

In Revieren, in welchen Fuchs- und Dachsbaue vorhanden
und zeitweilig bewohnt und befahren sind, sollte die Jägerei
der Haltung und sorgfältigen, sachkundigen Zucht des Dachshundes durch correcte Wahl der Individuen die mög-
lichste Aufmerksamkeit zuwenden. So werthvoll und unent-
behrlich ein guter Dachshund im Waldreviere erscheint, ist
ein solcher mit schlechten Anlagen nicht nur des Futters un-
werth, sondern schädigt auch die Jagd nach verschiedenen
Richtungen, statt ihr förderlich und dienlich zu sein.

Viele Jäger sind der Ansicht, »dass dem Dachshunde
Nichts zu lehren sei, dass er keiner Abrichtung und Führung
bedürfe, dass man eben mit seinen üblen Eigenschaften der
Unfolgsamkeit, der Bissigkeit und Unverträglichkeit rechnen
müsse«.

Ohne Rücksicht auf gegentheilige Anschauungen will ich
hier die Behauptung aufstellen: »Der Dachshund ist zu er-

ziehen und muss folgen, u. zw. unbedingt folgen lernen.« —
Dass die dem Dachshunde nöthige, allerdings ziemlich einfache
Dressur mit Vermeidung jedweder Brutalität ertheilt
werde, ist wohl selbstverständlich. Ein Jäger, welcher mit plan-
losem Prügeln, ja mit Fusstritten seine Lehrversuche illustrirt,
der möge getrost mit der Dressur — bei sich selbst beginnen.

Das Naturell des Dachshundes ist bei seinen
vorherrschenden angeborenen Eigenschaften des
hohen Muthes und energischer agressiver Entschlossenheit ein ernstes, ja mürrisches und äusserst em-
pfindliches. Der Jäger muss mit diesen der Race
eigenthümlichen und angeborenen Eigenschaften
von dem Tage anfangen zu rechnen, an welchem
der Wurf junger Hunde zu sehen beginnt.

Nachdem der Dachshund in keinem Falle vor Ablauf des
ersten Lebensjahres zur Jagd verwendet, d. h. in den Betrieb
derselben eingeführt werden darf, so erübrigt dem Jäger hinlänglich Zeit und Musse, der vorhergehenden nothwendigen
Erziehung des jungen Hundes volle Aufmerksamkeit zuzuwenden.

Der beste zweckentsprechendste Aufenthalt für den Dachshund, wie überhaupt für jede Art von Jagdhunden, ist ein gegen
die Einflüsse der Witterung schützender, reinlicher, trockener
Zwinger, mit einem genügend grossen Auslauf — und nur im
Nothfalle halte man die Hunde im Wohnraume. — Es muss
nur strengstens darauf gesehen werden, dass die
jungen Hunde nicht durch Unberufene geneckt, in
roher oder gar tückischer Weise misshandelt werden. Solche Einflüsse erziehen Bosheit und Unverträglichkeit beim Hunde, Tücke und Hinterlist — *similibus similia!*

Eine freundliche, dem ernsten Naturell des Hundes an-
gepasste Behandlung, ein öfteres Aufnehmen desselben und
schmeichelndes Streicheln bei dieser Gelegenheit, üben bald
und sichtbar den wohlthätigsten Einfluss auf die Ausbildung des

Charakters und wenn das Erstere jederzeit, das Letztere zeitweilig geschieht, dann ist hiedurch der ersten, keineswegs un-
wichtigen Erziehungsstufe Genüge gethan.

Nun erübrigt rücksichtlich der Erziehung vor der Einführung zum Jagdgebrauche noch zweierlei:

1. Der Appell — die unbedingte Folge auf den Ruf, und

2. die Leinenführigkeit, d. h. die Unterweisung und Uebung,
wo und wie der angeleinte Hund an der Seite des Jägers zu
gehen habe.

Einen namhaften Grad von Gehorsam wird bereits die
erste Stufe der Erziehung durch die herangebildete Anhänglichkeit und Unterwürfigkeit zur Folge haben, das Weitere lässt
sich auf folgende einfache, von mir selbst erdachte und erprobte Weise erreichen:

Man lasse die tägliche Nahrung der Hunde in den Hofraum bringen und mit einem Brette, oder auf andere Weise verdecken. Der Jäger nimmt sein Hüfthorn zur Hand und ordnet
das Freilassen der Hunde für den Augenblick an, wo er in
stets gleichem Rythmus ein bestimmtes Signal bläst.
Zweistimmige Hüfthörner sind, wie überhaupt für den Jagd-
dienst, auch diesfalls zweckentsprechender.

Die Hunde lernen unglaublich schnell erkennen, dass der
Ruf ihnen gelte und wenn sie um den Jäger versammelt sind
und er sie angerufen hat, deckt er das bereitgehaltene Futter ab.

Dachshunde, auf diese einfache und wirksame Weise zur
Folge auf den Ruf erzogen, werden später selbst im höchsten
Jagdeifer gehorchen, um so sicherer, wenn es der Jäger nicht
vergisst eine kleine, geniessbare Belohnung in der Jagdtasche
mitzuführen und sie preiszugeben, sobald die jagenden Hunde
athemlos und schweifwedelnd anlangen. — Ein auf diese Art
dressirter Hund wird, wenn ihn etwa ein geschlossenes Fenster
hindert, dem Rufe zu folgen, resolut durch die Scheiben fahren.

4*

Die Leinenführigkeit ist mit Geduld und ofter Uebung
ohne Schwierigkeit am Dressir-Halsbande bald gelehrt und es
sei der individuellen Ansicht des Jägers überlassen, ob er den
Hund lehren will, an der rechten oder linken Seite neben,
niemals aber vor dem Jäger zu gehen.

Dieses Viel in Wenigem ist dem Hunde innerhalb seines
ersten Lebensjahres beizubringen, er muss somit — gutmüthig,
anhänglich und nicht handscheu, dem Rufe unbedingt folg-
sam und leinenführig sein. Von da ab stimme ich nun vollkommen der Ansicht Anderer bei, dass dem Dachshunde nur
Weniges mehr zu lehren möglich und nöthig sei.

Hat der junge Dachshund das erste Lebensjahr über-
schritten, dann wähle man den Monat Mai zur Einführung des
Hundes für den Jagdgebrauch am Bau. Für diesen Zweck wird
ein Bau gewählt, in welchem junge Füchse auskamen und man
begibt sich mit dem jungen Eleven, welcher mit einem guten,
alten nicht allzuscharfen*) Dachshunde gekoppelt und
angeleint ist, nach dort **).

»Sobald man auf dem von jungen Füchsen bewohnten
Bau angekommen ist, nimmt ein Jäger den alten Hund, der
andere den jungen auf den Arm und beide begeben sich an
die am meisten ausgeführte und befahrene Röhre. Hier wird
der alte Hund sehr feurig und unruhig sich bezeugen, auch
wohl vor Begierde winseln. Noch immer halte man ihn zurück,
bis der junge auf jenen, aufmerksam, auch unruhig wird.

Sobald dies der Fall ist, streichle man ihn sanft und rufe
ihm zu: »Fass — fass den Fuchs!« Dann knien beide Jäger

---

*) Scharf nennt man den Dachshund, wenn er dem Fuchs im Bau
dicht zu Leibe geht und ununterbrochen laut den Fuchs angreift und würgt.
Nicht zu scharf ist der Hund, welcher, ohne den Fuchs anzugreifen, ihm
vorliegt und anhaltend laut bleibt.   D. V.

**) Siehe die vortreffliche Abhandlung über die Einführung des jungen
Dachshundes in die Jagd am Bau in Winkell's »Handbuch für Jäger«, bearbeitet von J. J. v. Tschudi.   D. V.

mit den Hunden vor der Röhre nieder und halten sie dicht vor die Ausfahrt.

Der Eine lässt hierauf den Alten hinein und gleich darauf setzt der Andere den Jungen in die Röhre, klopft ihm unter obigem Zuruf auf dem Rücken und lässt ihn fort, wenn er nachfahren will. Sträubt er sich, oder kehrt er um, so wird er gleich wieder auf den Arm genommen und so bleibt man vor der Röhre mit ihm sitzen, bis der alte Hund laut wird. Dann macht man wieder einen Versuch, ob er Lust hat nachzukriechen; wo nicht, so nimmt man ihn wieder auf den Arm, und trifft ohne Zeitverlust die in der Folge näher zu beschreibenden Anstalten zum Einschlagen (Ausgraben).

Sobald man, wie es eigentlich geschehen muss, beim Einschlagen da, wo der alte Hund vor den Füchsen liegt, auf die Röhre kommt, steigt der, welcher den Dachshund hält, in den Einschlag hinab und lässt von da aus diesen mit jenem an die jungen Füchse, hindert es auch nicht, wenn sie hier vor den Augen des Jägers einen würgen.

Ist es möglich, so begibt man sich an eben denselben, oder am nächstfolgenden Tag, wieder auf einen von jungen Füchsen bewohnten Bau. Nicht leicht wird es fehlen, dass der junge Hund nun dem Alten von freien Stücken nachkriecht und mit ihm laut wird. Thut er aber keines von beiden, so hat er noch nicht das Alter erreicht, in welchem die Race, welcher er entsprossen ist, gut zu werden pflegt; denn nicht selten geschieht dies erst, wenn sie zwei Jahre und darüber alt sind — dann muss man späterhin, auch wohl erst imnächsten Jahre, die Versuche wiederholen [*]).

---

[*]) Es gibt vorzügliche Dachshundracen, welche thatsächlich erst mit dem vollendeten zweiten Jahre für die Jagd am Bau tauglich und beherzt genug werden, um dem Fuchse an den Balg zu gehen. Der aufmerksam beobachtende, erfahrene Jäger wird indess schon beim ersten — wenn auch misslungenen — Versuche bald wissen, was er vom Eleven zu halten habe.

D. V.

Nur wenn auf diesem Wege gar nichts auszurichten wäre, hetze man an einem fest umschlossenen Orte junge Füchse mit dem jungen und alten Hunde, mache dann gleichfalls an einem gut vermachten Ort eine hinlänglich weite, etwa 3 — 4 Meter lange Rinne in die Erde, bedecke sie mit einem Brett und dieses so mit Sand und Rasen, dass kein Licht von oben hinein fällt; lasse dann erst einen jungen Fuchs, fast zu gleicher Zeit mit ihm den jungen Hund und auch einen alten, nicht allzuscharfen mit hinein, lasse sie geraume Zeit vorliegen, öffne dann hinten die Röhre etwas, so dass der Fuchs heraus kommen und der Hund ihm folgen kann. Hier über der Erde gestatte man nun das Würgen, feuere ihn sogar dazu an.

Ist der junge Hund von guter Race, so wird es nie, oder doch nur selten fehlen, dass er nach diesen ersten Uebungen, besonders wenn ihm ein alter Hund vorarbeitet, nicht gern und willig die Röhren eines Baues befahre, auch, wenn er etwas im Bau findet, laut werde, und vorliege. Sobald nur einigemal vor ihm ausgegraben worden, brauche man ihn allein.

Anfänglich erwarte man nicht, dass er anhaltend vorliegen solle, vielmehr wird er in der Regel, wenn er ein Weilchen laut war, zu einer Röhre heraus kommen, um sich nach seinem Herrn umzusehen. Augenblicklich nehme ihn dieser dann auf, gebe ihm schmeichelnd vor der Röhre durch den Zuruf: »Fass Füchsen, fass!« recht und lasse ihn, wenn er sich feurig zeigt, wieder hinein.

Das Aufnehmen und Vorhalten, welches, so oft er sich ausser dem Baue blicken lässt, wiederholt werden muss, macht ihn immer begieriger; bald wird er nur zur Röhre heraussehen, wenn er den Jäger erblickt zurückfahren, immer länger anhalten und gar nicht eher abgehen, bis man vor ihm eingeschlagen und die Füchse ausgegraben hat.

Nur erst dann, wenn der junge Hund auf junge Füchse gut gemacht ist, darf man ihn an einen alten Fuchs bringen, sonst wird er, da diese sich ihm kräftig widersetzen, feige, geht entweder nun gar nicht mehr in den Bau, oder liegt, wenn er dies ja noch thut und auch laut wird, so weit vom Fuchs entfernt vor, dass dieser sich entweder versetzt, oder in einem Nebenrohre ausweicht und sich verliert, wodurch doch wenigstens mehrere Einschläge nöthig werden.

Soll der Dachshund mit Recht für gut und fest gelten, so muss er herzhaft, hart bei etwa erhaltenen Bissen, und feurig sein. Sobald er zu Bau gelassen wird, jede Röhre befahren, nie fährtenlaut werden, d. h. nie anschlagen, wenn er den Fuchs nicht dicht vor sich hat; muss den Fuchs, wenn er ihn in der Röhre findet, ohne abzulassen, im Kessel antreiben, dann ohne abzugehen, bis vor ihm eingeschlagen ist — dauerte diess auch sechs und mehrere Stunden — höchstens 80—90 Centimeter vom Thiere entfernt vorliegen und ununterbrochen laut sein; nie darf er im Bau würgen.

Der Dachshund muss alte Füchse, wenn er sie nicht austreiben kann, so lange necken und angreifen, bis sie in der Flucht ausserhalb des Baues ihr Heil suchen.

Vor alten Füchsen sind auch fährtenlaute Hunde brauchbar. Dieser Fehler basirt zumeist auf allzu feuriger Passion und dies ist beim Dachshunde ein geringer Fehler.

Es ist zweckmässig, dem Dachshunde vor dem Gebrauche am Bau wenig oder nichts zu fressen zu geben. Nach der Arbeit im Bau, soll er vorerst gewaschen, besonders die Augen müssen behutsam und sorgfältig gereinigt werden und dann erst verabreiche man ihm ein kräftiges Futter.

Ist der Hund gebissen, dann muss die Wunde täglich bis zur gänzlichen Heilung mit Wasser und gutem Seifenspiritus gereinigt werden. Starke, d. h. klaffende Wunden müssen, sobald selbe mit kaltem Wasser gereinigt sind, geheftet werden.

2. Der Brackier- oder Wildbodenhund.

In Revieren mit steilen, mit Steingerölle übersäeten, mit dichtem Gestrüppe bestandenen Uferlehnen, wohl auch in nicht gut zugänglichen Bruch- und Haidegegenden, wird man sich mit Vortheil der Brackierhunde bei Treibjagden bedienen.

Der Brackierhund hat einen etwas unklaren Stammbaum und recrutirt sich zumeist aus illegitimer Descendenz eines Dachshundes, aus dem Fehltritt einer Dachshündin, die den Verführungskünsten eines Schäferhundes erlag — oder sie ergänzen sich aus kühnen Kreuzungen des Vorsteh- und des Dachshundes u. dgl.

Doch habe ich in einigen Gegenden im Norden und Osten des Continents Brackierhunde gefunden, welche sorgfältig gezüchtet, eine constante Race repräsentiren. Ihre Färbung ist weissschwarz mit weissem Bruststreif und zeigt den Brand ober den Augen, an den Backenknochen und den Läufen, auch braun und fuchsroth.

Je kurzläufiger der Brackierhund gestaltet ist, je mehr er an den Dachshund in seinem Aeussern mahnt, desto vortheilhafter wird derselbe als Wildbodenhund gebraucht werden können. — Hochläufige Bracken taugen wenig und verursachen dem Wildstande vielfachen Schaden und sollten, wo die Terainbeschaffenheit die Verwendung solcher Jagdhunde nothwendig und wünschenswerth erscheinen lässt, durch kurzläufige Dachshund-Kreuzungen ersetzt werden, welche das flüchtende Wild nicht einzuholen im Stande sind und dasselbe, wie dies bei hochläufigen Bracken häufig geschieht, niederziehen und anschneiden.

Ein vorzüglicher Wildbodenhund ist jener rauhhaarige pintscherartige schottische Dachshund, welcher sicher und gut Fährte haltend, langsam und bedächtig jagt. Auch der schwere

Schlag glatthaariger Dachshunde, wie ich solche in einigen Gegenden des Riesengebirges in Verwendung fand, eignet sich hiezu vollkommen.

Vier bis fünf bedächtig jagende, 'die Fährte haltende, nicht waidlaute Hunde genügen für diese Jagdmethode und werden selbst in ausgedehnten Jagdböden vollkommen ausreichen, um das in denselben steckende Wild, insbesondere die Füchse zu Schuss zu bringen und es ist durch vielfache Erfahrungen constatirt, dass Füchse, durch Hunde angetrieben selten oder nie zu Bau kriechen.

Der Wildbodenhund sucht stets mit tiefgesenkter Nase und beschnuppert die Spur und Fährte des Wildes; es ist deshalb vortheilhafter bei feuchter Witterung zu jagen, weil da der Hund nicht so oft und so leicht durch die Widergänge des flüchtenden Wildes irre geleitet wird, wie dies bei trockenem Boden so häufig der Fall ist.

Die Dressur des Brackierhundes ist einfach und besteht lediglich darin, denselben an einen bestimmten Zuruf — welcher selbstverständlich stets derselbe bleiben muss — sowie an ein bestimmtes Hornsignal zu gewöhnen. Dies kann am raschesten beim Füttern gelehrt werden — wie ich dies in dem Capitel »Dachshund« bereits angegeben habe.

Die Hunde lernen da bald und pünktlich gehorchen. Ich hatte oft Gelegenheit, den Gehorsam und den Orientirungssinn der Bracken in den Urwäldern der Karpathen zu bewundern. Sie waren nach mehrstündiger Jagd in dem unabsehbaren Waldmeer verloren und verschollen. — Kein Laut war mehr zu vernehmen und tief still war's rings in der Waldeinöde geworden. Da nahm der Herr und Gebieter der Hunde sein Jagdhorn d. h. das Horn eines Büffels, an die Lippen und jammerte einen langgedehnten Ruf aus seinem urwüchsigen Instrumente hervor — denn er klang wahrhaft ohren- und herzzerreissend — dieser Ruf des halbwilden Huzulen oder Goralen. Ruhig liess sich dann der Waldmensch auf irgend einem der modernden, vom Sturme geworfenen Waldriesen nieder und nach kaum einer halben Stunde waren die Deserteure aus der pfadlosen Wildniss schweifwedelnd einer nach dem andern eingerückt!

Die Führung und Beaufsichtigung der Hunde soll stets nur einem und immer demselben Jäger anvertraut bleiben.

Zweckmässig wird es jedoch sein, demselben einen tauglichen Gehilfen beizugeben, welchen derselbe in das Wesen dieser eigenartigen, mitunter nicht ohne Schwierigkeiten durchzuführenden Jagdmethode einzuführen hat.

Die Jäger, welchen die Führung der Brackierhunde anvertraut wird, müssen mit der Oertlichkeit ebensowohl vertraut sein, als sie die Wechsel, welche der Fuchs anzunehmen pflegt, genau kennen müssen.

Sobald ein verabredetes Signal die vollzogene Aufstellung der Schützen verkündet, werden die Hunde losgekoppelt, was stets unter dem gleichen Zurufe: »Los Hunde, los«! zu geschehen hat.

Der Jäger folgt nun den umherschwärmenden Hunden und feuert sie durch ein stets gleich bleibendes wörtliches Zurufen, oder auch durch das Blasen eines bestimmten Signales am zweistimmigen oder am Halbmond-Horn zur Suche an.

Sobald ein Hund eine frische Spur anfällt, wird sich dies durch ein hörbares Schnuppern am Boden, durch die lebhafteren Bewegungen und eifriges Wedeln mit der Ruthe verrathen.

Folgt nun der Hund scharf und unter den angegebenen Zeichen der Spur und zeigt durch ein leises, kurzabgebrochenes Winseln an, dass sie warm sei, dann folgt ihm der Jäger unter lautem Juchen und ruft die übrigen Hunde durch den Jagdschrei »Hai, hoi«, zur Unterstützung heran.

Planlos umherrasende Hunde lenkt der Jäger mit dem Zurufe: »Da weg, da weg!« auf die richtige Spur, bis sie sämmtlich auf derselben beischlagen, d. h. dieselbe haltend laut Hals geben.

In dem Augenblicke, wo der Kopfhund etwa des losgesprengten Fuchses ansichtig wird, gibt er schreiend Hals, was sich von dem gewöhnlichen Geläute wesentlich unterscheidet.

Halten die Hunde die Fährte, dann ist jeder weitere Zuruf einzustellen und der Jäger folgt nur dem Gange und den Widergängen der Jagd, mit aller Aufmerksamkeit und ist im Stande, dieselbe, von genauer Terrainkenntniss unterstüzt, zumeist wesentlich zu fördern. Kennt der führende Jäger seine Hunde so genau wie sein Revier und weiss er überhaupt, was wann und wie er das Jagen zu fördern hat, dann zählt die Jagd mit gut geführten, nicht waidlauten Bracken in weitgedehnten, wild einsamen Waldgebieten zu den interessantesten, an spannenden, aufregenden Momenten überreichen Vergnügungen.

Ein Lieblingsaufenthalt der Füchse sind jene unabsehbaren Rohr- und Schilfwildnisse der südöstlichen Länder des Continents, welche die Ufer der Flüsse auf meilenweite Strecken säumen und wo ich häufig Gelegenheit fand, mit Wildbodenhunden auf den Fuchs zu jagen.

Das verschiedenartigste Wasserwild, welches diese verödeten und meist auch schwer zugänglichen Sumpfstrecken in grossen Massen bevölkert, bietet dem schlauen, eine stete Abwechslung des Menu's liebenden Rothrock reiche Beute.

Als Feinschmecker versäumt er es nicht, aus seinem sicheren Verstecke auch weite Ausflüge landeinwärts zu unternehmen, um von der dichten, üppigen Vegetation der Maisfelder gedeckt, die Brut des Trappen, den spärlichen, vereinzelten Hasensatz — zu beschleichen.

Mit einer kleinen Meute von drei bis vier gut jagenden Brackierhunden und einiger rasch erworbenen waidmännisch ausgenüzten Localkenntniss kann man in jenen Gegenden eine sehr namhafte Zahl von Füchsen erbeuten.

Eigenthümlich und chrakteristisch ist es, dass ein von Dachshunden und auch von Wildbodenhunden angejagter Fuchs, wie bereits erwähnt, selten oder nie zu Bau fährt und weit eher einen schrägstehenden Baum anläuft und sich mit dessen Gabelästen deckt, um den Hunden zu entkommen.

Vor den zur Parforcejagd verwendeten Fuchshunden jedoch fährt er um so häufiger ein. Jagdfreunden mit trägem Blutumlauf und blasirtem Wesen rathe ich eine Jagd mit Bracken in den Urwäldern der Karpathen an. Der vor dem Geläute leise und mit ungemein verschmiztem Angesicht heranschleichende Fuchs wird die Pulse wohl in Bewegung setzen!

Die Dressur der Wildbodenhunde ist, wie bereits eingangs erwähnt, eine ziemlich einfache, und ich will dieselbe — jedoch nur insoweit ich sie erprobt fand und mit Vermeidung unnützer Beigaben — in Kürze anführen.

Dem Wildbodenhunde muss gelehrt werden:

1. Der Gehorsam auf den Zuruf und das Hornsignal, welche beide stets dieselben bleiben müssen; wie dies am raschesten und sichersten zu geschehen habe, wurde bereits in dem Abschnitte »Der Dachshund« angegeben;

2. die Koppelbändigkeit, welche unter schmeichelndem Zuruf bald gelingt, wenn dem jungen Hunde ein alter fermer Hund beigekoppelt wird;

3. das Einjagen, das beim jungen Hunde am sichersten ein ruhiger, fermer, bedächtig die Spur haltender alter Hund besorgt; man wähle hiezu kleinere Vorhölzer bei feuchtem Wetter.

Nicht zu dulden, resp. abzugewöhnen sind:

1. Das Anschneiden des Wildes, wozu ein junger Hund zumeist geneigt ist; dies wird ein alter fermer Hund rasch und sicher abgewöhnen, beziehungsweise gar nicht zur

Angewöhnung kommen lassen, da er beim erlegten Wilde bissig
und eifersüchtig, die Annäherung des jungen nicht duldet;

2. das Schweisslecken, das bei den Wildbodenhunden
niemals geduldet werden darf; dagegen gebe man ihnen als
Belohnung nach dem Triebe einige zu diesem Zwecke mit-
genommene Brodkrumen.

Das Genossenmachen der Wildbodenhunde ist — wie
aus dem Vorerwähnten wohl einleuchten mag — ein Unsinn,
welcher den Hund geradezu das Anschneiden des Wildes lehrt.
Manchenorts wird dieses durchaus tadelnswerthe Verfahren sogar
als waidgerechte Regel betrachtet.

Waidlaut, d. h. vorlaut, wird ein junger Hund mit
guter Nase unter Führung eines fermen Hundes nie werden;
er ahmt eben dem alten Hunde Alles nach.

Zeigt er sich dennoch waidlaut, dann wird sich der führende Jäger bald überzeugen, dass der Hund weder Nase hat,
noch demzufolge die Fährte hält. Er ist sofort auszurangiren.

Der Waldbodenhund soll, bevor er eingejagt wird, körperlich entwickelt sein, es soll dies somit nicht vor dem sechzehnten oder achtzehnten Monate geschehen.

3. Der Windhund.

Canis familiaris grajus.

Die vornehme, eigenartige Gestalt des Windhundes bildet den vollen Gegensatz zu seinem vorgeschilderten Vetter, dem kleinen, gedrungenen, krummbeinigen Dächsel.

Schlank vom Leibe, mit tiefem weitem Brustkorb, welcher auf stark entwickelte Athmungsorgane deutet, der spitze, feingeschnittene Kopf, die hohen, dünnen, mit strammen Muskeln ausgerüsteten Läufe, sie kennzeichnen selbstredend die Fähigkeiten und Vorzüge dieser edlen Hunderace.

Der Windhund vernimmt und äugt ungemein scharf, dagegen ist der Geruchssinn desselben nur stiefmütterlich ausgestattet. Die Ruthe ist fein und reicht ziemlich unter das Fersengelenk; die Spitze derselben wird mässig einwärts gebogen getragen.

Das feine glatte Haar liegt dicht am Leibe, verlängert sich bei einzelnen Racen und zeigt sehr verschiedene Färbungen. — Bei den glatthaarigen Windhunden ist die weisse, braune, gelbe und in dunklerer Abstufung gestromte, auch die mausgraue Färbung vorherschend.

Gefleckte, überhaupt zweifärbige Windhunde sind mit Recht weniger geschätzt und deuten auf begangene Fehler in der Zuchtwahl der Individuen. - Die vortrefflichen, hoch im Werthe stehenden Windhunde der Perser und Araber sind alle einfärbig rostgelb.

Sein Naturell zeigt viele Schattenseiten. Selten seinem Herrn vollkommen treu und anhänglich, ist er ungemein selbstsüchtig und auch diebisch; dies ist indess eine Regel, die viele und vielfach abgestufte Ausnahmen erleidet. Sie beruhen auf individueller, wohl auch angeerbter Anlage und auf der Behandlung und Erziehungsmethode, deren sich der Windhund zu erfreuen oder — die er zu erleiden hatte.

Für Liebkosungen ungemein empfänglich, verträgt er Zurücksetzungen durchaus nicht und wird leicht und durch geringe Anlässe zum Zorn gereizt.

Dass die vorangeführten, in ihrer Gesammtheit nicht eben angenehmen Eigenschaften bei einzelnen Individuen von Vorzügen reichlich überwogen werden, kömmt indess nicht selten vor.

Ich selbst besass einst neben vier anderen Windhunden eine schwarze langhaarige Hündin von seltener Schönheit, welche, wohl ungemein eifersüchtig auf meine Zuneigung, dieselbe mit hoher Anhänglichkeit und Treue lohnte. »Sellö« (Lüftchen, Lufthauch) war überall, wohin sie mir folgte, bewundert, geliebkost und verzogen und so artig sie sich benahm, war sie doch nur mir allein zugethan. — Erlaubte ich ihr, mich zu küssen, dann erhob sie sich graziös auf den Hinterläufen, legte zart und leicht die Vorderläufe auf meine Brust und berührte leicht und kokett meine Wange. Ein Falbhengst, den ich besass, war ihr intimer Freund, während sie einer Fuchsstute minder freundlich zugethan war.

Schmeichelte ich dem Hengst jedoch, dann erwachte die Eifersucht mit aller Macht. — Winselnd sprang die Hündin an mir empor, leckte mir Gesicht und Hände und beruhigte sich erst wieder, wenn ich mich in den Sattel schwang, oder das Pferd abführen liess.

Während die übrigen Hunde im Zwinger untergebracht waren, theilte »Sellö« mein Gemach mit mir und bewachte es treu. — Es kam häufig vor, dass sie Bekannte, während ich momentan abwesend war, wohl anstandslos einliess, heraus aber lies sie Niemand. — Ruhig stand das muskelstarke, prächtige Thier an der Schwelle und wies bei jedem Annäherungsversuch so unzweideutig sein gewaltiges Gebiss, dass eben Jeder,

der so in die Falle gerieth, bonne mine au mauvais jeu machen und warten musste.

Als Raufer ist der Windhund ein gefährlicher Gegner, der behend auszubeugen und furchtbar zu beissen versteht.

In Europa ist wenig Raum für das Jagen mit Windhunden und abgesehen von Grossbritannien sind es die Steppen von Russland und die ungarischen Pussten, wo der Windhund vielfach Verwendung findet.

Zur Fuchsjagd ist indess nicht jeder Windhund geeignet und viele fürchten den Fuchs. — Ist jedoch eine Koppel speciell auf Meister Reinecke gearbeitet, dann bietet dieser Sport ein ungemein an- und aufregendes Vergnügen.

Der Windhund muss seine körperliche Entwicklung ziemlich vollendet haben, bevor man ihn zur Hetzjagd verwendet und soll nicht vor dem achtzehnten Monate eingeführt, beziehungsweise eingehetzt werden.

Zu diesem Behufe lässt man einen halbwüchsigen Fuchs in einem Klappkasten, oder in einem Sacke in's Freie bringen und zieht mit den Eleven an der Leine, ohne jedoch einen alten, bereits gearbeiteten Hund mitzunehmen, auf den erwählten Jagdplatz.

Nachdem der freigelassene Fuchs einen geringen Vorsprung gewonnen, lässt man die Hunde, welche schon vorher angefeuert und auf den Fuchs aufmerksam gemacht werden müssen, von der Leine und folgt ihnen im Sattel unter stetem Zuruf.

Dieser erste Versuch zeigt bereits die sehr verschiedene Qualification der einzelnen Individuen.

Ein Hund wird wie toll davonrennen, doch, sobald er dem Fuchse nahegekommen, eben nur nahebleiben, seinem Gegner jedoch keineswegs dicht an den Balg rücken, welchen der Bedrängte bekanntlich sehr tapfer zu vertheidigen versteht; ein Anderer zeigt weit bessere Anlagen. Mit einem wohlberechneten Sprunge hat er den Fuchs im Genick erfasst und

schüttelt nun seinen Gegner mit zorniger Vehemenz, dass dem
armen Reinecke die Gegenwehr unmöglich wird und ihm thatsächlich unter dem scharfen und starken Gebiss »Hören und
Sehen« gänzlich vergeht. — Solches Geschick und solche Be-
herztheit treten indess bei dem ersten Versuche selten zu Tage.

Meist werden die Hunde ziemlich unentschlossen an der
Seite des Fuchses bleiben, und in diesem Falle wirkt der Zuruf
des herankommenden Reiters ungemein aneifernd.

Hunde, die sich bei dem zweiten und dritten Versuche
feige zeigen, müssen sofort aus der Koppel rangirt werden, sie
taugen zur Fuchsjagd nicht, umsoweniger, als auch da das
»böse Beispiel« demoralisirend wirkt.

Haben die Hunde den Fuchs bezwungen, dann dulde man
keineswegs, dass sie ihre Beute umherzerren und zausen. Man
wird dies am besten verhindern, wenn man dem Fuchs den
Fuss auf den Nacken setzt und die Hunde belobend liebelt.

Bald werden die Hunde insoweit praktisch, dass sie dem
Fuchs jedwedes Ausbeugen dadurch verleiden, dass sie ihm
rechts und links zur Seite bleiben, bis zu dem Augenblicke,
wo der geschickteste und muthigste Hund den Sprung auf den
Nacken des Gegners macht.

Von fünf sehr starken, gutgebauten Windhunden, die ich
gleichzeitig besass, waren nur zwei zur Fuchsjagd brauchbar:
die vorerwähnte schwarze Hündin, und ein brauner, dunkel ge-
stromter, glatthaariger Hund — beide Solofänger. Die übrigen
waren nur beim Stehlen und dem wehrlosen Lampe gegenüber tapfer.

Besser als die glatthaarigen eignen sich zur Fuchsjagd
die langhaarigen schottischen Windhunde, *Canis familiaris
grajus hibernicus.* — Der schottische oder Wolfs-Wind-
hund ist mindestens ebenso gross wie sein glatthaariger Ver-

wandter, doch kleidet ihn sein weiches, reiches Haar ungemein vortheilhaft, und er repräsentirt seine Race durch leichten, muskulösen Bau und ausserordentliche Schönheit.

Er erreicht am Widerrist eine Höhe von 75—78 Centim. und eine Gesammtlänge von reichlich 1·5 Meter.

Das dichte Haarkleid macht ihn gegen die Einflüsse rauher Witterung weit weniger empfindlich, als seinen glatthaarigen, erbärmlich frierenden Vetter. Die Ruthe — Fahne — ist reich und lang behaart.

Langhaarige Windhunde haben einen hohen Werth, sind jedoch in unvermischter Zucht äusserst selten geworden; sie sind viel tapferer und auch begabter als die glatthaarigen.

Nach dem Ausspruche englischer Schriftsteller, welche Brehm in seinem »Thierleben« citirt, waren die schottischen Wolfs-Windhunde noch im vorigen Jahrhundert bedeutend grösser als ihre gegenwärtige Descendenz.

Sie wurden in Schottland zur Wolfsjagd verwendet und man hielt sie ob ihrer treuen Anhänglichkeit, ihrer Wehrhaftigkeit und Tapferkeit hoch in Ehren.

Es ist mitunter nicht zu vermeiden, dass sich die Windhunde ü b e r h e t z e n.

So lange sie den Fuchs vor sich haben, strengen sie eben die Kräfte auf's Aeusserste an; sobald sie ihn jedoch gefangen haben, tritt die Reaction ein, die volle Erschöpfung.

Die Hunde stürzen dann athemlos nieder und es stellen sich mitunter selbst krampfartige Erscheinungen ein. Geschieht dies, dann trete man an den Hund heran, schiebe die Arme unter den Vorderläufen durch, hebe denselben so hoch, dass er schwebe und schüttle ihn einigemal kräftig und gebe ihm sofort einen Schuss Pulver, welches bei Hetzjagden stets in einem Pulverhorn verwahrt mitzuführen ist, ein.

Man dulde es keineswegs, dass sich die Hunde gleich nach dem Hetzen niederlegen oder wohl gar in Pfützen wälzen und daraus saufen. Die Hunde müssen vielmehr an der Leine langsam umhergeführt werden, bis sie wieder zu Athem gekommen und abgekühlt sind. Dann gestatte man auch das Saufen reinen Wassers unbedenklich.

Uebersicht man diese nothwendigen Vorsichtsmassregeln, so wird der Hund im günstigsten Falle »verschlagen« sein, d. h. es schwellen die Läufe und er wird völlig steif und contract.

Im letzteren Falle und überhaupt nach jeder Jagd erscheint es zweckmässig, die Windhunde an den Schultern und Läufen mit lauwarmem guten Essig, welchem etwas Kienruss und Salz beigemengt ist, zu waschen. Für Hunde, welche, wie vorerwähnt, contract wurden, empfehlen sich tägliche Bäder im Camillenabsud, welchem man weisse Seife und Weizenkleie zusetzt.

4. Der Fuchshund.

(Canis familiaris sagax vulpicapus. — The fox hound.)*

Der Fuchshund erreicht eine Höhe von 55 bis 60 Centim. am Widerrist, sein Kopf ist verhältnissmässig klein. Der Behang breit und lappig, der Hals dünn, die Brust tief und weit, der Rücken breit, die Schulter zurücktretend. Die Läufe müssen, wie der Engländer sagt, »pfeilgerade« sein und die Ruthe muss »anständig« getragen werden — der Hund muss »Styl« haben.

Die Färbung wechselt in ihrer Zusammensetzung, weisse Grundfarbe und braune Flecken — doch sollen die Backen und der Behang stets braun sein.

---

*) Ich habe den *Fox terrier* aus dem Rahmen dieses Buches ausgeschlossen, weil dessen Anwendung bei der Fuchsjagd durchaus überflüssig ist. **D. V.**

Der Ursprung des fox hound ist nicht vollständig erweisbar, doch dürfte die Annahme, dass der »Talbot«, der alte nunmehr historisch gewordene englische Jagdhund sein Stammvater sei, die richtige sein.

Der gutgezüchtete fox hound »besitzt die Schnelligkeit des Windhundes, den Muth des Bulldoggen, die Feinheit des Geruches vom Bluthunde, die Klugheit des Pudels, kurz, vereint gleichsam alle Eigenschaften des Hundes in sich« — sagt Brehm in seinem »Thierleben«.

Vom »Talbot« stammen durch Kreuzung zwei Varietäten: der stag-hound (Hirschhund) *Canis familiaris sagax acceptorius*, und der fox hound.

Letzterer ist kaum mehr, als eine Abart des Ersteren, allein seit Generationen ganz verschiedenartig erzogen und zu einer anderen Jagdart verwendet, ist er alsbald an seinem Körperbau und, wie die Kenner und Züchter sagen, an dem ganzen »Styl« seiner Persönlichkeit zu erkennen.

Somervile hat eine reizende poetische Beschreibung des Hundes, wie er ist und sein soll, hinterlassen, die ich übersetzt hier folgen lassen will.

»— Sieh dort mit fröhlicher Geberde,
Den Hund Dir schmeicheln mit gekrümmtem Rücken;
Sein bittend' Greinen grüsst Dich, und die Nase
Geöffnet weit, wirft er empor, derweil
Sein schwarzbraun' Aug' zerschmilzt vor Liebkosung
Und tief demüth'ger Freud'. Sein glänzend Haar
Gold oder braun geschickt vom Pinsel der Natur
In Licht und Schatten wirft verschied'ne Farben.
Behang und Läufe, hier und dort gefleckt,
Wetteifernd mit des Panthers bunter Pracht;
Die Ruthe neigt in schönem, weitem Bogen
Auf breitem Rücken sich; auf glatten Schultern
Aufrecht und fest er steht; sein runder Katzenfuss,
Die g'raden Hess' und weit gewölbten Schenkel,
Die tief herabgeneigte Brust, bezeugen seine Schnelle,

Seine Kraft der Athem, auf steiler Höh' sowohl,
Als weitgedehnter Eb'ne; in jedem Theil so schön geformt,
Dass selbst des Phydias wählerische Kunst nicht tadle Deine Wahl.
— Von solchen sei die Meute!«

Eine gute und schön gestaltete Meute von Fox hound's
zu besitzen ist für den britischen Grand seigneur in der That
Ehrensache, ja eine Gattung Verpflichtung, welche ihm die gesell-
schaftliche Convenienz, die Rücksicht auf den im wahrsten Sinne
des Wortes nationalen Sport der Fuchsjagd vom Sattel und
mit der Meute auferlegt.

Die Haltung und Züchtung einer Meute in England mit
allem was dazu gehört fordert reiche Revenuen und darf nach
genauen Erhebungen auf die jährliche Summe von 3 bis 4000
Pfd. Sterling beziffert werden.

Der Feeder - der Hundsknecht, der Hundewärter — hat,
trotzdem er auf der hierarchischen Stufenleiter des Jagdwesens,
tief unten steht, vielfache und wichtige Obliegenheiten. Er ist
wie die Engländer sagen: »Jack of all trades« — ein Mann
für Alles *).

Er übt das schwere, verantwortliche Amt der Polizei und
hat die Disciplin in der Meute aufrecht zu erhalten. Er schläft
in einem eigenen innerhalb des Zwingers für ihn eingerichteten
Zimmer, um sofort bei der Hand zu sein, wenn es gilt, unter
der mitunter von wild aufbrausenden Leidenschaften beherrsch-
ten Meute Ordnung und Ruhe zu stiften. Scharfe Zucht, Ordnung, Reinlichkeit, Botmässigkeit, sie alle bilden die wichtige
Grundlage für die Existenz eines renommirten Zwingers — einer
nennenswerthen Meute.

Die renommirtesten Kennels in Grossbritannien sind die der
Herzoge von Rutland und Beaufort, der Grafen Juarborough,
Fitzwilliam, Marquis of Waterford u. A.

---

*) Der Ungar besitzt in dem Worte »Mindenes« eine noch präcisere
Bedeutung.

Berühmte Kennels in Irland sind zu Ballycross Bridgetown, County Wexford; Comber, County Down; Kilpatrik, Monasterevan, County Kildare; Lisburn, County Andrim; Seaforde, County Down, Fort View House, Doaagh, County Andrim; Ballymagarry, Bushmills, County Andrim; Fellows Hall, Tynan, Armagh u. s. w.

Die praktische Einrichtung der Zwinger schildert Alfons Esquiros in der »*Revue des deux Mondes*« indem er einen Besuch beim Earl of Fitzhardinge, Herrn auf Berkeley, beschreibt, dessen Meute sich eines ehrenvollen Rufes erfreut.

»Wir gingen zuerst in die Küche«, schreibt Esquiros, »wo meinen Augen ungeheure kupferne Kessel begegneten, die solid über dem aus Ziegeln gebauten Herde hingen. In einem der Kessel kochte das Hafermehl, im anderen Pferdefleisch.

»Aus der Küche gelangt man auf einen sorgfältig erhaltenen Grasplatz, ringsum mit Bäumen bepflanzt und mit fliessendem klarem Wasser versehen, das von einer Fontaine gespendet, immerfort in ein steinernes Bassin rinnt. Auch einen kleinen Heuschober bemerkte ich dort, der dazu beiträgt, die Hunde glatt und rein im Haar zu erhalten.

»Rechts von diesem Erholungsplatz öffnet sich der erste Wohnstall für Hunde; er ist etwa 3 Meter hoch, von vier Spitzbogenfenstern erleuchtet, der Boden ist mit Glanzziegeln ausgelegt und mit dem nöthigen Gefälle nach der Mitte hin versehen.

»In letzterem ist eine Rinne zur Ableitung des Wassers angebracht, damit der Boden nach dem Scheuern bald wieder trocknet. In gleichem Masse, als die Hunde nach der Arbeit Wärme brauchen, ist ihnen die Feuchtigkeit verderblich.

»Die Mauern prangen in reinlichster Weisse und über dem Boden sind die Schlafstellen der Hunde, ziemlich niedere, mit frischem Stroh bedeckte Pritschen. Sie sind zum Durchlass der Feuchtigkeit gelocht, mit Krampen und Haken versehen, um sie zur grösseren Bequemlichkeit beim Scheuern des Stalles aufklappen zu können. Beim Eintritt in den Stall fand ich mich von einer Bevölkerung mit »pfeilgeraden« Läufen, runden, nicht zu breiten Ballen, kleinen Köpfen, breiten Rücken, dünnen Hälsen und weitgeöffneten Nasen umgeben, deren anständiges Aussehen gleich im vorhinein Freundlichkeit verbürgte, mit welcher das Völklein mich empfangen.

»Die Kennels auf Berkeley beherbergen 57 Koppeln, die Hunde sind zumeist dort gezüchtet worden, doch wird stets von Zeit zu Zeit das Blut aufgefrischt« *).

Den langen Behang der Hunde pflegt man, so lange sie saugen, in gerundeter Form zu kürzen, damit sie sich später beim Jagen im Holze an Dornen und Astwerk nicht verletzen.

Die Fox hounds vererben ihre Eigenschaften vorzüglich und das Einjagen der Jungen aus einer guten Meute stammenden Hunde verursacht selten grosse Mühe.

Die Peitsche wird nur im Nothfalle angewendet, eine harte Behandlung vertragen diese Hunde ebensowenig, wie sie überhaupt kein edler Hund mit guten Anlagen verträgt. Der Hund weiss es vortrefflich zu unterscheiden, ob und wann er Strafe verdient und auch hier gilt der Grundsatz, »dass nur der gute Jäger eine gute Meute hat, beziehungsweise macht.«

»Ein guter Hund«, sagt der Engländer, »soll nur dann sprechen, wenn er etwas zu sagen hat.« — Waidlaute Hunde taugen auch hier nicht und sollen, da sie ihre Genossen zu gleichem Fehler verleiten, stets ausgemustert werden.

Der gewöhnliche Preis für eine Meute variirt zwischen 5oo bis 1ooo Pfd. Sterling, doch werden auserlesene Meuten bis zu 2ooo Guineen bezahlt! **)

---

*) Eine Fuchsmeute dient selten länger als während 5—6 Jagd-saisons.　　　　　　　　　　　　　　　　　　　　　　　D. V.

**) Manchem schlichten deutschen Jäger, der im einsamen Jägerhause seinen treuen Schweisshund, seinen Vorstehhund oder Teckl züchtet, der überglücklich ist, wenn er für seinen Hund 15o Gulden (3oo Mk.) erhält —

Die Dressur der Fox hounds ist an sich einfach und keineswegs so complicirt und vielseitig wie z. B. jene des Vorstehhundes, nicht so schwierig wie die Führung des Schweisshundes, doch fordert auch sie ein genaues 'Individualisiren und die vollste, unausgesetzte Aufmerksamkeit des Huntsman und seiner whippers-in.

Das wichtigste Moment bei der Dressur junger Fox hounds, welches keinen Augenblick ausser Acht gelassen werden darf, ist, dass sie einzig und allein den Fuchs jagen.

Anderes Wild darf für den Fox hound eben nicht existiren und sie dürfen, sofern sie es beim Jagen aufstossen, keine Notiz von demselben nehmen. Dies ist wohl nicht so leicht, auch nicht so bald erreicht und gelingt eben nur dann, wenn Strafe und Belohnung richtig und rechtzeitig ihre Anwendung finden.

Der Unterricht der jungen Hunde beginnt auf dem Spaziergange.

Der Huntsman führt, von seinen whippers-in unterstützt, seine Zöglinge paarweise zusammen gekoppelt in's Freie. Hier schon soll eine vernünftige Zusammenstellung der Hunde rücksichtlich ihres Temperamentes nicht übersehen werden.

Sobald sich die jungen Hunde botmässig und vernünftig benehmen, dürfen sie ungekoppelt in Gesellschaft der alten Hunde ausgehen. Etwaige Ausschreitungen corrigirt sofort die Peitsche.

Im Sommer sollen die Hunde zu verschiedenen Tagesstunden in einen Park eingeführt werden, in welchem Edeloder Rehwild steht. Hie und da wird dann ein Stück à vue der Hunde hoch werden.

---

mag vielleicht etwas vom »Jägerlatein« vorschweben, wenn ich hier anfüge, dass für reinblütige Jagdhunde aller Racen in England willig das Zehnfache und mehr gezahlt wird.   D. V.

Ihr Instinct und ihr Temperament heisst sie, schleunigst die Fährte anzunehmen, doch — der Erzieher gebietet »Halt!« und bekräftigt sein Gebot mit scharfen, Botmässigkeit erzwingenden Peitschenhieben. Hier ist nun Aufmerksamkeit und Strenge geboten, damit der Fox hound einsehen lerne, dass für ihn nur ein Jagdthier existiren dürfe: der Fuchs.

Nun, nachdem die Hunde es verlernt haben, Nutzwild zu jagen, gilt es, sie den Fuchs jagen zu lehren. Zu diesem Zwecke lässt man sie vorerst junge oder gefangen gehaltene Füchse jagen, welche sie leicht einholen können.

Die Beute wird ihnen ohneweiters preisgegeben, denn der Fox hound muss Schweiss und Fleisch seines Feindes genossen haben und von jedem erbeuteten Fuchs immer wieder geniessen, damit er stets eifrig jage.

Das Einjagen auf junge Füchse beginnt im August und es wird Alles ebenso wie zu einer eigentlichen Jagd angeordnet. Der Bauverstopfer wird tagsvorher verständigt, damit er rechtzeitig seine Obliegenheiten erfüllen könne, im Uebrigen wird die Jagd nicht publicirt, um müssige Zuschauer beim Unterricht ferne zu halten.

Bei dieser »Unterrichtssuche« und »Schuljagd«, welche gleich nach Tagesanbruch beginnt, muss der Huntsman seine volle Thätigkeit entwickeln und wahrlich — es ist kein leichtes Stück Arbeit, eine so feurige, unbändige Jugend in Ordnung zu halten.

Bald da bald dort fährt ein Hase aus dem Lager oder ein Kaninchen zwischen den Büschen durch und wird von einem oder dem andern der jungen Hunde »vorlaut« angenommen. Ein solches Versehen wird sofort durch Zuruf oder durch Hiebe corrigirt.

In verhältnissmässig kurzer Zeit lernen die jungen Hunde ihre ausschliessliche Aufgabe doch begreifen — und auch hier

lässt sich das in der Einleitung bereits variirte Sprichwort anwenden, welches lautet: Wie der Huntsman — so die Hunde.

Der Huntsman muss eben unter Hunden und Pferden
aufgewachsen sein, er muss von der Pique auf dienen. Vom
Hundsjungen anvancirt er zum whippers-in Gehilfen, dann
zum zweiten, dann zum ersten whippers-in und endlich zum
Führer der Meute — zum Huntsman.

Der Huntsman muss jeden einzelnen Hund und nicht
nur beim Namen kennen. Das Temperament, die Vorzüge wie
die Fehler jedes einzelnen Hundes sind Factoren, mit welchen
der Huntsman genau rechnen muss; jeder der Hunde kennt
aber auch ihn genau.

Die Stimme des Huntsman muss die Meute beleben, der
Ton seines Hornes elektrisirend auf dieselbe wirken.

Die Meute — und sei sie vom besten Blute — wird nur
dann etwas taugen, wenn ihr der Huntsman keinen Augenblick
seine vollste Aufmerksamkeit entzieht, rechtzeitig lobt und
straft, mit Zuruf, mit Hornklang und Peitsche klug und ener-
gisch seines Amtes waltet.

»Wie der Huntsman — so die Meute!«

Witterung — engl.: **scent**; franz.: **sentiment.**

Was ist Scent? — Es ist die Bezeichnung für die wunderbare Fähigkeit der Hunde, der Fährte des Wildes, welches sie nicht sehen, mittelst des Geruchsinnes zu folgen und dieselbe festzuhalten.

Der berühmte englische Jagdschriftsteller Somervile verherrlicht den Scent in folgenden Versen:

»Sollt' hier ein wissbegier'ger Waidmann fragen,
Woher die wunderbare Kraft des Sinns,
Der Schritt vor Schritt Menschen wie Thieren folgt?
Welch' unsichtbarer Führer fort ihn leitet, weit
Ueber grünes Moor, der Berge rauhe Höh' und sand'ge Eb'ne'
Wird die gefäll'ge Muse den Schleier lüften:
Das Blut, das unaufhörlich aus dem Herzen fliesst,
In manchem rothen Strom, dann hier und dort sich theilt
In klein're Bächlein, im Laufe fortgetrieben,
Durch die geöffnete Por', die Wassertheile frei,
Sie innig mischend mit der Luft; wie Nebel dampfend
Sich erheben aus rauschenden Baches Welle, weilen
Zusammengepresset durch des Dunstkreis Schwere.
Die athemlose Jagd erwärmt sie im Fliehen,
Und aus dem Netzwerk der Haut sie treibend,
Bleibt nun die dampfende, gedehnte Spur zurück;
Verdickt durch kält're Luft weilt diese, wird nicht zerstreut sie
Von rauher Stürme Macht, verringert nicht durch glüh'nden Strahl der Sonne.
An jeden Strauch hängt sich der warme Ausfluss,
Klebet am Grase, durchdringet Erd' und Luft.
Die Nase weit geöffnet, fort über Berg und Thal
Folgt der kräft'ge Hund, mit jedem Athemzuge schlürfend
Den angenehmen Brodem, lebend'ge Luft durchzucket die
Gereizten Nerven, und Dank erstattend schallet durch
Den Himmel siegfrohe Melodie, bezeugend seine Freude.
— So von der Luft hängt ab des Jägers Hoffen.

Von der Luft allein ist der Scent indess — wie Somervile bündig in gebundener Sprache behauptet — nicht abhängig; auch der Erdboden mit seiner sehr variablen Ein- und Ausathmungsfähigkeit — mit seiner physikalischen Beschaffenheit — begünstigt oder verringert ihn oft bis zur Rathlosigkeit.

Guter Scent ist bei mässig feuchtem Boden, bei mässig feuchter Luft; Nord- und Ostwinde beeinträchtigen, Süd- und Westwinde begünstigen ihn; Stürme rauben ihm die Vorbedingungen.

Wälzen sich die Hunde, dann ist — wie viele praktische, erfahrene Sports- und Huntsmen behaupten — kaum eine sichere Jagd zu erwarten.

Reichlich an den Büschen hängende Spinneweben sollen — wie Viele behaupten — den Scent beeinträchtigen, was mir indess schon deshalb nicht einleuchtet, weil die Fäden wohl geeignet sind, die Witterung des fliehenden Wildes festzuhalten. Hinderlich mögen sie dem durchfahrenden Kopfhunde allerdings zuweilen sein.

Bemerkt der Huntsman, dass sich im Nachwuchs der Meute der Scent verringert, dass sie weniger sicher die Fährte halten wie die Alten, dann ist es hohe Zeit, an eine Einführung frischen Blutes in die Zucht zu denken.

III. Die Jagd.

— -

A. Die Jagd mit der Schusswaffe.

Im Hinblick auf die vielfach gepriesene, in allen Sprachen — auch im Latein — besungene Schlauheit und Verschlagenheit des Meisters Fuchs mahnt der Ausspruch, den ich hier folgen lassen will, fast an Widersinn, an Selbstüberhebung oder an Unkenntniss, denn er steht zu den Ueberlieferungen der Vergangenheit und den Lehren der Gegenwart in vollem Widerspruch. Dennoch will ich ihn freimüthig äussern, weil er vielfach praktisch erprobt, aus einer ziemlich reichen Erfahrung resultirt, und er lautet:

Der Fuchs ist unschwer sowohl am Ansitz wie im Antreiben zu Schuss zu bringen. Auch das Fangen — mit der erforderlichen Sachkenntniss und Genauigkeit eingeleitet, wird denselben viel sicherer zur Beute werden lassen, als manches andere, weit weniger vom Nimbus unübertroffener Schlauheit umwobene Jagdthier.

Der Luchs, der Wolf, die Wildkatze, der Baum- und der Steinmarder aus der Sippe der Raubthiere; der jagdbare Hirsch, ein alter Rehbock und endlich das Wildschwein aus der Reihe des nützlichen Wildes, — sie alle schürzen den Knoten, welchen der Waidmann, will er ihrer habhaft werden, zu lösen hat, viel kunstreicher, bei weitem unberechenbarer, als der Fuchs!

Steckt der Fuchs im Bau oder ist er in eine Schonung eingewechselt, dann sind auch, wenn ein erfahrener Jäger seiner Spur folgt, die Stunden seines Daseins gezählt.

Der revierkundige Jäger muss die Wechsel des Fuchses genau kennen, und es genügen zu diesfälliger Orientirung ein, zwei schneereiche Winter vollkommen. Jede einfallende Neue, auf der sich die Spur des Fuchses unmittelbar und mittelbar jene seines Thuns und Lassens prägt, bietet einen lehrreichen Anschauungsunterricht, der zuverlässiger ist als ein geschriebener Lehrsatz.

Hat Einer »das Zeug« zum tüchtigen Jäger: jenen unermüdlichen, von scharfem, reflectirendem Verstande gezügelten Eifer, nichts — auch das Unscheinbarste nicht — unbeachtet zu lassen und scharfsinnig aus dem »Wie« auf das »Warum« zu schliessen, dann wird er bald die Gewohnheiten und Schliche des Fuchses ergründet haben. Vor Allem wird er sich z. B. überzeugen, dass es, wie bereits erwähnt, gewisse Forstorte (Triebe) gibt, in welchen der Fuchs über Tag mit Vorliebe steckt, und stets auch — wenn ihn nicht besondere Vorfälle daran hindern — dieselben Wechsel einhält. Man wird allerorts die Erfahrung bestätigt finden, dass, wenn der Fuchs aus einem solchen privilegirten Schlupfwinkel getrieben und erlegt wurde, sein einwechselnder Nachfolger genau denselben Ort zu seinem Aufenthalte wählt und auch die gleichen Wechsel einhält. Diese merkwürdige, in hohem Grade interessante Eigenheit ist auch bei anderen Wildgattungen zu beobachten.

Ich würde dem Jäger eines Revieres, in welchem Füchse häufig einwechseln oder Standwild sind, mit voller Berechtigung Unwissenheit oder Indolenz im Dienste zur Last legen, welcher in der vorbezeichneten Richtung nicht Bescheid weiss und es nicht versteht, das Treiben derart zu insc0eniren, dass der bestattete Fuchs zu Schusse kömmt. Der gleiche Tadel wäre anderseits ungerecht ausgesprochen, wenn ein in einer Schonung stehender alter Feisthirsch oder Rehbock die Combinationen des Jagdleiters mitunter gründlichst paralysirt.

Das richtige Verhalten des Schützen auf dem Stande, das Treffen des Fuchses, wenn er wie ein Schatten im dichten Stangenholz einherschleicht, wie ein Phantom blitzschnell und stets an der unbequemsten Stelle über die Schneusse huscht, oder im Schussbereich umschlägt und schneller verschwindet als ein Augenblick des Glücks, — das allerdings ist etwas Anderes, und keine Lehrlingsleistung!

Man fängt indess in der Musik auch nicht beim Contrapunkt an, das Malen nicht mit der perspektivischen Abstimmung des Gewölkes, das Reiten nicht mit dem Sprunge über eine irische Bank. Auf dem Gebiete des Waidwerks ist jedoch die Präpotenz wie kaum anderwärts heimisch geworden, denn der allergrünste Anfänger glaubt eben schon ein fermer Jäger zu sein, wenn er in modischem Jagdgewande und mit einem sehr theuern Hinterlader bewaffnet, die Gegend in der Nähe des Wildes, namentlich aber seine Nachbarn zittern macht.

Den bestatteten Fuchs zu Schuss zu bringen, ist — ich wiederhole dies — leicht, und mit ziemlicher Sicherheit ausführbar; das Treffen desselben — das will eben getroffen sein. Anfänger mögen mit Sperlingen oder Aehnlichem vorlieb nehmen.

Ich habe meinen Anschauungen, mit welchen ich das Capitel der Jagd- und Fangmethoden einleite, ohne Rücksicht auf die diesfälligen Aussprüche anderer Autoren, rückhaltlos freimüthige Worte geliehen und darf die Versicherung anfügen, dass sich dieselben auf persönliche reiche Erfahrung und praktisch erprobte Wahrheit stützen.

Die Jagd auf den Fuchs mit der Schusswaffe zerfällt in verschiedene Methoden und kann geübt werden:

1. Am Bau,
2. im Antreiben,
3. auf dem Anstande.

1. Am Bau.

Die Jagd am Bau wird entweder *a)* durch den Ansitz oder *b)* durch das Aussprengen mit Beihilfe von Dachshunden geübt.

a) Der Ansitz.

Sobald im Frühjahr die jungen Füchse so weit erstarkt sind, dass sie zeitweilig den Bau verlassen, um sich vor den Röhren desselben mit Spielen und Balgen die Zeit zu vertreiben, dann bietet — wenn die Beschaffenheit des Baues das Graben nicht zulässig erscheinen lässt — der Ansitz dem eifrigen, zugleich aber auch vorsichtigen und geduldigen Jäger die beste Gelegenheit, die räuberische Sippschaft zu decimiren. Die Geduld, welche sich der Jäger beim Ansitz als Begleiterin beigesellen muss, wird ihm neben der Beute auch manchen interessanten und lehrreichen Einblick in das Thierleben überhaupt und das Familienleben des Fuchses insbesondere ermöglichen.

Es ist bereits in dem vorhergehenden Abschnitte angedeutet worden, dass üble Ausdünstung aus den Röhren des Baues sowie das Aus- und Einfliegen der grünschillernden Aasfliege sichere Anzeichen sind, dass der Bau bewohnt sei. Den Mittheilungen einiger Autoren, dass der bewohnte Bau dadurch kenntlich werde, dass vor den Röhren desselben Reste von unverzehrtem Raube umherliegen, kann ich nicht beistimmen, denn ich habe selten mehr als höchstens eine oder die andere Flaumfeder oder einen Flocken Wolle als verrätherische Anzeichen, dass der Bau bewohnt sei, gefunden. Es ist übrigens auch einleuchtend, dass die Füchsin bei ihrer hinlänglich bekannten Scheu und Vorsicht selbst dafür Sorge trägt, dass nicht die von der sorglosen Jugend etwa liegen gelassenen Raubfragmente verrathen, dass der Bau Bewohner habe.

Die Annäherung an den Bau behufs der Nachschau, ob er befahren sei, muss stets mit der grössten Vorsicht und mit Ausschluss jedweder Gesellschaft — auch jener des Hundes — geschehen. Der revidirende Jäger muss es hiebei strenge vermeiden, direct vor die Röhren des Baues hinzutreten; er muss vielmehr trachten, stets oberhalb an dieselben zu gelangen und die zu ihnen führenden Wechsel in nächster Nähe des Baues weder zu betreten noch zu kreuzen.

Zeigt sich der Bau befahren und bewohnt, dann gilt es, einen günstigen Platz für den Ansitz zu ermitteln und dieser muss stets mehr in der Höhe als auf dem Boden gesucht werden.

Der rüstige Jäger wird bald einen günstig stehenden Baum ausfindig gemacht und zum »Hochstande« adaptirt haben, von welchem aus er die Hauptröhren im Auge behalten und beschiessen kann. Reichlich eine Stunde vor Sonnenuntergang möge dann der Jäger seinen luftigen Sitz einnehmen. Ist derselbe im Gehen auf Stelzen geübt [*]), dann empfiehlt es sich, behufs Annäherung an den Hochsitz, solche zu benützen.

Dass alle Rauchrequisiten bei dieser Gattung von Waidwerk in vollen Ruhestand versetzt werden müssen, ist wohl selbstverständlich, und der Jäger muss überhaupt sorgsam darauf Bedacht nehmen, dass keinerlei verdächtige Anzeichen den alten Füchsen seine jedenfalls ungebetene Gegenwart verrathen.

Zumeist kurz nach Sonnenuntergang wird die alte Füchsin oder der Fuchs, wenn dieselben ihren Jungen Raub zubringen, den Bau vor der Annäherung umkreisen, ehe sie demselben sich nähern. Hat der alte Fuchs nichts Verdächtiges gespürt

---

[*]) Wem das Gehen auf Stelzen unbequem ist, der bestreiche seine Beschuhung und namentlich die Sohlen mit einem Häringskopfe, welcher mehrere Tage hindurch in einer Salzlache eingeweicht wurde. Auch Diezl empfiehlt dies in seinem Werke: »Erfahrungen auf dem Gebiete der Niederjagd«.

oder eräugt, dann nähert er sich rasch einer der Röhren, um mit der Beute einzufahren. Zumeist jedoch findet er die Jugend, welche der knurrende Magen bereits ungeduldig gemacht hatte, vor dem Baue versammelt, oder er ruft sie zur erwünschten Mahlzeit aus der Tiefe herbei.

Ist der Bau derart beschaffen, dass man durch Graben der jungen Füchse im Nothfalle nicht habhaft werden kann, dann wäre es unmenschlich und eines guten Jägers durchaus unwürdig, die hilflosen Jungen durch vorzeitiges Tödten der Alten dem qualvollen Hungertode preiszugeben. Ich würde diesfalls folgenden Vorschlag als praktisch und vielfach erprobt empfehlen:

Erscheint einer der jungen Füchse vor dem Baue, dann muss man geduldig das Erscheinen der übrigen Geschwister abwarten, welches in wenigen Minuten erfolgt. Ist die alte Füchsin noch nicht anwesend, dann werden die Jungen sich durch Spiel und Balgerei für die enge Clausur im Baue zu entschädigen trachten, und da bietet sich die beste Gelegenheit, den dichten Knäuel scharf auf's Korn zu nehmen und durch einen rasch abgegebenen zweiten Schuss auch noch den Rest der consternirten jungen Diebe zu begrüssen. Die erlegten Jungen müssen sofort aufgelesen und mit auf den Hochsitz genommen werden, welchen der Jäger, so lange irgend noch Schusslicht einen Erfolg sichert, nicht verlassen soll. Die übriggebliebenen, zu Bau gefahrenen Jungen werden Hunger und Neugierde bald genug wieder vor die Röhren bringen und das geduldige Ausharren kann dann auch noch unter günstigen Umständen einem der alten Füchse zu einer Ladung wohlverdienter Schrote verhelfen.

Man wähle für diesen Zweck kein allzu grobes Blei; gewöhnliche Hasenschrote genügen diesfalls vollkommen und haben, da sie dichter decken, tödtliche Schüsse viel sicherer zur Folge, als grober Hagel.

Das Wiederholen des Ansitzes bei einem bereits beschossenen Bau wird höchstens im nächstfolgenden Morgengrauen günstigen Falles erfolgreich sein und es werden dann schwächere an den Hauptröhren sorgsam gelegte Eisen, nachdem die übrigen Ausgänge verrammelt wurden, erspriesslichere Dienste leisten um noch des Restes der Bewohner habhaft zu werden.

O. von Riesenthal räth in seinem jüngst erschienenen empfehlenswerthen Buch »Das Waidwerk« ein von ihm erfundenes und als sicher erprobtes Verfahren an, junge, eventuell auch alte Füchse zu fangen und dürfte sich dieses Verfahren nach dem vorbezeichnet ausgeführten Ansitze am Bau für weitere Versuche empfehlen.

»Nachdem man die gewöhnliche Ausgangsröhre der jungen Füchse ermittelt hat, welche in der Regel die Hauptröhre ist, so verstopft man am Nachmittage, wo in der Regel keines von den Alten im Bau steckt, alle anderen Röhren fest mit Reisig, Wachholderbüschen oder ähnlichem stechenden Material [oder anderem was eben zur Stelle ist. Alsdann gräbt man den Ausgang der Hauptröhre etwas schräg nach unten ab und im Anschluss daran eine etwa 1 Meter tiefe Grube mit senkrechten Wänden von beliebigem aber doch immerhin grösseren Umfang als die Röhre breit ist*). Nun deckt man mit übergelegten Zweigen die Röhre mit sammt der Grube zu, damit das Tageslicht abgeschlossen wird und stellt sich verdeckt in einiger Entfernung an.

»Es wird in der Regel nicht lange dauern, bis ein Füchschen nach der Alten verlangend an den Ausgang der Röhre

---

*) Zweckmässiger als die von O. v. Riesenthal angegebene Herstellung senkrechter Grubenwände bei blos 1 Meter Tiefe dürfte sich die Erbreitung der Grubensohle und somit die Herstellung von schrägen, gegen die Peripherie der Grubensohle in stumpfem Winkel zulaufenden Wänden bewähren, weil sie den Ansatz zum Sprunge hindert.

D. V.

kommt und im Finstern von der ihm ungewohnten abschüssigen Stelle in die Grube rollt. In der Regel fängt es bald an zu bellen und lockt dadurch die Geschwister heran, welche die gleiche Rutschpartie machen und so dauert es oft kaum 1 — 2 Stunden, bis man die ganze Gesellschaft in der Grube hat.

»Gegen Abend kommt die Füchsin gewöhnlich erst zurück, welche zwar bald Unheil wittert, aber durch das Gejammer der Kleinen sehr nahe heran und zu Schuss kommt, namentlich wenn man einen Hochstand benützen kann. Will man dieselbe aber auch lebendig fangen, so muss die Grube so tief gegraben werden, dass sie, wenn sie durch die Deckreiser gefallen ist, nicht heraus kann, also mindestens zwei Meter mit ganz senkrechten Wänden. Die Alten umkreisen selbst, wenn sie den Jäger wittern und besonders, wenn die Jungen kläglich bellen, den Bau in nächster Nähe gleichfalls laut bellend, wobei ich genau zwei Stimmen, also Fuchs und Füchsin, unterscheiden konnte. Letztere springt endlich in Todesverachtung den Jungen zu Hilfe auf die Reiser, durch welche sie alsdann fällt. Meist ist es aber misslich die Grube so tief zu graben, dann darf man von der Fallgrube nicht weit weg gehen weil die Füchsin sonst die Jungen herausholt. Ja, ich habe es erlebt, dass während ich mit einem untergebenen Jäger die Nacht am Bau verweilte, die Füchsin eine der verstopften Röhren zu öffnen und den Jungen zu Hilfe zu kommen suchte, nachdem sie fortwährend auf das Kläglichste gebellt hatte. Ihre wahrhaft rührende Mutterliebe kennt eben keine Gefahr. Hat man nur die Jungen gefangen, so schiesst man am folgenden frühen Morgen, namentlich wenn ein Hochstand in der Nähe ist, die Alten und zunächst die Füchsin sicher und um so eher, wenn man ein Junges in der Grube lässt, welches sie unter allen Umständen zu retten sucht.«

Ein Waidmann schreibt:

»In einem alten Baue hatte sich für heuer eine recht
zahlreiche Familie Reinecke etablirt und wirthschaftete im
Revier, wie im eigenen Besitzthume. Dies entdecken und mich
am nächsten Abend auch schon anstellen war eins. Die Flucht-
röhren, wurden bis auf die Mündung sorgfältig ausgemacht
und gut verschlagen. Am ersten Abend schoss ich drei Füchse
auf einen Schuss, es ist das nicht so schwer; man setzt sich
auf einen passenden Baum, gut aus dem Winde und muss
nur so viel Geduld haben, nicht auf die erste Nase, die aus
dem Bau herausguckt, loszuplatzen. Wenn man dies über sich
vermag, so kommt bald die ganze Familie, oder wenigstens die
meisten Jungen heraus und man passt dann den besten Moment ab, bevor man krachen lässt. Abends stopfte ich dann
die Mündung wieder mit einem alten Filzhut zu, den ich erst
wieder nächsten Tags entfernte und so schoss ich in zehn
Tagen, acht Füchse und legte dann die Eisen vor die Mündung.
Es ist dies so meine gewöhnliche Procedur, da ich keinen
Dachshund habe, denn der letzte wurde mir von den Füchsen im
Baue so zerbissen, dass er bald darauf starb und beim Graben
gehen gewöhnlich mehr durch, als man bekommt. Durch drei
Wochen liess ich die Eisen liegen, dann erst grub ich nach
und fand auch wirklich den alten Papa; natürlich todt und
halbverwest, aber bei ihm auch die Ueberreste eines jungen
Gerippes. Es muss dies ein Junges gewesen sein, das beim ersten
Anstand einen Schrot mitbekommen, und, dann krank geworden, vom Herrn Vater in seiner Hungersnoth verspeist worden
war. Lieber gestorben ist das Thier, bevor es in die übrigens
gut verwitterten Eisen gezogen wäre und welch' ein Todt muss
das sein! Angesichts eines alten Filzhutes, der mit einem leichten
Stoss die Freiheit gegeben hätte, Hungers zu sterben? Ist's Feig-
heit oder Heroismus?«

Zeigt sich im Herbste oder Winter ein Bau vom Fuchse befahren, dessen Beschaffenheit ein Heraushetzen mit dem Dachshunde unthunlich macht, dann kann man abermals und mit ziemlicher Aussicht auf Erfolg den Hochstand am Bau beziehen. Der Fuchs pflegt dann zumeist, sofern die Annäherung des Jägers mit der nöthigen Vorsicht erfolgte eine Viertelstunde nach Sonnenuntergang den Bau zu verlassen. Man lasse sich ja nicht verleiten, sofort Feuer zu geben, wenn Meister Reineckens Diebsphysiognomie in der Röhre sichtbar wird, warte sein Hervorkommen geduldig ab und schiesse dann erst, wenn er sich bereits etwa zwei Meter weit vom Baue entfernt hat.

Finden sich Nothbaue oder überlegte Wasserdurchlässe im Reviere, so versäume man es bei einer einfallenden Neue nicht, auch diese Schlupfwinkel mit der nöthigen Vorsicht einer sorgfältigen Revision zu unterziehen, da solche Schlupfwinkel von alten Füchsen, sobald sie an ruhigen, abgelegenen Orten sich befinden, häufig den Hauptbauen vorgezogen werden. Hat man keinen Dachshund an der Leine und auch keinen Gehilfen an der Seite, welcher beim Aussprengen behilflich sein kann, dann wird ein vor dem Winde, an eine der Ausmündungen geworfenes vorher angezündetes Stück Schwamm, oder ein Stück Papier, in welchem man etwas Pulver zerrieben hat, den Fuchs zu schleuniger Abreise veranlassen, sofern alle diese Massnahmen vollständig lautlos vollzogen wurden.

b) Das Aussprengen des Fuchses aus dem Bau.

Der Winter, jede einfallende Neue, und namentlich die Rollzeit bieten für diese interessante und aufregende Jagdmethode die günstigste Gelegenheit.

Die wichtigste Vorarbeit ist diesfalls die genaueste und vorsichtigste Revision der im Reviere vorhandenen Baue und das Constatiren, ob dieselben frisch befahren seien oder nicht.

Hat man unter den bereits früher empfohlenen Vorsichtsmassregeln nicht die unzweifelhafte Gewissheit gewonnen, dass
ein Fuchs im Baue steckt, dann verschiebe man die Jagd auf
einen günstigeren Zeitpunkt. Ein planloses Beunruhigen des Baues
würde zwei Uebel im Gefolge haben, indem einerseits der ein-
fahrende Dachshund verdorben werden kann, und anderseits
ein vom Hunde durchsuchter Bau von den Füchsen selbst in
der Rollzeit für lange Zeit gemieden wird.

Ist jedoch eine gute Neue eingefallen, dann möge der Jäger
getrost seine krummbeinigen, kleinen Freunde und wohl auch
ein, zwei vollkommen verlässliche, ruhige und geübte Schützen
mit in's Revier nehmen, um den in den Bauen steckenden
Füchsen mit ziemlich sicherer Aussicht auf Erfolg an den Balg
zu rücken.

In der Nähe des Baues angekommen, lässt der Jäger seine
zwei- und vierbeinige Begleitung an geeigneter Stelle zurück
und umkreist jenen in weitem Bogen, um sich rücksichtlich
des Vorhandenseins von ein oder mehreren Füchsen im Baue
Gewissheit zu verschaffen.

Lautlos begeben sich die Schützen auf die ihnen angewiesenen Plätze und der Jäger lässt dann einen scharfen Dachshund sofort einfahren.

Sehr bald wird der Hund laut werden und das mitunter
hörbare Gepolter lässt die baldige Ankunft des Fuchses ausserhalb seiner Burg mit Sicherheit erwarten, und wahrlich, der
alte Fuchs lässt sich eben, vom tapferen Hunde behelligt, nicht
lange bitten, vorausgesetzt, dass die Annäherung an den Bau
lautlos und unter Beachtung des Windes vollzogen wurde.

Redselige Jagdfreunde sind zu dieser Jagd durchaus nicht
zu brauchen, da sie einerseits den Erfolg vollkommen zweifel-
haft machen und auch anderseits der eingefahrene Dachshund
gefährdet wird.

Hat der Fuchs ausserhalb des Baues das geringste verdächtige Geräusch vernommen, welches ihm die Nähe des Menschen verräth, dann hütet er sich wohl, den Bau zu verlassen und begegnet den Angriffen des vorliegenden Hundes mit der energischesten Gegenwehr.

Sind im Baue mehrere Füchse — wie dies in der Rollzeit der Fall zu sein pflegt — bestattet, dann müssen die Schützen angewiesen werden, regungslos und schussbereit auf den ihnen angewiesenen Plätzen zu bleiben, wenn auch bereits ein Fuchs herausgesprengt und erlegt worden wäre. Zweckmässig ist es diesfalls, zwei Hunde, und zwar von ein und derselben Richtung, einfahren zu lassen. Bald werden auch die anderen Füchse den Angreifern weichen und aus dem Baue fahren, wenn diesen ausser dem Schusse kein anderweitiger unnützer Lärm beunruhigt hat.

Soll der Fuchs nicht geschossen, sondern gefangen werden, dann umgibt man in aller Stille den Bau mit fangbar gestellten Garnen und überlegt die Röhren mit Decknetzen, wovon in einem späteren Abschnitte die Rede sein wird.

Hat der Jäger momentan keine Schützen zur Verfügung, oder will er die Jagd allein betreiben, dann lässt er, am Baue angekommen, eben nur jene Röhren frei, welche er bequem von seinem einzunehmenden Stande übersehen und beschiessen kann, verstopft die übrigen Röhren und lässt dann den Hund in der vorbeschriebenen Weise einfahren.

Der vom Hunde gesprengte Fuchs fährt wie eine abgeschossene Kugel aus der Röhre und versteht es bekanntlich sehr gut, jedwede Deckung zu benützen.

Ein bedächtiger Zielschütze wird deshalb dem herausfahrenden Fuchse in diesem Falle kaum gefährlich, und nur der Fangschütze, welcher blitzschnell und richtig seinen Schuss zu adressiren versteht, desselben habhaft werden.

Für Erstere empfehle ich folgendes, wohl noch wenig bekanntes, doch ebensowohl bei der Otter, beim Dachs und beim Fuchs bewährtes Mittel, welches den Moment des Herausfahrens aus der Röhre verräth:

Ein dünner Zweig, welchen man mit einem ganz reinen Messer abgeschnitten, oder besser noch ein langer Riedgrashalm, wird derart in die Röhre eingeschoben, dass die Spitze aus derselben hervorragt. Dass der Zweig oder der Halm hiebei nicht mit der blossen Hand berührt werden darf, ist selbstverständlich.

Rüstet sich nun der Fuchs zum Herausfahren aus der Röhre, so wird er, bevor er dies thut, stets die Gerte oder den Halm in Bewegung setzen, häufig sogar mit der Brante zu sich heranziehen.

Ein solches Aviso ist für Schützen, welche nicht rasch genug fertig werden, jedenfalls erwünscht.

Das von vielen Jägern anempfohlene Bestreuen der Röhrenmündungen mit Sand oder trockener Erde, oder das Auflockern der ersteren mit Dornenbesen, um in wenig schneereichen Wintern das Befahrensein der Baue leichter constatiren zu können, ist durchaus verwerflich, denn der Fuchs — schlau, vorsichtig und misstrauisch — bemerkt die verdächtige Veränderung sofort; er »merkt die Absicht und wird verstimmt«.

Für diese Art von Jagd sollen stets nur alte, im Festungskriege bereits erfahrene Dachshunde, keineswegs jedoch Eleven zum Aussprengen alter Füchse verwendet werden. Die letzteren werden sich von einem noch unerfahrenen und zumeist auch noch nicht genügend beherzten Hunde gewiss nicht in so hohem Masse bedrängt fühlen, um sie zum Verlassen des Baues zu zwingen. Der alte Fuchs wird im Gegentheil sehr bald rücksichtlich der Qualität seines Angreifers orientirt sein und in diesem Falle aus der Defensive sofort zu energischer Offensive übergehen und den Hund aus seinem Baue herausbeissen.

In den meisten Fällen ist durch ein solch' unpraktisches Vorgehen der noch unferme Dachshund dem Fuchse gegenüber für lange Zeit oder für immer muthlos gemacht.

Dem jungen Hunde gestatte man eben nur — wie dies im vorangestellten, dem Dachshunde und dessen Führung gewidmeten Abschnitte erläutert worden — an jungen Füchsen seine Kräfte zu üben und seine Sporen zu verdienen.

2. Das Antreiben.

»Herr! ich könnte die Drangsal, die mir
der Bube bereitet,
Nicht mit eilenden Worten in vielen
Wochen erzählen.
Würde die Leinwand von Gent, so viel
auch ihrer gemacht wird,
Alle zu Pergament, sie fasste die Streiche
nicht alle!«
»Reinecke Fuchs«.

Der Monolog, den ein Flintenträger, der Jagdfreund nach der Dutzendsorte, dem lauschenden Walde anvertraut, nachdem der Fuchs im Treiben so schön kam, dann aber mit solch' höllischer Behendigkeit umschlug und mit lustig davon wehender Fahne den obligaten Fehlschuss quittirte — solch' ein Monolog, und wenn dies anginge, überdies noch durch die verblüffte, von unsäglicher Bornirtheit verklärte Physiognomie des Fehlschützen illustrirt, erscheint mir die beste, die zutreffendste Einleitung für jenes Capitel meines bescheidenen Buches, welches da lautet: »Das Treibjagen auf den Fuchs«.

»So schön wär' er daherkommen, wie i aber auffahr', hat'n der Teufel schon wieder hinter selbiger Buchen und wann i nur den zweiten Schuss noch hätt' anbringen könna, nachher hätt i n's Umschlagen scho g'lernt den Malefizkerl den miserabeln! Bei so einer verdammten Fuchsjagd soll einer aufpassen, wie a Lichtlweib in der Kirchen, Augen soll man haben

wie a Schnepf' die umatum schauen, von mindestens zwei Eseln
die Ohren und was is nach'r? Da kommt der Malefizlump und
mer fehlt 'n und nach'r hat mr's! Wenns nur der Herr Bauch-
maier nit g'sehn hat, und auf der anderen Seiten der dürre
Forstwart, da krieget i was zu hören nach 'n Trieb!«

Wie ich in der Einleitung dieses Capitels bereits betonte,
ist der Fuchs im Antreiben unschwer vor die Schützen und
zu Schuss zu bringen; dann aber kommt das »*hic Rhodus hic
salta*«! der Schuss selbst, und den versteht Meister Reinecke
so meisterhaft, wie wenig Andere, mit allen erdenklichen Fa-
talitäten und Unbequemlichkeiten in ewig wechselnden Formen
»nebenan« oder »hintenweg« zu gestalten.

Redselige Schützen sollte man entweder knebeln oder daheim lassen, wenn es gilt den Fuchs zu jagen, denn die Schweig-
samkeit ist bei dieser Art Jagd, wie bei vielen andern ein
weit unentbehrlicherer Theil der Ausrüstung, als ein wallender
Federschmuck oder eine klappernde Patent-Schnapsflasche.

Lautloses Anstellen der Schützen, lautloses Verhalten derselben ist die durchaus nothwendige Einleitung eines erfolg-
reichen Fuchstreibens. Während die Schützen angestellt werden,
rollen die triebführenden Jäger, behutsam und in aller Stille
die in scharfem Zaum und Zügel gehaltene Treiberschaar auf,
und beginnen das Treiben mit einem halblauten periodisch
wiederholten Anruf und zeitweiligem Anklopfen an die Stämme
des Bestandes. Ein, zwei Blindschüsse unterstützen dieses Beginnen wesentlich, während wüstes Geschrei und ordnungs-
loses Durchgehen demselben nur schadet und den Erfolg der
nächsten Triebe fraglich gestaltet.

Das von manchen Jägern angerathene Anschlagen des
Gewehres, wenn man den Fuchs noch ausser Schussweite an-
sichtig wird, ist durchaus unpraktisch und verwerflich. Die
Arme ermüden, wenn man im Anschlage liegt, sehr bald und

haben die zitternde Bewegung der Waffe und schliesslich einen Fehlschuss zur Folge.

Mit halbgesenkten Augenlidern jede Bewegung des nahenden Fuchses scharf beobachten, regungslos stehen, im gegebenen Augenblick r u h i g auffahren, r a s c h abkommen und mit einem kaum bemerkbaren Ruck den Schuss vorwerfen — dies thut zumeist seine Schuldigkeit.

Nachdem beim Fuchstreiben jeder Schütze das vorliegende Terrain scharf im Auge behalten soll, ist ein Avertiren des Nachbarn durchaus unstatthaft und hat häufig das sofortige Umschlagen des Fuchses zur Folge. Ausser — man ruft lateinisch, in der Voraussetzung, dass diese classische Sprache dem Meister Reinecke fremd, oder weniger geläufig sei, wie dies ein devotes Schulmeisterlein that, der seinen gestrengen hochwürdigen Nachbarschützen, dem feisten Pfarrer, zurief, welcher, eben mit einer sanften Leibesstärkung beschäftigt, den nahenden Fuchs übersah: »*vulpes adest!*«

Es ist Waidmannsregel, den Fuchs, sobald er erlegt ist, rasch und still aufzunehmen und vor dem eigenen Stande zu strecken, da es ungemein häufig geschieht, dass Füchse, welche im Feuer liegen blieben, eben nicht liegen blieben, sondern plötzlich verschwunden waren, ehe sich der Schütze dessen versah.

Dieser Regel gegenüber möchte ich jedoch, da sie zuweilen auch ihre Schattenseiten hat, eine Ausnahme geltend machen. Vor fermen und sicheren Schützen kann der Fuchs füglich liegen bleiben, wo er stürzte, da er einen etwaigen Fluchtversuch vor solchem Forum weder ungesehen noch ungestraft unternehmen kann und das störende Hin- und Herlaufen entbehrlich gemacht wird.

Ebenso interessant als fast ausnahmslos sicher ist das Lapptreiben auf Füchse, wobei ein bis drei Schützen vollkommen genügen.

Ich will hier in Kürze die diesfälligen Einrichtungen schildern, wie ich dieselben persönlich eingeführt und in mehr denn hundert Fällen praktisch erprobt habe.

Sobald ein Fuchs in einem Triebe bestattet war, eilte der Jäger in's nächstgelegene Forsthaus, requirirte drei bis vier Holzhauer, übernahm die dort im Depôt befindlichen Lappen und avisirte mich durch einen Boten.

Am vorher bestimmten Zusammenkunftsort erwarteten Jäger und Treiber mein Kommen und nun wurde sofort zu Holz gezogen. Die Lappenbunde, je etwa 50 Meter per Bund, wurden vertheilt, und während ich den bewährten Wechsel besetzte, wurden die Lappen von mehreren Punkten gleichzeitig rasch und still gezogen, während rechts und links, von meinem Stande der Trieb auf eine Distanz von je sechzig Schritten offen blieb.

Die nach meinen eigenen Angaben angefertigten Lappen haben sich sowohl bei der Fuchsjagd, als auch beim Jagen auf bestattete Feisthirsche, auf Schwarz- und Rehwild so vorzüglich bewährt, dass ich glaube, deren nähere Beschreibung, nachdem dieselben von den bis nun allgemein in Gebrauch stehenden Lappen wesentlich verschieden sind, hier einfügen zu sollen.

Das Material besteht aus leichten, jedoch fest gedrehten Rebschnüren und aus echtfärbigem Wollenstoff, wie solcher zur Anfertigung von Fahnen allenthalben verwendet wird. Dieser Stoff wird nun in zwei bis drei Finger breite Längsstreifen fadengerade gerissen und in einhalb bis dreiviertel Meter lange Stücke geschnitten. Diese Lappenstreifen werden nun, und zwar je zwei Stück von verschiedener Farbe (schwarzgelb, schwarzroth), in die Rebschnur und zwar in der Entfernung von je einem halben Meter eingeknüpft. Ein Feld solcher Lappen hat die Länge von fünfzig Metern. Die Lappen werden ohne Haspel und fast ausnahmslos auch ohne Stellstäbe benützt. Ein Mann

ist im Stande, ohne die geringste Beschwerde, dreihundert Meter
zu tragen und im Nothfalle auch ganz allein aufzurichten;
zweckmässiger ist es jedoch, wenn demselben ein Gehilfe bei-
gegeben wird.

Die Lappen werden zum Zwecke ihrer Benützung an
Zweigen und Aesten des Bestandes, längs der Schneussen, wo
keine Schützen stehen, auf der gegenüberliegenden Seite, in
der Höhe von ein bis anderthalb Meter einfach aufgehangen.

Während der Lappenträger den einfach gefalteten Lappen-
bund im Weitergehen löst, besorgt sein Gehilfe das Aufhängen
der Lappen auf Entfernungen von je drei bis vier Meter.

Die lose herabhängenden Lappstreifen werden vom leise-
sten Luftzuge in ununterbrochener vibrirender Bewegung erhalten oder flattern im Winde wie Wimpel. Das Einlappen eines
selbst ausgedehnten Triebes ist, wenn diese Arbeit rasch und
lautlos von mehreren Punkten gleichzeitig ausgeführt wird, in
wenigen Minuten vollzogen. Und nachdem hiezu keine Haspel
und in der Regel, auch keine Stellstäbe nothwendig sind, können dieselben überall, selbst im beschwerlichsten Terrain, auf
weite Strecken transportirt und mühelos angewendet werden.
Jegliche Gattung von Wild respectirt diese Art von Lappen
ausserordentlich, wie ich dies vielfach und unter den verschie-
densten, selbst ungünstigsten Verhältnissen persönlich erprobt
habe. Und ich will hier nur einen speciellen Fall anführen.

In den mit raumen altem Laubholz bestandenen Boden
einer Fasanerie war ein Rehbock eingewechselt und ich beschloss,
auf die mir hierüber erstattete Meldung, den Rehbock fangen
zu lassen. Der Boden hatte eine Länge von etwa dreihundert
und eine Breite von zweihundert fünfzig Meter und mit Rücksicht auf den alten, sehr schütteren Bestand war die Ausführung dieses Vorhabens einigermassen schwierig. Auf einer der
Stirnseiten wurden die Garne gestellt, nachdem unmittelbar vorher die übrigen Theile des Bodens rasch und lautlos eingelappt

waren. Kaum ertönten die ersten Schläge, mit welchen die
Stellstäbe der Garne in den Boden gerammt wurden, als auch
schon der Bock flüchtig auf der entgegengesetzten Stirnseite
sein sehr fragwürdiges Asyl verlassen wollte. Als er die Lappen
eräugte, blieb er plötzlich wie gebannt stehen und starrte geraume
Zeit die sehr eigenthümlichen und unheimlichen, an Aesten und
Zweigen hängenden Blüthen an, endlich trollte er gegen eine der
Langseiten hin, kam aber nach wenig Augenblicken flüchtig und
rathlos wieder zurück. Die Garne waren inzwischen fängisch
gestellt und die dumpfen Schläge waren verstummt. Nun be-
orderte ich einige Leute unter Führung zweier Jäger in den
Boden mit dem Auftrage, laut von den Garnen ab gegen die
Lappen zu treiben. Kaum hatte der Lärm begonnen, als auch
der Rehbock sofort eine Frontveränderung vornahm und in
der Richtung gegen die Treiber flüchtig wurde; dicht vor dem
Garn angekommen, machte er kehrt, durchbrach die Linie der
Treiber, kam vor die Lappen, machte neuerdings wie toll Kehrt
und ging endlich, nachdem er an allen drei eingelappten Seiten wiederholt erschienen war — in's Garn.

Ein auf die vorbeschriebene Weise eingelappter Fuchs
war ausnahmslos, einige vereinzelte Fehlschüsse abgerechnet,
meine sichere Beute. Und trotzdem es meines Erinnerns vier
bis fünfmal geschah, dass mich der Fuchs noch ausser Schussweite eräugte und umschlug, ging er niemals durch die Lappen
und kam schliesslich athemlos und wie toll nach der Stelle,
wo ihm die Jäger galanter Weise einen uneingelappten Ausweg gewahrt hatten.

Wohl keine Art des Jagens ist so reich an komischen
Episoden und kaum eine zweite so vielfach von, mit dem
classischsten Latein gewürzten Schilderungen illustrirt, als das
Treibjagen auf Füchse. Und ich will hier eine knappe Aus-

wahl von Fuchsgeschichten folgen lassen, die in schlichtem Deutsch Meister Reinecke sowohl wie seine zweibeinigen, berufenen und unberufenen, gefährlichen und harmlosen Bedränger charakterisiren.

An einem schönen Spätherbsttage in der grünen Steiermark gab es eine Jagd, zu welcher sich, wie dort zumeist üblich, eine namhafte Zahl bewaffneter Stadtherren und mordlustiger Bauern im Wirthshause zum »blauen Ochsen« versammelten. Kaum hatte der erste Trieb begonnen, als ein Fuchs flüchtig einen der Bauern anlief, welcher wiederkäuend »am murmelnden Bachesrand, träumend stand«. Der Bauer beknallte den Fuchs und als dieser seinen beleidigten Balg auf das andere Ufer retten wollte, ereilten ihn zwei hochläufige Bracken und es kam mitten im Wasser zu einem erbitterten Kampfe. Dem Bauer wurde bang um seine Beute und er begab sich, im Hinblick auf seine sehr ausgiebig geschmierten Stiefel, gleichfalls in's Wasser, auf den Kampfplatz. Eben wollte er nach dem Fuchse langen, als Reinecke, zuvorkommend wie immer, dies selbst besorgte und die mit einem neuen Fäustling bewehrte dargebotene Hand nach seiner Manier ergriff. Der Fuchs, welchen die beiden Bracken ebenso unverschämt als unbarmherzig an seinen rückwärtigen Leibespartieen in der Nähe der bekannten Viole zausten — biss wie toll und der Eigenthümer der Hand brüllte und fluchte noch toller. Die Situation war kritisch, denn die linke Hand hielt die rostige Donnerbüchse umklammert und die rechte — die hatte eben der Fuchs, dazu noch die beiden wüthenden Bracken und ringsum der murmelnde Bach, neben und zwischen den vollgesogenen Stiefeln hindurch aber — glitzernde, eilende Wellen. —

»Kreuz sakra, Rabenvieh verflucht's!« tobte der Bauer. Doch diese und alle folgenden alpinen Ehrentitel milderten keineswegs die Eindringlichkeit des Fuchsgebisses und die ganze

Kampfgenossenschaft begab sich endlich schleunigst auf's Trockene. Hier hieb nun zunächst der ergrimmte Bauer mit dem Kolben nach dem Schädel des Fuchses, nachdem er aber nebst diesem, auch seinen eigenen Daumen recht empfindlich traf, so warf er die Waffe zu Boden und verlegte sich auf's Würgen seines Gegners. Das wirkte nun allerdings und Meister Reinecken verging Sehen und Hören und wohl auch der Athem. Er sank leblos in's Moos.

Dass der biedere Landmann seinen Nachbarschützen rechts und links jedweden Anlauf gründlich verdorben hatte, kümmerte ihn wenig und immer noch racheschnaubend und rachebrütend stand er breitspurig vor seinem leblosen Gegner. Mit einem kummervollen Blick nach seinem neu gewesenen Fäustling und seiner reichlich abfärbenden Hand, zog er aus der Tasche einen Strick hervor und leinte seine Beute an. Der Trieb, welcher an drei Stunden gedauert hatte, war zu Ende und die bunte Gesellschaft zog lärmend dem Wirthshause zu. Der nachkommende Revierjäger nahm dem Bauer indess mit einem derben Verweise den noch nicht ganz leblosen Fuchs ab und übergab ihn dem Waidjungen, mit der Weisung, der Quälerei ein Ende zu machen. »Halt, mein' Strick möcht ich noch haben!« schrie der Nimrod und löste die Schlinge. Ein tiefer Athemzug hob nun Reineckens bedrängten Busen, gleichzeitig öffnete sich die Thüre, — und mit dem schräg einfallenden Sonnenstrahl trat auch die feiste Wirthin über die Schwelle, mit einer Riesenschüssel voll dampfender Würste. Das Alles war dem Fuchs zu viel und mehr von dem Sonnenstrahl, der aus dem Freien kam, als von der monströsen Wirthin, die aus der Küche kam, angezogen, sprang er zunächst dem Bauer zwischen den Beinen hindurch und dann mit einem mächtigen Satze der feisten Hebe zwischen die Beine. Ein züchtiger Schrei, dass die Fenster klirrten, dann ein dumpfer Schlag, welchem zufolge die Schüssel klirrte! — Die Bracken, die dem flüchtenden Fuchse nachstürmen wollten, geriethen mitten in's Chaos der umherkollernden Wurstlegion. Und die Moral dieser wahrhaftigen Geschichte? Die Würste waren hin, die Schüssel war hin, und der Fuchs war auch hin!«

*

Bei einer am 9. Februar im herzoglichen Leibgehege der Oberförsterei abgehaltenen Fuchsjagd ereignete sich nach einer von Montabaur datirten Mittheilung Folgendes:

Der Förster D. Reichert von Horessen schoss beim Treiben einer 30 Morgen (= 15 österreich. Joch) grossen, ganz eben gelegenen Fichtendickung, welche auf der linken Seite durch eine Districtsschneise von einem circa 80- bis 90jährigen Buchenbestande getrennt ist, in letzterem einen Fuchs an, nachdem ihm der eine Flintenlauf auf denselben versagt war. Der angeschossene Fuchs wollte wieder zur Dickung zurück, verendete aber noch vor derselben in der Schneise.

Bald darauf kam ein zweiter Fuchs aus der Dickung, trabt an derselben in der Schneise her, bis zu dem verendeten Fuchs, den er sofort zu würgen begann, trotz des Lärmens seitens der Treiber und des lauten Jagens eines Dächsels in der Dickung. Dieses Würgen des verendeten Fuchses wiederholte sich oftmals und währte so lange, dass Förster Reichert beim jedesmaligen Würgen einige Schritte von seinem Stande vorwärts schlich, dieses so oft wiederholte, bis er etwa 30 Schritte nahe gekommen war und Herrn Reinecke während des Würgens todtschoss.

Der todtgeschossene Fuchs hatte noch den rechten Vorderlauf des verendeten Fuchses im Gebiss.

Beides waren Füchse und wurden gleich darauf ausser diesen zweien, noch zwei Füchse, ebenfalls männlichen Geschlechtes, in diesem Treiben geschossen.

Freiherr E. von Thüngen theilt eine Fuchsgeschichte mit, die man, käme sie nicht aus solchem Munde, für gut »lateinisch« ansprechen könnte; er schreibt: An einem schönen October-tage des Jahres 1862 nahm ich an einem kleinen Waldtreiben Theil. Kaum war das Treiben im Gange, als ungefähr 20 Schritte von mir entfernt eine Schnepfe aufstieg. Ich schoss sie herab. Unmittelbar darauf lief mir ein Fuchs an; ich schoss auf ihn, aber ich fehlte. Jetzt ging ich mit meinem Hühner-hunde nach der Schnepfe hin, konnte sie aber ungeachtet alles Suchens nicht finden. Missmuthig und nachdenkend über diese mir unerklärbare Erscheinung ging ich auf meinen Stand zurück.

Das Treiben war beendigt, ich war dabei leer ausgegang-en. Die Schützen versammelten sich und ich erzählte ihnen mein Abenteuer, hätte aber beinahe keinen Glauben gefunden, wenn sich nicht einer von ihnen meiner angenommen hätte. Dieser erzählte nämlich, dass unmittelbar nach meinem zweiten Schusse ihm ein Fuchs eine Beute im Rachen tragend angelaufen sei, er habe ihn im Rauche niedergeschossen und als er ihn auf seinen Stand bringen wollte, eine noch nicht ganz erstarrte Schnepfe neben ihm liegen gefunden. Diese Schnepfe sei ohne Zweifel die meinige. Er überreichte sie hierauf der Gesellschaft, man untersuchte sie und fand sie gut getroffen.

*

In den Revieren der Kron-Domäne H. bilden die steilen, felsigen, theils mit Nadelholz, theils nur mit Gesträppe be-wachsenen Uferlehnen des Flusses, welcher sie begrenzt, ein wahres Eldorado der Füchse. Sie werden dort gehegt und nur im Winter werden wöchentlich Treibjagden abgehalten, bei welchen eben nur auf Füchse geschossen werden darf.

Der Forstrath, welcher diese interessanten Jagden leitete und die auch meist eine ergiebige Strecke aufzuweisen hatten,

7*

verstand es überdies, diese *jours fixes* mit manchem gelungenen Scherz zu würzen.

Ein ständiger Theilnehmer an diesen Jagden, und auch das ebenso ständige Opfer des stets schlagfertigen Witzes des liebenswürdigen und geistreichen Jagdleiters, war der königliche Rentenverwalter, ein biederer, ungemein feister, in steter Transpiration und waidmännischer Aufregung befindlicher Herr.

Er schoss stets vorbei und wurde demgemäss als ein ebenso grimmiger als durchaus unschädlicher Feind der Füchse, lediglich als Scheuche vom Forstrath verwendet. Die steilen Terrainverhältnisse und der oft fusshohe Schnee gaben dem kurzen, feisten Männchen viel zu schaffen, und oft geschah es an einem Tage wiederholt, dass er auf den verschneiten Schneisen den scharfgeprägten Naturselbstdruck seiner wohlgerundeten plastischen Formen hinterliess.

Wenn er dann wieder pustend und schnaufend in die Reihe der lautlos im Gänsemarsch schreitenden Schützen trat, wurde der Aermste stets auf das inständigste vom Jagdleiter gebeten, nicht so laut und einer Fuchsjagd durchaus unangemessen zu athmen. Auch rieth er ihm, ohne dass der Schalk eine Miene verzog, seine mit Eifer und seltener Virtuosität ausgeführten Reliefabdrücke jenes discreten Theiles seines sehr werthen Körpers an tiefer eingeschneiten Stellen zu versuchen, da das dumpfe Geräusch, welches diese plastischen Versuche stets begleiten, den Fuchstrieb in unliebsamer Weise beunruhige.

In einem der besten Fuchstriebe, der oft drei bis fünf Füchse zu Strecke lieferte, stand ich an der Ecke der Schützenfront auf einem bewährten Wechsel und unter mir als der einzige nächst den Lappen — in der steilen Lehne postirte Schütze — der feiste Rentverwalter.

Der Trieb war der erste des Tages und der sorgliche Forstrath wies dem kurzläufigen Nimrod jenen Platz wohl nur in der malitiösen Absicht an, damit ihm derselbe dann durch

sein Schnaufen und Schnauben Gelegenheit zu jener stereoty-
pen Mahnung gebe, die Respiration geräuschloser vorzunehmen.

Kaum tönte das Jagdsignal vom Thal herauf, dass der
grosse, etwa eine Stunde in Anspruch nehmende Trieb begonnen habe, als ich auch schon den am Rande eines schütteren,
auf der Lehne stockenden Stangenholz-Bestandes postirten Nachbar heftig mit seiner Flinte umherzielen sah. Im ersten Augenblick glaubte ich, er wolle nur den Anschlag seines Gewehres
versuchen, überzeugte mich aber bald aus seinen ungemein
komischen Bewegungen, dass wohl ein Fuchs flüchtig die Lehne
herauf komme, und der grimmige Schütze in den einzelnen
Ausschusslücken eben nicht schnell genug zusammen kommen
könne. Und so war es auch, der Rentverwalter senkte missmuthig die mörderische Waffe und wenige Secunden nachher
kam mir der Fuchs in einer schmalen Rinne und ich erlegte
denselben.

Eine Viertelstunde später sah ich meinen Nachbar genau
dieselben vorbeschriebenen Bewegungen machen. Doch diesmal
kam es Anders.

Der Fuchs, auf einem der oberen Stände gefehlt, war umgeschlagen und kam in vollster Flucht die Lehne entlang unmittelbar ober dem Stande des Rentverwalters auf die mit
Brombeeren und Gesträpp bewachsene tiefeingeschneite Blösse,
um die nahe Fichtenschonung zu gewinnen. Mein feister Nachbar der mit seinem Schusse in's geschlossene Holz nicht fertig
geworden war, macht eine rasche Wendung und im Feuer
roulirte — nicht der Fuchs — der, einen Haken schlagend, sofort
von mir erlegt war, sondern der feiste Plastiker — und unhalt-
sam fuhr der Aermste auf dem Schwerpunkte seiner Individualität — zu Thal.

Ich wäre nicht im Stande gewesen, einen etwa noch anlaufenden Fuchs auch nur zu sehen, denn die Thränen liefen
mir in Folge des unterdrückten Lachens über die Wangen

herab. Der grimmige Fuchsjäger blieb indess verschwunden,
und einer der Treiber kam mit der Nachricht, dass der Rentverwalter nach Hause gegangen sei, da er die dringende Expe-
dition einiger Actenstücke anzuordnen vergessen habe. Auf die
eindringlichen Fragen des Forstrathes gestand der Bericht-
erstatter lächelnd, »mit de Hose desch Herrn g'strenge Rente-
verwaltersch seis hinte gar arg gewese.« Dass diese confiden-
tielle Mittheilung dem Forstrath »Wasser auf die Mühle« war,
bedarf wohl keiner Versicherung und bei jeder der noch folgenden Jagden musste der Aermste die theilnehmende Frage
hören, wie sich »dero Gestrengen rückwärtiger Hosentheil befinde«.

*

Verwalter S. war ein passionirter und auch ziemlich guter
Schütze und wurde demnach stets zu kleineren Treibjagden
beigezognn.

Nebst der Leidenschaft für's Schiessen hatte er zugleich
die üble Gewohnheit, zwischen jedem Treiben einen Theil seines
mitgeschleppten reichlichen Mundvorrathes zu verschlingen und
irgend ein fettes Maculaturpapier war stets das sicherste Zeichen
auf der Fährte desselben. Eines Tages wurde derselbe an einer
Wirthschaftsschneise vom leitenden Revierförster angestellt,
welche ein dichtes Stangenholz von einer Fichtenschonung
trennte, während ich oberhalb desselben an der Ecke meinen
Stand wählte. Verwalter S., sich unbelauscht wähnend, öffnete
sofort, als sich der Förster entfernt hatte, um das Signal zum
Antreiben zu geben, seine Jagdtasche und begann, eine lange
Leberwurst enthüllend, dieselbe zu benagen.

Plötzlich fährt ein Fuchs, der wohl durch das Anstellen
der Treiber rege geworden war, über die Schneise.

Der Verwalter schleudert die Wurst zu Boden, der junge,
noch keineswegs ferme und gleichfalls stets hungrige Appor-
teur, den er sich von einem der Jäger ausgeliehen und an

der Jagdtasche angeleint hatte, wirft sich auf die Wurst; der durch die doppelte Schwenkung consternirte Verwalter verliert das Gleichgewicht und deckt mit seinem wohlgenährten Leib den heulenden Hund und die Wurst. Dies alles war das gelungene Werk einer Secunde. Was mag sich der Verwalter gedacht haben, als er, sich erhebend, rasch wieder schussfertig Stellung nahm und mich oben an der Ecke als stummen, aber competenten Zeugen und Kritiker seiner Niederlage erblickte, und was wohl der schlaue, glücklich entkommene Fuchs? Vivat die Leberwurst!*)

Die prachtvollen Reviere des Wiener Waldes, eines geschlossenen Waldcomplexes von beiläufig 30.000 Joch = 60.000 Morgen, deren Vorhölzer von der Residenz bequem in dreiviertel Stunden erreicht werden können, war noch vor wenigen Jahren mit seinen lauschigen Thälern und Schluchten und seinen dicht bewaldeten Berglehnen ein wahres Fuchs-Eldorado, und Se. Majestät der Kaiser und namentlich Se. kaiserliche Hoheit Erzherzog Franz Carl, der Vater Allerhöchstdesselben, jagten häufig und gern den Fuchs in diesen schönen Revieren.

Diese allerh. Hofjagden wurden stets nur mit zwei bis drei Herren der Suite abgehalten und ergaben trotz der selten mehr denn zweistündigen Dauer in der Regel sehr günstige Resultate, bei vollkommen freiem uneingerichteten Treiben. So erlegte Se. Majestät der Kaiser in Begleitung Sr. kaiserlichen Hoheit des Grossherzogs von Toscana und zweier Cavaliere im schönen Kaltenleutgebner Thal am 16. Januar 1867 in zwei Treiben sechs Füchse und fünf Rehböcke, am 29. Januar im selben Reviere noch sieben Füchse.

---

*) Siehe »Tagebuch eines Wildtödters«, Jagdskizzen vom Verfasser. Wien, Verlag von Carl Gerold's Sohn.

Am 23. Januar jagten Se. Majestät im k. k. Kierlinger
Forst und die Strecke betrug nach kaum mehr als zweistün-
digem Zeitraum in freiem Treiben 15 Füchse, 4 Rehböcke und
8 Hasen.

Am 12. Januar unternahm Se. kaiserliche Hoheit der
Erzherzog Franz Carl in Begleitung zweier Herren von
der Suite einen kurzen Jagdausflug in das Hütteldorfer Thier-
garten-Revier. Die Strecke betrug 9 Füchse, 1 Edelmarder,
4 Stück Schwarzwild, 10 Stück Damwild und 6 Hasen.

Im Revier Baumgarten wurden von Sr. Majestät dem
Kaiser gestreckt: 11 Füchse, 6 Hasen.

Im Revier Sievering von Sr. Majestät und zwei Herren
der Suite gestreckt: 12 Füchse.

Im Hütteldorfer Forst bei Dornbach von Sr. Majestät
gestreckt: 7 Füchse, 2 Rehböcke, 1 Haselhuhn, 9 Hasen.

Diese interessanten kleinen Hofjagden lieferten zumeist
noch glänzendere Resultate der Strecke und es ist sehr bedauer-
lich, dass diese schönen, pittoresken Fuchsreviere nach dem
Ableben Sr. kaiserlichen Hoheit des Erzherzogs Franz Carl
zum grössten Theile aufgelassen wurden.

Nunmehr werden in den meisten dieser Reviere die Füchse
in echt waidmännischer Weise mit — Giftbrocken abgethan.

*

Ein geradezu wunderbares in vielfacher Beziehung hochinteressantes Jagdresultat erübrigt mir noch aus dem Herzog-
thume Sachsen-Coburg-Gotha hier zum Schlusse anzuführen [1]).

Das herzogliche Revier Liebenstein hat ein Areale von
1800 Acker = 1050 Joch, zumeist mit Nadelholz bestandenes
Land. In demselben waren vor einer am 9. November 1860
abgehaltenen Treibjagd 41 Füchse bestattet, von welcher Zahl

') Vergl. Jagdzeitung, Jahrg. 1860 61.

Se. königl. Hoheit der regierende Herzog Ernst — dieser erlauchte berühmte Waidmann — 16 Stück erlegte.

Dass trotz dieser, mit Rücksicht auf die Area geradezu verblüffenden Menge von Füchsen auch das Niederwild genügend vertreten war, erscheint durch die Strecke erwiesen, welche den Stand des Herzogs zierte. Se. königl. Hoheit erlegte auf einem Stande in einem Triebe: 8 Füchse, 23 Hasen, 2 Kaninchen — zusammen 33 Stück Wild mit dreiunddreissig Schüssen!

Ein Jahr später erlegte der Herzog im selben Reviere auf einem Stande 9 Füchse, und überdies wurden in dem nämlichen Triebe noch 1 Rehbock, 10 Füchse, 32 Hasen, 4 Kaninchen erlegt.

Diese Ziffern sprechen — und sie sprechen deutlich.

Ich möchte diese Ziffern und was zwischen denselben zu finden sein mag, der Erwägung, dem eingehendsten Studium allen Jenen empfehlen, die den Vernichtungskrieg gegen den Fuchs predigen, namentlich den — Giftnickeln! ·)

Wo es keine Fasanen gibt, namentlich in Nadelholz-Revieren, setze man einige Lapins aus (probatum est!), und hege den Fuchs in vernünftigen Grenzen! Das Resultat wird eine keineswegs ganz schlechte Hasenjagd sein, · deren ansonst ziemlich eintöniges Colorit durch Reinecke's interessante Farben sehr angenehm gehoben und belebt wird.

*

Am Ende des Capitels »Treibjagen« angelangt, möchte ich bei den Fachgenossen, bei den Jüngern des heiligen Hubertus, bei den Verehrern der keuschen Göttin Diana ein Wort einlegen für den bestgehassten und geschmähten, für den in allen Sprachen — und namentlich im Latein — so vielfach besungenen Meister Fuchs!

·) Die keusche Diana wird mir die — »unparlamentarische« Titulatur wohl vergeben. D. V.

Wem ein gutes, dem echten Waidwerk treues Herz unter dem schlichten Lodenrocke schlägt, dem wird es wohl auch höher schlagen, wenn der krummbeinigen kleinen Jagdfreunde Geläut' das Aufnehmen der Fuchsspur kündet und durch die Schlucht die Berglehne hinantönt im Waldrevier. Es wird höher schlagen, wenn im finstern Tannenwald der Fuchs einher schnürt mit seinem verschmitzten Angesicht, oder wenn der tapfere Teckel im Bau laut wird und der Fuchs blitzschnell herausfährt wie eine Kugel aus dem Rohr!

Ich möchte ein gutes Wort einlegen für ihn! Tödtet ihn mit ehrlichem Schuss, grabt ihn im Bau, oder fangt ihn im Eisen, wenn sich die Sippschaft allzusehr vermehrt, aber — führet nicht den Vernichtungskrieg gegen den Standartenträger der Raubritterschaft im Revier, der immerhin die Strecke einer Waldjagd ziert! Gönnt ihm hie und da einen Hasen oder ein Huhn, die anderweit leicht und verdoppelt einbringlich sind.

Geht ihm vernünftig und ehrlich, als Waidmänner zu Leibe, nicht als Giftmischer mit den Brocken, nicht als herzlose Quäler mit der perfiden Angel!

> Was der Schnurrbart bei'm Kuss,
> Was der Suppe das Salz,
> Und der Rede der Witz —
> Ist im Jagen der Fuchs!

3. Auf dem Anstande.

> »Fuchspass'n mag i' nit,
> Is ma' viel z' kalt,
> Pass' lieber auf a Fehin,
> Hat aar an' schön' Balg!«
> Oberbayrisches Schnadahüpfl.

Der Anstand auf den Fuchs fordert, sofern derselbe erfolgreich sein soll, eine sehr genaue Revierkenntniss, jene der Gewohnheiten des Fuchses und seiner Wechsel und endlich Geduld.

Keine Art des Waidwerks ist — zunächst für den sich heranbildenden Jäger — so lehrreich, wie der Anstand. Er ist im Allgemeinen die Vorbereitung für die hohe Schule der freien Pürsche, und bei der Fuchsjagd speciell wird der Jäger Vieles und Interessantes zu beobachten Gelegenheit finden. Der Meister Fuchs ist verschämter und schüchterner als ein Backfischchen; er gibt sich nur, wie er wirklich ist, wenn er sich unbeobachtet weiss oder glaubt.

Nachdem der Ansitz am Bau bereits erläutert worden ist, erübrigt nur die Anleitung und Schilderung des Anstandes

　　a) auf dem Wechsel,

　　b) in der Luderhütte.

　　a) **Der Anstand auf dem Wechsel**

ist im Hochgebirge einerseits durch die Terrainbeschaffenheit und anderseits durch die lautlose Ruhe, die in den weniger zugänglichen Schluchten und Gräben herrscht, weit mehr begünstigt, als dies in Waldrevieren der Ebene oder des Mittelgebirges der Fall ist.

In den Hochgebirgsrevieren gibt es gewisse Riegel, zwischen Felsblöcken und Geröll hindurchführende Wildpfade, die Meister Fuchs mit Vorliebe, ja fast ausschliesslich als Wechsel zu benützen pflegt. Da ist der Anstand sicherer und lohnender, doch gelingt es auch dem Jäger der Ebene, wenn er revierkundig und mit den Wechseln des Fuchses vertraut ist, erfolgreich den Anstand zu üben.

Häufig, und namentlich im Spätherbste, lässt sich der Fuchs bei herrschendem Nebel zu längerem Verweilen auf den Aeckern verleiten, um da zu mausen oder den einlagernden Hasen zu beschleichen. Wird der Jäger dies gewahr, ohne vom Fuchse bemerkt worden zu sein, dann gelingt es häufig, zu Schuss zu kommen, wenn man sich vorsichtig an jene Stelle des Wald-

randes anschleicht und in gutem Winde anstellt, welche der
Fuchs zum Aus- und Einwechseln einzuhalten pflegt.

Versteht es der Jäger, das Klagen eines Hasen, den Angst-
laut eines Vogels, oder das »Mäuseln« gut nachzuahmen, dann
kann er den Fuchs selbst aus der Ferne und in dem Augenblicke anlocken, wo derselbe im Begriffe stand, an einer anderen, ausser Schussweite liegenden Stelle in's Holz zu wechseln.

Häufig gelang es mir, den Fuchs auf diese Weise zu Schuss
zu bringen und zu erlegen; misslungen ist mir aber einst eine
Doublette auf Fuchs und Habicht, die fast gleichzeitig meinem
Lockrufe folgten.

Es war rings ein dichter Nebel gelagert und mit leisem
Ton fielen die an jeder Nadel des Fichten-Hochwaldes hängenden
Tropfen nieder, als ich an einem Spätherbst-Morgen längs des
Waldrandes pürschte.

Da eräugte ich ein behende hin und her hüpfendes Etwas
auf dem nahen Acker, dessen im Nebel abenteuerlich gestaltete
Formen nach und nach die Silhouette des mausenden Fuchses
annahmen.

Ich schlich unter eine in der Reihe der Randbäume etwas
zurückstehende bemantelte Fichte und ahmte den Klagelaut des
Hasen nach. Blitzschnell fuhr der Fuchs herum und kam in
weiten Sätzen heran, dann duckte er sich und schlich vorsichtig in einer vom Pfluge gezogenen Wasserfurche näher. Da
vernahm ich das undefinirbare Geräusch eines in der Nähe sich
einschwingenden Vogels und ein rascher Rundblick zeigte
mir einen Habicht in lauernder, lauschender Stellung auf einem
weitvorgestreckten Seitenaste. — Die Situation war kritisch. —
Der Fuchs links in Schussnähe und auf der rechten, somit unbequemeren Seite der geflügelte Räuber! Rasch entschlossen,
fuhr ich herum und den Habicht ereilte sein Schicksal in dem
Augenblicke, als er blitzschnell und gewandt zwischen dem Astwerk verschwinden wollte. Nun wandte ich mich ebenso rasch

nach links, übereilte jedoch leider den Schuss im freien Felde
und fehlte den Fuchs, der einen s o l c h e n Hasen allerdings
nicht am Waldrande vermuthet hatte.

b) Der Anstand in der Luderhütte.

Gut, d. h. unauffällig gebaute Uhuhütten, sofern sie am
geeigneten Orte situirt sind, können auch zu dieser Jagd verwendet werden, oder man errichtet eine solche Hütte speciell
für obige Zwecke an einsamer Stelle. Sie wird am zweckmässigsten an einer Terrainwelle, und bis zur Dachgleiche in
den Erdboden hinein gebaut, aus dichtgefügten Rundhölzern
errichtet und mit einem Pultdache eingedeckt, welches mit
Rasenziegeln überlegt wird.

In die aus alten, verwitterten Brettern oder aus u n e n t -
r i n d e t e n Rundhölzern gefügte, an der Stirnseite, gegen den
Luderplatz hin, situirte Thüre wird ein schmales, horizontal
erbreitetes Schuss- und Guckloch eingeschnitten.

Gestattet es die Oertlichkeit, dann ist es zweckmässig,
eine zweite Hütte auf entgegengesetzer Seite des Luderplatzes
zu errichten, um bei deren Benützung vom herrschenden Luftzuge unabhängig zu sein.

Ein Pferd, ein Schaf, im Nothfalle eine Katze — wohl
auch frisches Fallwild, sind die besten Köder. Vortheilhaft
ist es, wenn man den Köder ausgelegt hat, ein, zwei Nächte
die Hütte unbehelligt zu lassen, da der Fuchs wie der Wolf den
gewitterten Köder vorerst zumeist vorsichtig umkreist, bevor
er denselben angeht. Ein am Nachmittage im weiten Umkreise gemachtes frisches Geschleppe begünstigt den Anstand
in der folgenden Nacht sehr wesentlich.

Jäger und Jagdschriftsteller stellen fast einstimmig die
Behauptung auf, es sei nothwendig, das erlegte Raubthier sofort
vom Anschusse zu entfernen. Ich bin durchaus der entgegengesetzten Ansicht und habe deren Stichhältigkeit erprobt.

In einem am Walde gelegenen kleinen Weiler in der »Avas«, den Vorbergen der herrlichen Marmaros-Gebirge in Ungarn, hatte ich einen verfallenen, ausserhalb des Ortes gelegenen Feldziegelofen als Luderhütte adaptirt, um auf Wölfe und Füchse zu lauern. Jung, unerfahren und hitzig, hatte ich damals eben keine glänzenden Resultate meiner Nachtwachen zu verzeichnen, schoss aber dennoch einmal zwei Füchse und ein andermal einen Fuchs und einen starken Keiler, dessen plötzliches Erscheinen vor dem vom Waldrande mindestens 100 Meter entfernten Luder mich in einer mondhellen, bitterkalten Nacht überraschte.

Nachdem ich meine vom Jagdfieber bedenklich geschüttelte Waffe wiederholt angeschlagen und gesenkt hatte, schoss ich mit dem linken Laufe meiner Doppelflinte, welcher der Wölfe wegen mit Posten geladen war, das Wildschwein im Feuer nieder.

Um mehrere Stunden regungslos in der Hütte ausharren zu können, ist es vor Allem nothwendig, die Füsse gut zu verwahren. Ein Fusssack für diese, ein Muff für die Hände, eine gute scharf schiessende Waffe, Ruhe und Geduld, dies ist das absolut nöthige Rüstzeug für den Jäger in der Luderhütte.

Die interessante Schilderung einer in der Luderhüte auf dem Anstande verbrachten Nacht, welche ein Waidmann in anregender Form schrieb, will ich hier einfügen *); die Beute des Anstandes bildeten nicht nur drei Füchse, sondern überdies auch eine Fischotter.

Es war Sonntag nach der Mitte des Novembers und Jagd-Ruhetag. Da mir das Kartenspiel, welches nach dem Rückzug der Damen die ausschliessliche Unterhaltung der Herren Jagdgäste auf S. bildet, nicht sonderlich zusagt, wurde mir am Morgen beim Frühstück im Scherze der Antrag gemacht, ob ich nicht die kalte, mondhelle Nacht lieber beim Fuchspassen

---

*) Hugo's Jagdzeitung vom Jahre 1869.

zubringen wolle, welches ebenfalls seine Reize wie das abend-
liche Macao habe. Ich nahm die Herausforderung an, und der
Adjunct wurde beauftragt eine Schleppe zu machen, die in
möglichst weitem Umkreise durch den Forst und über die Felder
gegen die Fuchshütte gezogen wurde.

Die Fuchshütte bestand in einer etwa sechs bis sieben
Fuss tiefen Erdhöhlung, welche an dem ziemlich steilen Abhange
eines Berges, nahe vor einem unten am Abhange hinfliessenden
Forellenbach angelegt war. Sie lehnte sich an die Dickung, war
mit Baumstämmen ausgeschlagen, welche das Erdreich hielten
und war höchstens acht Fuss im Quadrat gross. Ueber die Baum-
stämme waren starke Bohlen gelegt, darüber Erde geworfen und
über der Erde dicke Haideplaggen an einander gefügt, welche
ein- und fortwuchsen. Wer es nicht genau wusste, wo die Tro-
glodytenwohnung lag, bemerkte durchaus nichts von ihr, denn
sie steckte noch obendrein in den umherstehenden und herabhängenden Büschen. Im Hintergrunde war tief in der Erde eine
schmale Thür angebracht, während vorne mit der Aussicht
auf den Bach ein Schiessloch angebracht war.

Die Schleppe wurde nach dem Morgengottesdienste gemacht.
Die liebenswürdige Hausfrau war so gütig, die Dinerstunde
wenigstens für mich zeitlicher zu bestimmen und nach 5 Uhr
Nachmittag sassen ich und der Adjunct bereits in der Fuchshütte, der kommenden Ereignisse gewärtig. Es wurde Abend.
Starke Schneelagen waren herabgefallen. Die Nacht begann
sehr kühl zu werden. Das todte Schaf lag jenseits am Ufer
des schmalen Baches, an dessen Rand sich hie und da bereits
eine leichte Eisdecke gelagert hatte. Abwechselnd standen wir
am Schiessloche, der Mond begann bereits zu scheinen.

Drei volle Stunden waren bereits verronnen, es fror mich
grimmig in den Füssen und schon begann ich zu reflectiren,
ob ich meine unbehagliche und vielleicht erfolglose Position
nicht gegen jene am warmen Kamin des Schlosses umtauschen

sollte. Ein so rasches Aufgeben meines Feldzuges war unter
den gegebenen Verhältnissen indess nicht rathsam, während
selbst das erfolglose Ausharren zu meinen Gunsten sprechen
musste. Da regte sich etwas zwischen den aus der tiefen Schnee-
fläche hervorragenden Wachholdersträuchen, bald war die Gestalt
sichtbarer, Reinecke war's; in mannigfachen Wendungen kam
er zu dem Schaf geschlichen, doch im selben Moment, als
ich drücken wollte, sah ich eine Otter auf dem diesseitigen
Ufer aus dem Wasser steigen und auf einem zur Hälfte im
Bache befindlichen grossen Strunk ihr Watercloset aufsuchen.
Fuchs und Otter stürzten hüben und drüben im Rauche zusammen. Eine Stunde war wieder vorüber gegangen, die Sterne
zitterten am Himmel und die Zähne klapperten uns im Munde.

Das Fläschchen Benedictiner, welches der Adjunct auf
Befehl des gastfreundlichen Hausherrn beim Weggehen aus
dem Schlosse in die Waidtasche stecken musste, ward an den
Mund genommen, Wärme kehrte wieder in die Glieder, nur
in den Fusszehen machte sich fortwährend eine Temperatur
geltend, die trotz der englischen Socken und soliden Jagdstiefeln
das Gefühl erweckte, als ob einige Hummern dort mit ihren
kneifenden Waffen auf das thätigste beschäftigt gewesen wären.

Schon glaubte ich hinlänglich den Herren auf dem Schlosse
den Beweis geliefert zu haben, dass ich auch auf dem Gebiete
der Jagd jegliche Beziehungen mit der »blague« meide, allein
da der Mensch sich an alles gewöhnen kann, selbst an erfro-
rene Füsse und Wagner'sche Musik [*]), beschloss ich noch eine
gewisse Zeit auszuharren, obgleich ich es dem Adjuncten
ansah, dass er schon gerne die Fuchshütte mit dem Brauhause
vertauschen würde.

Wiederum verging eine halbe Stunde. Der Adjunct zupfte
mich am Muff, links seitwärts deutend, während ich eben

---

[*]) Man kann sich wohl auch für dieselbe begeistern!   D. V.

rechts in den kleinen, zwischen den Wachholderbüschen befindlichen Lichtungen einen erfreulichen Schatten sich bewegen sah
und in wenig Secunden waren beide Füchse beim Luder an
gelangt und — meine Beute.

Im Schlosse ward mir viel Ehre angethan ob meiner Ausdauer und des seltenen Erfolges, und als ich in der befriedig-
testen Stimmung mit einer Flasche Champagner im Leibe mich
endlich in mein Bett verfügte, überkam mich bald wiederum
der Schlaf — der mich beinahe in der Fuchshütte übermannt
hätte — mit Triumphen mich überhäufend, denn zehn Füchse
musste ich noch im Traume schiessen, von denen jeder eine
meiner Fusszehen im Rachen hatte.

*

Glaubwürdigen, mir zugekommenen Mittheilungen zufolge
sollen mitunter schiessgierige Bauern in Wälschtirol auf eine
geradezu schauerliche Art den Anstand auf Füchse ausüben.

In den zur Zeit des Winters oft tief eingeschneiten, abseits
liegenden Thälern bleiben die Leichen in den vereinzelten Ge-
höften hart gefroren liegen, bis der Abgang des Schnee's deren
Uebertragung auf den häufig weit entfernten Friedhof ermöglicht.

Solche Nimrode undefinirbarer Gattung sollen die Leichen
in mondhellen Nächten in's Freie schleppen, um da hungernden
Füchsen aufzulauern.

Ein fragwürdiger, ein schauerlicher Anstand!

———

Die Schusszeichen.

Es ist nicht leicht, die Haltung und das Benehmen des
Fuchses im Schuss mit jener auf Wahrheit und erprobte Erfahrung gestützten Genauigkeit zu beschreiben, aus welcher auf
den Anschuss oder — Fehlschuss geschlossen werden kann.

Einige Schusszeichen sind indess untrüglich, und ich will
sie in der Reihenfolge möglichst genau schildern:

1. Klagt der Fuchs im Schuss, d. h. kreischt er laut auf, dann ist ein Röhrenknochen der Hinterläufe zerschmettert und man spare den zweiten Schuss nicht.

2. Stösst der Fuchs im Anschuss einen käckernden Laut aus und fährt er bissig nach einer der Keulen, dann sitzt der Schuss waidwund oder in der Keule; man spare den zweiten Schuss nicht.

3. Verlangsamt der Fuchs nach dem Schusse seine Flucht und hält er den Kopf gesenkt, dann ist er schwer krank und geht nicht weit.

4. Fährt der Fuchs im Anschuss mit der Nase am Boden hin, dann hat er einen guten Schuss gezeichnet und wird nach einigen taumelnden Fluchtversuchen liegen bleiben.

5. Bricht der Fuchs lautlos im Feuer zusammen, wobei die Läufe gleichzeitig jedweden Dienst versagen, dann ist die Function der Nervencentren zerstört, der Fuchs verendet sofort.

6. Ueberschlägt sich der Fuchs im Feuer und bleibt derselbe liegen, jedoch die Läufe noch bewegend, dann kann er blos am Kopfe oder am Kreuz gekrellt sein und man spare den zweiten Schuss nicht.

7. Ueberschlägt er sich im Anschuss, geht aber sofort flüchtig weiter, dann fehlt ihm nicht sonderlich viel, oder er ist gänzlich gefehlt.

8. Schwenkt er mit einer schwer zu beschreibenden Bewegung die Standarte im Anschusse, dann hat er die Schrote in der Nähe pfeifen gehört, aber — eben nur vorbei; er ist sicher als »gefehlt« anzusprechen.

Schützen, die sich und dem erlegten Fuchse nicht recht trauen, sollen ihn sofort aufnehmen und nachdem sie ihm einen derben Schlag über die Nase versetzt haben, neben, d. h. v o r ihrem Stande strecken. Vorsicht schadet nicht, da Fälle constatirt sind, dass Füchse, die an den Hinterläufen bereits geschränkt waren, noch Fluchtversuche unternahmen, oder in

jenen plastischen rückwärtigen Theil ihres Trägers sich ver-
bissen, der zunächst erreichbar, wenn auch weniger einladend
war. — Ferme Fangschützen, die mit Zielen nicht viel Zeit
verschwenden, mögen ihn beim Treiben — sofern sich einiger
Ausschuss bietet — ruhig liegen lassen.

B. Die Parforcejagd auf den Fuchs.

Die Parforcejagd, d. h. die Jagd zu Pferde mit der Meute,
ist eigentlich nicht in den Rahmen des Waidwerks einzufügen,
sie repräsentirt ein in sich abgeschlossenes ritterliches Vergnügen — sie ist Sport.

Die Vorbedingungen zur Parforcejagd sind in wenigen
Punkten zusammen zu fassen, nicht so leicht jedoch ist die
Erfüllung und das Beherrschen dieser Vorbedingungen.

Die Schilderung des historischen Ursprunges dieses Jagens
vom Sattel, dem Abschnitte »historisch-mythische Ueberlieferungen« vorbehaltend, will ich die Vorbedingungen in knapper Kürze hier aufzählen:

1. Gesunde Nerven, Umsicht und Entschlossenheit;

2. gesunde Lungen und kräftige Glieder;

3. einen festen Sitz im Sattel und eine ruhig Hand im Zügel;

4. ein kräftiges, gut fundamentirtes, nicht bodenscheues
Pferd;

5. eine gut eingejagte, correct geführte Meute;

6. ein geeignetes, gutes Jagdterrain, welchem indess gewisse
fatale Unregelmässigkeiten des Jagdbodens »*hic Rhodus hic salta*«
nicht fehlen sollen.

Wie viel und vielerlei des Forderns in diesen kurzen
sechs Punkten!

8*

Ein gutes Pferd, ein rother Frack, ein knappes Reitkleid, sind wohl bald zu beschaffen, auch das Jagdkleid ist bald angezogen; was aber unter der rothen Hülle, unter dem knappen Mieder klopft und pulsirt, das muss eben da sein!

Die Jagd vom Sattel, über jedwedes Hinderniss nicht nur tollkühn hinweg, sondern zuweilen mit raschem Ueberblicke der Situation neben demselben hinweg, die eigene, wie die Kraft und die Lungen des Pferdes sparend, um sie im gegebenen Augenblick zur Verfügung zu haben, ein rasches Erwägen, ein beherztes Wagen; das alles ist keine Dutzendleistung, kein gewöhnlicher Zeitvertreib, kein zahmer Spazierritt!

Am Rendezvous findet sich mitunter ein zahlreiches Feld zusammen, wird aber der Run ernster und wendet sich die Jagd vom guten Reitboden unbequemeren Gegenden zu, dann tropft bald ein und der andere rothe Frack ab und »Ross und Reiter sah man nimmer wieder!« Beim Luncheon, beim Sekt, da pflegt dann das Feld allerdings wieder vollzählig zu werden, während sich beim Halali eben nur eine auserlesene, geringe Zahl, die »vom reinsten Wasser in echter Fassung« zusammen fand.

Den sehr divergirenden Anschauungen und Urtheilen gegenüber, welche im grossen Publicum über das Wesen der Parforcejagd vorherrschen, fällt mir stets das alte Sprichwort »von dem Blinden und der Farbe, von dem Tauben und dem Liede« bei.

Die kühlen, rechnenden Bewohner Grossbritanniens haben die Parforcejagd zum nationalen Sport erhoben und sie haben dies, wohl wissend warum, gethan.

Der Kampf um's Dasein, der in Grossbritannien mit seinen eigenartigen socialen, nationalen, wirthschaftlichen und commerciellen Verhältnissen eben drastischer als anderwärts, und weder nerven- noch gliederstärkend auftritt, fordert gebieterisch ein Gegengewicht, wenn die Nation nicht physisch und moralisch verkommen soll, was übrigens in den untersten Schichten ohnedies mehr denn anderswo der Fall ist.

Die Schiffahrt, die Land- und Forstwirthschaft, der Renn- und Jagdsport sind diese Gegengewichte.

Diese Berufssphären fordern und fördern die physische Gesundheit und Kraft, sie schaffen den Muth, die Entschlossenheit und mit ihnen jenes männliche Bewusstsein der — Männlichkeit, welches eben regenerirend, blutauffrischend wirkt.

Die Eröffnung der Fuchsjagd-Saison, welche zumeist mit Ende August beginnt und im April endet, repräsentirt eine Art nationalen Festes, an welchem viele Schichten der Bevölkerung den lebhaftesten Antheil nehmen.

Nicht der Adel allein und die Reiter von Beruf, auch der Landmann und der Farmpächter, ja selbst der Pfarrer, sie alle harren mit gespanntem Interesse der Dinge die da kommen. Die Presse wimmelt um diese Zeiten von Einladungen, Ankündigungen abzuhaltender, von eingehenden Berichten abgehaltener Jagden.

Die auf diesem Gebiete des Sport vorherrschende Liberalität gestattet Jedem, der unbescholten und vor Allem gut beritten ist, an der Jagd Theil zu nehmen.

Neben dem prachtvollen Hunter des Lords, tummelt der schlichte Landmann sein kräftiges, gut gebautes und ebenso gut gezogenes Ross und der biedere Farmer auf einer edlen Stute, der feiste Pfarrer auf dem breiten Rücken eines wackeren Ponny sind auch da, um der Meute zu folgen, Jeder, wie er eben kann.

Welche Rückwirkungen dieser Sport auf die Pferdezucht übt, welche enormen Summen und Werthe da in Umlauf gesetzt werden, ist ziemlich bekannt und ich unterlasse deren Schilderung, weil dieselbe den vorgezeichneten Rahmen meines bescheidenen Buches weit überschreiten würde.

*

Sehr anschaulich schildert der Franzose Paul Caillard das berühmte Etablissement und die Kennels des Lord H., die ich hier in Uebersetzung folgen lassen will.

»Wir standen bald vor einem ziemlich ansehnlichen Gebäude, das hinter einer dichten Gruppe von Linden und Eichen sich in langer Linie und mit zwei rückspringenden Seitenflügeln präsentirte.

»Rings an den Mauern rankten Schlinggewächse, deren üppiger Blätterschmuck einen gewissen poetischen Anstrich verlieh. Der von den beiden Stallungen und den beiden Seitenflügeln umschlossene Hofraum war mit gut erhaltenem Rasen bedeckt, welcher die Bestimmung hat, den Morgenübungen der Pferde zu dienen.

»Die ganze Einrichtung und Eintheilung in den Ställen trug das Gepräge der Nettigkeit, Brauchbarkeit, Eleganz und fachkundiger Umsicht, welche die Engländer Allem anzupassen verstehen.

»Dreissig Box bilden die Façade der Stallungen und ihre Bewohner, sämmtlich edelster Abstammung, zeigten einen prächtigen symmetrischen Bau, der selbst das schwerste Gewicht verträgt.

»Von da führt eine imposante Eichenallee an den Fuss eines kleinen Hügels, auf welchem die Gebäude des Zwingers stehen. Schon der Zugang zur Colonie bot ein interessantes Bild und in der That würde der feine Rasen, hie und da mit riesigen Eichen und Baumpartien geschmückt, einer jeden Villa in der Umgebung von Paris zur Zierde gereicht haben. Die hohe, freie, trockene Lage war glücklich gewählt *).

*) Eine hohe, freie, namentlich gegen Ost offene Lage ist eine nothwendige Vorbedingung bei Errichtung von Zwingern, welche die Bestimmung haben, eine grössere Zahl von Hunden zu beherbergen. Trockenheit und reichliche frische Luft sind unbedingt vonnöthen, um die penetrante Ausdünstung und ihre Folgen zu paralysiren.　　　　D. V.

»Der Zwinger war von einem klaren Gerinne durchrieselt, welches allen Anforderungen genügte, um die wackeren Bewohner dieser Niederlassung in steter Gesundheit und Reinlichkeit erhalten zu können.

»Der Zwinger selbst theilte sich in drei ebenerdige Säle und jede Abtheilung hat einen abgesonderten Hofraum, welche Einrichtung es leicht ermöglicht, im gegebenen Falle die kranken oder verwundeten Hunde von den gesunden zu trennen.

»In einer Entfernung von etwa 100 Meter befindet sich noch ein anderer Zwinger, beschattet von riesigen Laubbäumen und inmitten eines förmlichen Lustgartens. In diesem stillen Asyl und unter strengem Schutz verrinnen den von feuriger Liebesgluth gequälten Hunden die Freuden der Minne und in friedlicher Heimlichkeit gestaltet sich zugleich die Vermehrung jener trefflichen Species, ohne welche die hohe Lust der Parforcejagd eben nicht genossen werden könnte.

»Die Zwinger beherbergen zwanzig Koppeln auserlesener Hunde, wahre Musterbilder einer ausgezeichneten Race.

»Es war ein wahres Vergnügen, diese wackeren Kämpen in ihren verschiedenen Stellungen beobachten zu können und schwerlich werden vierzig Schulkinder je so aufmerksam auf ihren Lehrer blicken, als die Hunde zu ihrem Huntsman empor schauten«.

*

An der Spitze der kleinen Armee, welche aus Jägern, Huntsmen, der Meute u. s. w. zusammen gesetzt ist, steht der Master, der »master of foxhounds«.

Es ist dies in England eine sehr gesuchte Würde und der höchste Ehrenplatz, nach welchem ein Gentleman strebt. Der Master wird von den Gutsbesitzern eines Districtes gewählt und übt das mitunter sehr kostspielige Ehrenamt unentgeltlich.

Rücksichtlich der Benützung des Terrains für die Fuchsjagd muss sich der Master vorher mit den Grundbesitzern einigen.

Der Master muss für sein schwieriges Amt die vollkommenste Kenntniss des Jagdterrains und des Sports mitbringen. Er muss ein guter und gutberittener Reiter sein, eine volltönende Stimme haben, raschen Ueberblick und die Manieren eines echten Gentleman.

Dem Master zunächst rangirt der Huntsman. Er ist Jagdbeamter und wird von den Besitzern der Meute besoldet.

Ihm ist die Oberaufsicht über die Zwinger im vollsten Umfange anvertraut und er kennt nicht nur die zahlreichen Hunde alle beim Namen und nach ihrem Stammbaume — die Hunde kennen auch ihn sehr genau. Der Huntsman muss ein genauer Terrainkenner und beherzter, ausgezeichneter Reiter sein.

Dem Huntsman zur Seite und unter seinen Befehlen stehen zwei Whippers-in (Einpeitscher), welche nicht minder fest im Sattel sein müssen, wie ihr Vorgesetzter. Wenn's gilt, müssen sie mit ihren Pferden oft wahrhaft tolle Wagestücke ausführen und es ist ihnen reichlich Gelegenheit geboten, sich noch öfter als der Huntsman, der Gefahr des Ertrinkens oder Genickbrechens auszusetzen.

Ihnen ist die Aufgabe zugewiesen, die strategischen Bewegungen der Hunde am Kampfplatze zu leiten. Der First whippers-in hält sich zumeist inmitten der Meute, der zweite hinter derselben.

Den Whippers-in folgt im Range der »Feeder«, von welchen bereits im vorhergehenden Abschnitte die Rede war. Endlich ist noch der »Earts-stopper« zu nennen, welcher die Obliegenheit hat, die sämmtlichen Baue während der Nacht vor dem Jagdtage sorgfältig zu verstopfen.

Es gibt wenige Scenen, die interessanter sind, als ein Rendezvous der Fuchsjäger.

Der Austausch warmen Händeschüttelns und allseitigen Begrüssens, das Schnauben und Stampfen der Pferde, das Knallen

der Peitschen und das ausgiebige Geläute der ungeduldigen
Hunde, dies alles verkündet den heiteren, aufregenden Festtag.

Ich will hier die lebhafte Schilderung eines Sportsmann
folgen lassen*), welcher nicht vom Hören-Sagen berichtet, sondern eine Fuchsjagd in einem der besten Districte Englands und
von einer der erlesensten Meuten beschreibt.

Als ich und mein Cicerone auf dem Versammlungsplatz
angelangt waren, fanden wir eine Gruppe Farmers und Jäger
versammelt, in welcher sich eine schöne Reiterin in einem etwas
auffälligen Costüme, doch blühend, in der Jugend Reiz, bemerkbar machte, deren Wangen, von Morgenfrische und mächtiger
Jagdfreude erregt, im lebhaftesten aber auch zartesten Farben-
schimmer erglänzten. Im Einklang mit der Lage führte das
Gespräch auf das heutige Wetter, das sich günstig zu gestalten
schien, da die beiden grossen Feinde der Fuchsjagd, nämlich
Nebel und heftiger Wind, das kommende Vergnügen nicht zu
beeinträchtigen drohten. So ward denn jedem Grusse auch der
echt britische Ausruf: »Fine morning« (ein schöner Morgen)
hinzugefügt. Immer kamen noch neue Rothröcke herangeritten,
endlich kam auch der Squire, unser Jagdgeber, der ungeachtet
seiner 60 Jahre noch frisch grünte und dessen feine und zugleich
leutselige Formen deutlich verkündigten, wie sehr es ihn selbst
freue, dass er den Anderen ein Vergnügen bereitet habe.
Das Ceremoniell ward rasch abgewickelt und der Squire übernahm das Commando der Armee. Auf ein dem Huntsman gege-
benes Zeichen ertönte dessen Waidgeschrei: Hark-in, hark-in!
there dogs! Und die bis jetzt von der Autorität der Peitsche
zurückgehaltenen Hunde wurden in die Coverts gelassen. Der
Schauplatz der Scene versinnlichte jedoch keineswegs die Idee,
welche wir uns von einem bedeckten Terrain zu machen pflegen.
Ich erblickte eine ausgedehnte grösstentheils brache Bodenfläche,

---

*) Alphonse Esquiros.

mit spärlichem Graswuchs bewachsen, während von Distanz zu
Distanz, auf dem unfruchtbaren Boden dichtes Unterholz, durch-
einandergewirrte Gestrüppe, hohe Distelgruppen und ein unent-
wirrbares Gemenge stachligen Ginsters sich erhoben. In diesem
Buschwerk musste der Fuchs gefunden werden.

Der Covert bot nun ein eigenthümliches Schauspiel. Jeder
Busch, ja fast jedes Blatt waren von einem geheimnissvollen
Einfluss in Bewegung gebracht. Man konnte mit den Engländern
sagen, dass dem düstern Gesträuche Leben innewohnte. Wie
leicht zu errathen, wird diese Illusion durch die Arbeit der Hunde
hervorgebracht, welche, wenngleich fast unsichtbar geworden,
die dürren Aeste »singen« machten und zwischen den Zweigen
und Gräsern umher wühlten, immerfort angefeuert von der
Stimme, den Gesten und dem Beispiel des Huntsman; er
nannte sie alle bei ihren Namen und redete ihnen in einer mir
ganz fremden Sprache zu, die aber, wie es schien, ihnen
vollends mundgerecht war. Tiefes Schweigen herrschte in den
Reihen der Jäger. Plötzlich erscholl aus dem Gebüsch ein
dumpfer Laut, wie von einem Hunde, der träumte. Andere
Stimmen gesellten sich hinzu und bald verkündete die Heftig-
keit des Geläutes, dass der Fuchs gefunden. Nun galt es, ihn
aus seiner Verschanzung zu lanciren, welches Manöver das
Werk einiger Minuten war. Tally-ho! Tally-ho! gone away!
rief der erste Whipper-in in einer unmöglich zu beschreibenden
musikalischen Tonart, der Huntsman stösst in's Horn, die
herumschwärmenden Hunde vereinigen sich zu einem Armeecorps
und alle Jäger sprengen in einem Höllengalopp von dannen.
Nun beginnt in der That das Jagdrennen.

Das war ein Geschrei, ein Durcheinander, ein Dahinstür-
men von Menschen, Pferden und Hunden, wie ich es noch
niemals wahrgenommen. Hauptsächlich zeigte sich die Meute
bewunderungswürdig in ihrem Eifer, Muth und Gehorsam.

Doch bald war die Ordnung hergestellt und vollkommen, trotz des hitzigen Rennens. Auf des Squire's Rath ermässigte sich das rasche Tempo, allein jetzt kamen andere Schwierigkeiten an die Reihe. Ich hegte die Hoffnung, dass der verfolgte Fuchs uns auf die offene Haide geleiten werde, die rechts von uns friedlich ausgebreitet lag, aber in seiner Bosheit flüchtete er ganz entgegengesetzt, gegen das mit einer Masse von Hecken, Gräben und Gesträppen bedeckte Hügelland hin, wo ihm der Saum eines Waldes entgegen lächelte. Die Hindernisse wurden von den Hunden wacker genommen und rollten auch einige in den einen oder andern Graben hinunter, so waren sie doch bald oben und stürmten eiligst den Uebrigen nach. Ihr Beispiel war tapfer von den Pferden und Reitern nachgeahmt, die wie Eichhörnchen, über alle die Schutzgitter und Gräben setzten. Wer an solches Reiten nicht gewohnt ist, dem wird dabei die Gelegenheit geboten, sich in jeder Minute das Genick brechen zu können. Glücklicher Weise führte die Gewinnsucht einige Kinder daher, welche die den Grundbesitz trennenden Schranken zum Vortheil der weniger sattelfesten Nachhut öffneten. Ehrlich gestanden, rangirte ich mich gleich beim Beginne des Rennens unter die letztere, denn mich im Sattel zu erhalten, war die einzige Ambition, die auf solchem Terrain und bei dem rasenden Gang der Jagd sich meiner Seele bemächtigte. Das von meinem Freunde, dem Sportsman, mir anvertraute Pferd war allerdings als lammfromm geschildert, doch hatte es sehr viel von der Natur der bekannten Hämmel des Panurg ererbt, denn wenn es die anderen Pferde springen sah, ward es alsofort ebenfalls von der Springlust überwältigt. Es ist wahr, ich ermuthigte mich an dem Beispiel eines dicken Pächters, der trotz seines Gewichtes nichts zu fürchten schien; bei jeder gewaltigen Anstrengung, welche sein Pferd gewagt hatte, schnellte ihn das Geschick wahrhaft schreckenerregend in die Höhe, worauf er gleich wie ein vom Erdbeben gehobener Berg unverändert auf die ursprüngliche Basis zurückfiel.

Wenn auch von der Tête der Jagd distanzirt, war ich doch nicht so weit entfernt, um die hauptsächlichsten Details aus dem Auge zu verlieren. Ich sah die Hunde einen Hang hinauf eilen; ihre Zungen flatterten wie rothe Streifen im Winde, gleichzeitig Ermüdung, Eifer und Blutdurst verrathend. Plötzlich hielten sie an, die Bewegung der Ruthe verkündigte ihre Besorgniss, verloren zu haben. Im Einverständniss mit den Whippers-in und nachdem der Wind zu Rathe gezogen war, wechselte der Huntsman einigermassen die Richtung der Meute, wodurch die Jagd in meine Nähe kam. Im Augenblick, wo die Reiter nun nochmals die kaum erst bewältigten Hindernisse nehmen mussten, sah ich einen der Sportsman beim Springen über einen Graben stürzen und da er nicht mehr zum Vorschein kam, war es vorauszusetzen, dass er eine schwere Verletzung erlitten. Ich theilte meine Besorgniss einem meiner Nachbarn mit, der gerade so that, als ob er mich nicht verstände, derlei Kleinigkeiten hemmen nicht den Gang der Jagd. Sie war auf die weite Ebene gelangt. Vorwärts! Vorwärts! brauste es neben meinen Ohren; wenn der Fuchs diesmal entkommt, so kann er von Glück sagen. Die Meute schien in der That ihre Energie und Entschlossenheit zu verdoppeln, die Reiter pressten die Flanken ihrer Pferde, die Peitschen knallten, die Rosse schwitzten und schnaubten, doch plötzlich ward die Ebene unterbrochen und ich befand mich einem verfallenen Gemäuer gegenüber, hinter welchem sich eine Gattung Remise erhob. Das gesammte Feld war verschwunden, doch hörte ich einen grossen Lärm von Stimmen und ein Stossen und Knacken in dem Holze, woraus ich schloss, dass die Pferde in einem Augenblick die ruinenartigen Theile der Mauer erklettert und das Gehölz durcheilt haben. Da ich nicht den Muth besass,

ein Gleiches zu thun, so ritt ich längs der Mauer hin und kam
auf einem Umweg gerade zu rechter Zeit an, als die Hunde den
Fuchs gefangen und der Todesschrei who-whoop von allen
Seiten ertönte. Der Huntsman war vom Pferde gestiegen und
nachdem er des Fuchses Ruthe — brush — abgeschnitten hatte,
fasste er den Kadaver mit beiden Händen bei den Läufen und
schwang ihn hoch in die Höhe. Beim Anblick dieser Trophäe ertönten seitens der Jäger lebhafte Beifallsäusserungen und Freuden-
rufe, während diese Scene eine ganz verschiedene Wirkung auf
die Meute ausübte. Ringsumher neben dem Huntsman versammelt, liessen die Hunde die wildesten und eigennützigsten
Laute ertönen. Nachdem der Fuchs geraume Zeit in der Luft
hin und her geschwenkt wurde, schleuderte ihn der Huntsman
mitten unter die Hunde, welche im Nu ihren Todfeind verzehrt hatten. Der Squire verabschiedete die Farmers und einen
Theil der Gäste mit freundlichen Worten, die Jagd war beendigt.

Wenn auch jeder Jagdtag sein besonderes Gepräge, seine
eigene Physiognomie hat, so ist dennoch der Verlauf derselben
im Ganzen ziemlich übereinstimmend und ich glaube deshalb
mich weiterer Schilderungen enthalten zu sollen, welche überdies
den vorgezeichneten Plan und Rahmen dieses Buches weit überschreiten würden.

Am Continent sind die localen, wirthschaftlichen und
socialen Verhältnisse der Verbreitung der Parforcejagden weit
weniger günstig, als dies in Grossbritannien der Fall ist und es
sind auch nur einige wenige Meuten in Frankreich und Norddeutschland in Action.

Neuerer Zeit jedoch fanden die Parforcejagden mit Fox
hounds in Ungarn Aufnahme und erfreuen sich unter vorzüglicher Leitung *) um so lebhafterer Theilnahme, als es zumeist
Ihre Majestäten der Kaiser und König und die Kaiserin und

---

*) Master ist Graf Nicolaus Eszterhazy.

Königin allerhöchst selbst sind, die, stets an der Tête der Felder
und die Ersten beim Halali, die Jagden mitreiten.

*

Die Parforcejagd mit W i n d h u n d e n ist seltener in Uebung
und wird zumeist von ein bis drei Theilnehmern geritten.

Sie lässt sich indess im offenen Terrain, wie auf den
Puszten Ungarns, in einigen Gegenden Norddeutschlands, Russlands und Polens leicht und interessant insceniren, wenn man
hiezu g e f a n g e n e Füchse bereit hält.

Sind dieselben in guter Condition und gewährt man denselben einen genügenden Vorsprung, dann gestaltet sich ein
solcher Jagdritt, an welchem auch Damen und zwar bequemer
als hinter der Meute von Fox hounds, Theil nehmen können,
besonders interessant.

Eine solche Jagd gewährt, soferne gut eingejagte, beherzte
Windhunde zur Verfügung stehen, ein ungemein anregendes
Vergnügen.

Die langhaarigen schottischen Windhunde, ebenso schön
als tapfer, sind diesfalls den glatthaarigen vorzuziehen.

O. von Riesenthal beschreibt auch eine Gattung Parforcejagd mit Windhunden, nicht zu Pferde, sondern zu Schlitten
und nicht bei Tage, sondern in mondhellen Winternächten
wie folgt [*]:

»Bei Schnee und mondhellen Nächten spannt man vor
einem nicht schweren, aber nur mit hölzernen Kufen versehenen
Schlitten ein Paar recht muntere Pferde und nimmt die Windhunde auf den Schlitten, wobei man sie mit Decken zudeckt,
was sie sich auf dem Heulager des Schlittenbodens übrigens
sehr gern gefallen lassen.

»Nun fährt man auf's Feld hinaus, wozu die Abendstunden
von 9 bis 11 Uhr sehr geeignet sind und späht nach Füchsen

---

[*] O. v. Riesenthal, »Das Waidwerk«.

umher, welche den Schlitten meist ziemlich nahe herankommen lassen. Ist es nun Zeit, so hebt man schnell die Decke, hetzt die Hunde und fährt hintendrein, wobei freilich ein Umwerfen des Schlittens den Humor nicht stören darf.

»Bald haben die Hunde den Fuchs am Kragen, worauf sie wieder auf den Schlitten genommen werden und die Reise fortgesetzt wird.

»Ich habe bei solchem Fuchsfahren, an welches ich mit grösstem Vergnügen zurück denke, einmal in zwei Stunden drei Füchse gefangen.

»Willige, gewandte Pferde, ein sehr sicherer ortskundiger Führer derselben, gute Hunde, ein guter Pelz und der nöthige Humor machen diese Fahrten in klarer, klingender Winternacht zu ganz unbeschreiblich angenehmen.«

Ein irischer Huntsman behauptete einst, dass die Knochen im Leibe dann erst fest beisammen halten, wenn sie mehrfach geleimt und geflickt seien. Der Parforcejäger muss darauf gefasst sein, jederzeit die Wahrheit dieses Ausspruches selbst zu erproben.

IV. Die Fangmethoden.

Es ist ebenso befremdend als thatsächlich, dass eigentlich nur sehr wenige Jäger auf dem Gebiete der Fangmethoden Bescheid wissen und es ist namentlich die jüngere Generation, welcher zumeist eine genaue theoretische Kenntniss, wie nicht minder die Praxis in der Behandlung und im Stellen von Fallen und Eisen mangelt.

Uncollegiale Geheimnisskrämerei und ähnliche Motive sind zumeist Schuld daran; — was nicht gelehrt wird, ist eben schwer zu lernen, und erst neuerer Zeit ist das Bestreben unter dem Nachwuchse der grünen Gilde in erfreulicher Weise rege geworden, das Versäumte diesfalls nachzuholen.

Man ahnt in der Regel nicht, welche Summe von Raubzeug im Reviere neben dem Jagdbesitzer das Niederwild bejagt und welches respectable Percent des jährlichen Zuwachses dieses Gelichter für sich in Anspruch nimmt. Ein geübter Fallen- und Eisensteller kann diesfalls überall und jederzeit eclatante erstaunliche Beweise liefern.

Das Fangen der Füchse kann ausgeführt werden:

1. Am Bau mit Deck- und Prellnetzen (Steckgarnen);
2. mit Eisen und in Fallen.

1. Das Graben und Fangen am Bau.

Gilt es, Füchse lebend zu fangen, dann wird dies am sichersten geschehen, wenn ein bewohnter oder befahrener Bau zunächst rings mit fängisch, d. h. busenreich gestellten Hasengarnen (Prellnetzen) und überdies die Röhren bis auf eine mit Decknetzen (Hauben) verstellt werden.

Ist dies mit der möglichsten Behutsamkeit und Vermeidung jedweden unnützen Geräusches geschehen, dann beordert man die Arbeiter mit den zum Graben mitgenommenen Werkzeugen an einen bestimmten Punkt ausserhalb der Garne und bewaffnet die Erfahrenen mit Dachszangen, um die in's Garn fahrenden Füchse sofort festmachen zu können. Hierauf lässt man einen alten sicheren Hund einfahren.

Wenn der Hund geraume Zeit vorliegt und an einer bestimmten Stelle Laut gibt, dann muss mit der nöthigen Umsicht und Vorsicht eingeschlagen und gegraben werden.

In Revieren, die nicht allzuferne von Parforcejagd-Districten gelegen sind, kann das Fangen lebender Füchse lohnend werden.

Das weitere Verhalten am Bau ist bereits in den vorhergehenden Abschnitten erörtert worden.

2. Das Fangen in Eisen und Fallen *).

Das tauglichste und sicherste Eisen zum Fange des Fuchses ist der Schwanenhals, oder das Berliner Eisen. Siehe Taf. 5, Fig. 1 und 2.

---

*) Döbel's »Jäger-Praktika« und Winckell's »Handbuch für Jäger« bearbeitet von J. J. v. Tschudi.

Es ist deshalb jedem Anderen vorzuziehen, weil sich der Fuchs in demselben fast ausnahmslos am Kopfe, beziehungsweise am Halse und nur äusserst selten am Laufe fängt.

Der für den Fuchsfang tauglichste Schwanenhals muss wie folgt beschaffen sein [)]:

1. Muss die Feder so stark sein, dass die Bügel sehr rasch zusammen schlagen und das Eisen beim Zuschlagen etwas in die Höhe springt;

2. müssen die Bügel, wenn das Eisen geschlossen ist, vollkommen dicht aufeinander passen und wenn es gestellt ist, ein wenig u n t e r der horizontalen Linie stehen;

3. darf die Röhre, durch welche der Abzugsfaden geht, bei gestelltem Eisen nicht zu sehr aufwärts gerichtet stehen;

4. muss der Abzug so empfindlich stellbar sein, dass der leiseste Ruck am Abzugsfaden das sofortige Zuschlagen zur Folge hat;

5. dürfen die Wirbel vorne an den Bügeln nicht vernietet, sie müssen durch Schrauben und Muttern verbunden sein, da im ersteren Falle, die Wirbelgelenke nicht gehörig gereinigt werden können.

Die zum F a n g e des R a u b z e u g e s in V e r w e n d u n g s t e h e n d e n E i s e n m ü s s e n s t e t s v o l l s t ä n d i g r o s t f r e i, u n d s p i e g e l b l a n k e r h a l t e n w e r d e n.

J. J. von Tschudy gibt die zweckmässigste Grösse des Schwanenhalses mit folgenden Dimensionen an, welche auch bestens empfohlen werden können.

Breite der aufgeschlagenen Bügel 52 — 58 Centim.

Zwischenraum vom Federzapfen bis zum vorderen Wirbel 42 — 47 Centim. Zweckmässig ist es, das Eisen eher etwas schwerer, als zu leicht anfertigen zu lassen.

[)] Gute Eisen und Fallen erzeugen Weber in Haynau (Schlesien) und Pieper in Moers a. Rh.

Die Hauptbedingung, die »*conditio sine qua non*« beim Gebrauche des Eisens, ist die pedantischeste Reinlichkeit. — Das für den Gebrauch bestimmte Eisen muss demnach vorher jedesmal mit reinem Wasser und Sand abgerieben, dann mit kochendem Wasser abgespült und mit einem reinen, trockenen Lappen, an welchem nicht der geringste Seifengeruch bemerkbar ist, abgewischt werden.

Niemals darf zum Reinigen des Eisens Oel, Schmirgel oder dergleichen verwendet werden. Soll das Eisen behufs der Reinigung auseinander genommen werden, dann wird hiezu ein Keil von hartem Holze nöthig sein, der so breit ist, dass er beim Auseinanderdrücken der Bügel genau den Zwischenraum zwischen den Federschenkeln ausfüllt, wenn letztere soweit auseinander stehen, dass jene, was ausserdem nicht möglich sein würde, gemächlich von diesen abgezogen werden können.

Der Keil darf jedoch nur so lang sein, dass die Stellung vor demselben freien Spielraum behält.

Beim Zusammensetzen nach vollzogener Reinigung, muss genau darauf geachtet werden, dass die Kerben an den Bügelschenkeln gehörig ineinander passen und so die Bügel selbst richtig aufeinander schlagen.

Die Schraubenmütter, deren eine die Bügelschraube, die andere die Abzugsröhre hält, müssen gut und fest verschraubt, die Schloss- und Stellschrauben jedoch nur soweit angezogen werden, dass sich die zusammengefalteten Theile leicht und ohne Reibung bewegen.

Das Eisen wird in folgender Weise gestellt:

Man legt den Schwanenhals mit der Feder auf ein etwa 8 Centim. hohes Stück Holz, kniet vor dem Bügelwirbel nieder, fasst mit jeder Hand einen Bügel und drückt beide soweit auseinander, als sich dies thun lässt.

9*

Ist die Feder sehr stark, so ist hiezu ein ziemlicher Kraft-
aufwand erforderlich und es ist deshalb rathsam, sobald die
Bügel geöffnet sind, ein Knie zwischen dieselben zu zwängen,
um das unverhoffte Zuschlagen zu verhindern.

Sobald die Bügel horizontal liegen, hält man sie mit je
einem Knie nieder, legt auch der Sicherheit halber den
vorangeführten Keil in die Feder. Hierauf schlägt man die
hinter den Bügeln an der Stellung befindliche kleine Zunge
oben hinüber, unter die grosse am Bügel befestigte, drückt
letztere fest auf die erstere, legt hiernächst die obere zwischen
den Stellungshaken eingeschraubte Zunge, an welcher ein
rundlicher Knopf befindlich ist, auf jene grosse am Bügel
befestigte, drückt endlich das hinten an der Stellung herunterhängende Züngelchen hinaufwärts, das vorn zunächst an den
Bügeln am unteren Theile des Schlosses herunterhängende Häkchen fest daran und nun ist das Eisen fängisch gestellt.

Behufs der nöthigen Sicherheitsmassregeln, um das unzei-
tige Zuschlagen des Eisens zu verhindern, wird wie folgt verfahren: Für diesen Zweck muss man einen Stift anfertigen
lassen, etwa 6 bis 8 Centim. lang, welcher gerade in das in der
breiten Platte hinter dem Häkchen der Stellung befindliche
Loch passt.

In der Oese, welche der genannte Stift am Kopfende haben
muss, wird ein Faden angebunden. Steckt man den Stift von
der rechten Hand nach der linken durch das Loch in der Platte,
schlägt man den Faden, straff angezogen, zuerst oben über die
Stellung nach dem linken Schenkel der Feder und dann so oft
um die Feder herum, bis nur so viel übrig bleibt, dass er recht
fest verknüpft werden kann, so ist, so lange der Stift in jenem
Loche steckt, jeder Gefahr unfehlbar vorgebeugt, insofern an
der Stellung nichts springt.

Um auch bei diesem zufälligen Ereignisse geschützt zu
sein, lasse man den vorbeschriebenen Keil so lange in der Feder

liegen, bis man die Knie, während die Bügel mit den Händen fest niedergedrückt werden, weggezogen hat. Nachher rückt man mit den Händen langsam auf den Bügeln bis an die Wirbel vor und lässt dann, wenn Alles fest steht, los.

Diese Vorsichtsmassregeln muss man zur Vermeidung von schmerzhaften Verletzungen stets beobachten, doch erlangt man nach ein bis zwei vorsichtigen Proben die Uebung, das Eisen rasch und gefahrlos zu stellen.

Der beste Zeitpunkt für die Verwendung des Schwanenhalses beginnt im November und endet mit Beginn der Rollzeit, da bei Eintritt derselben der Fuchs kaum mehr die Kirrungen annimmt.

Die vom Fuchse erfahrungsgemäss eingehaltenen Wechsel werden auch den besten Anhaltspunkt für die Wahl des Ortes bieten, an welchem die Eisen gestellt werden sollen.

Wintersaat-Aecker, welche in unmittelbarer Nähe von Holzungen liegen und welche der Fuchs, bevor der Schnee einfällt, im Spätherbste behufs des Mausens gerne und häufig besucht, ferner Teichränder, die vom Walde begrenzt sind, auch ruhig und abseit gelegene kleine Waldwiesen bieten gute und geeignete Fangplätze. Auch Hutweiden, namentlich wenn sie theilweise mit Gestrüpp und Wachholder bestanden, in der Nähe des Holzes und abseit von frequenten Wegen liegen, bieten sichere Fangplätze.

Die Fangplätze für den Herbst wie für den Winter müssen bei Zeiten hergerichtet werden und zwar stets mehrere, damit, wenn sich an einem Orte ein Fuchs gefangen hat, dieser Ort einige Zeit frei bleiben könne, bevor man dortselbst wieder das Eisen legt.

Nachdem man das Eisen zu Hause fangbar gestellt und den Sicherheitsstift festgebunden hat, nimmt man das Eisen auf einen etwa meterlangen hölzernen Haken, doch so, dass die Seite nach welcher die Bügel zuschlagen, auswärts gewendet ist, auf die Schulter und begibt sich auf die zum Fangplatze auserkorene Stelle.

Zu der Herrichtung des Fangplatzes sind folgende Geräthschaften und Werkzeuge von nöthen:

a) Ein scharfes Messer mit starker Klinge;

b) eine kurzstielige, breite und scharfe Hacke, die über der Schneide etwas krumm gebogen ist und oben auf dem Kopfe, in einer beilförmigen, der Länge nach gerichteten Schneide ausgeht. Letztere leistet bei Frostwetter vorzügliche Dienste;

c) ein Besen aus Birkenzweigen (bis dahin unbenüzt);

d) ein gleichfalls noch ungebrauchter aus Weidenruthen geflochtener Henkelkorb.

Auf dem Platz, welcher zum Fangen eingerichtet werden soll, legt man das Eisen derart auf dem Boden nieder, dass der vordere Theil der Bügel nach jener Seite gerichtet sei, von welcher der Fuchs aller Wahrscheinlichkeit zu Folge herankömmt; somit in der Regel gegen den Waldrand.

Nun macht man etwa 4 Centim. vom Eisen ab und rings um dasselbe einen 8 bis 10 Centim. tiefen Einschnitt und in gleichem Abstande wie oben auch innerhalb der Bügel einen gleich tiefen Einschnitt ringsum bis zum Abzugsrohr.

Soweit dieses reicht, muss nun der Einschnitt derart vorwärts gemacht werden, dass die Spitze zwickelförmig etwa $2\frac{1}{2}$ Centim. vor dem Rohre ausläuft.

Von einer Seite des Federschnittes zur anderen, dicht hinter der Stellung, wird quer durchgeschnitten.

Nun arbeitet man, nachdem das Eisen bei Seite gelegt worden, die Erde aus dem Raume zwischen den Bügelschnitten mit Einschluss des Röhrenzwickels mit der Hacke rein heraus, so dass die Vertiefung eine gleichmässige vorangeführte Tiefe von 8 — 10 Centim. habe. In gleicher Tiefe wird die Erde zwischen den Federschnitten ausgehoben, wo der rückwärtige Theil der Stellung hinkommt.

Im Rasenboden schürft man die Grasnarbe zwischen den Einschnitt zur Feder etwa 2½ Centim. stark in einem Stücke sorgsam ab, legt es bei Seite und vertieft auch hier gleichfalls 8 bis 10 Centim. Auf Aeckern jedoch, im Sand, oder an schlammigen Uferrändern, nimmt man das Erdreich auch zwischen dem Federeinschnitt zur Gänze heraus.

Ist dies alles geschehen, dann wirft man die ausgegrabene Erde, bis auf die lezten Krümchen in den Korb, legt das abgeschürfte Rasenstück wieder in den für die Feder bestimmten Raum zurück und schüttelt den Inhalt des Korbes 20 bis 40 Schritte hinter dem Fangplatze aus.

Eine Hauptregel ist es, stets nur von jener Seite dem Fangplatze zu nahen, die jener gegenüber liegt, von welcher voraussichtlich der Fuchs sich naht. Alle Arbeiten müssen auch von dieser Stelle aus verrichtet und ja nicht rings um den Fangplatz getreten werden. Das Tabakrauchen, das Ausspucken oder das Ablegen des Rockes etwa, ist strenge zu vermeiden.

Nun gilt es die »Witterung« und auch den schliesslichen Vorwurf, den »Brocken«, nach folgenden Vorschriften zu bereiten:

Witterungen.

Viele Schriftsteller und auch ein Theil der Jäger verfechten die Ansicht, dass Witterungen überflüssig seien und man auch ohne Beihilfe derselben fangen könne, wenn nur das Eisen rostfrei und sorgsam gereinigt sei.

Eine andere extreme Partei der alten Schule hat eine lange Reihe von Recepten zur Verfügung, mit deren Ingredienzen die Eisen wirksam verwittert werden sollen. Ueberdies vererben sich in manchen Jägerfamilien Anweisungen zur Bereitung solcher Witterungen, welche im guten Glauben an ihre besondere Wirksamkeit und — damit der Reviernachbar nicht auch davon profitire, strengstens geheim gehalten werden.

Die Wahrheit liegt, wie zumeist, auch hier so ziemlich in der Mitte, denn es steht ausser allem Zweifel, dass man mit vollkommen blanken, sach- und fachkundig gestellten Eisen auch den Fuchs fangen könne, doch ist es andererseits ebenso erwiesen, dass der Fuchs und namentlich der alte Fuchs, gut verwitterten Eisen viel lieber und auch sicherer auf den Leim geht.

Der Fuchs macht keine Ausnahme von allen übrigen Creaturen, welchen gewisse Gerüche angenehm und verlockend sind, während sie andere abstossen.

Ich vermeide es, die stattliche Reihe von Witterungsrecepten alten und ältesten Datums, über welche ich verfüge, hier zu reproduciren, trotzdem die Unfehlbarkeit jedes einzelnen, wie dies eben bei Recepten allenthalben der Fall zu sein pflegt, angerühmt erscheint. Die von Dietrich aus dem Winkell in seinem Handbuch für Jäger angeführten Witterungen jedoch, welche rücksichtlich der Ingredienzen mit einigen mir zur Verfügung stehenden geheim gehaltenen Recepten ziemlich übereinstimmen, auch von J. J. von Tschudi, in seiner neuesten Bearbeitung des vorgenannten Werkes aufgenommen wurden und welche sich thatsächlich in der Praxis bewähren, will ich hier genau detaillirt folgen lassen *).

A. Witterungen.

Nr. I. (Ueberall, vorzüglich aber in holzleeren Gegenden und Feldern verwendbar.)

Man nehme:

---

*) Herr L. Zeiller in Bisamberg in Niederösterreich verkauft eine Fuchswitterung, mittelst welcher die Füchse aus weiter Umgebung in ein zum Abjagen, zum Fangen oder Vergiften geeignetes Jagdterrain sicher zusammmengekirrt werden, den Wind verlieren und betäubt werden. Viele Jäger haben mittelst dieser Witterung ausgezeichnete Erfolge erlangt; andere hingegen erzielten keine glücklichen Resultate. Jedenfalls kann die Witterung zu Versuchen empfohlen werden.

5o Gramm frisches unausgebratenes Gänsefett, womöglich von der Blume. Im Nothfall kann dasselbe durch ganz frische, sehr rein gewaschene, ungesalzene Butter ersetzt werden;

1 Gramm *Foenum graecum;*

8 Gramm frische grüne Schale (d. h. die zweite) vom sogenannten Mäuseholz (*Solanum dulcamara L.*, sonst auch unter dem Namen Alfranken bekannt), nachdem die obere graue Schale (Epidermis) sorgfältig mit einem mit Sand sehr rein geputzten Messer abgeschabt worden;

1 Gramm weisse Zwiebel;

$^1/_2$ Esslöffel Saft aus frischen Pferdeäpfeln durch ein reines, ungeseiftes Leinwandläppchen ausgepresst;

7o Gramm Fett, welches von der Brühe, die sich von den aus Schafsknochen (siehe Bereitung des Vorwurfs I. unter B.) bereiteten Brocken auskocht, abgeschöpft wird;

8 Gramm Krebsbutter, die auf folgende Art jedesmal frisch zu machen ist:

Man siede zwei kleine lebendige Krebse in einem neuen, reinen Topf recht scharf mit Wasser. Dann thue man sie in einen sehr genau mit heissem Wasser ausgewaschenen Mörser und stosse sie zu einem Brei. Diesen Brei schütte man nebst einem Stückchen frischer, ungesalzener Butter, von der Grösse eines Hühnereies, in einen neuen Tiegel und lasse es zusammen auf Schmiedekohlen (nicht über der Flamme), unter beständigem Rühren, mit einem reinen Hölzchen, so lange braten, bis es schön roth wird. Endlich drücke man es durch ein reines, ungeseiftes Leinwandläppchen in ein neues Töpfchen.

Hierauf wird die oben vorgeschriebene Quantität von Krebsbutter wieder in den vorher mit heissem Wasser gereinigten Tiegel gethan, in welchem sie verfertigt wurde, ebenso das mit einem reinen Messer würfelig geschnittene Gänsefett hinzugefügt. Beides lässt man unter fortgesetztem Rühren mit dem

Hölzchen über Kohlen gemächlich zergehen. Dann schüttet man alle übrigen oben verzeichneten Ingredienzen hinzu und lässt die ganze Masse, beständig umgerührt, zwei bis drei Minuten lang braten, aber ja nicht anbrennen.

Hat sich die Masse, vom Feuer genommen, etwas abgekühlt, so wird sie durch ein reines Leinwandläppchen in ein neues Töpfchen geseiht und, gut zugebunden, an einem kühlen Ort verwahrt.

So hält sie sich die ganze Fangzeit eines Jahres hindurch gut und bleibt brauchbar *).

Nr. II. (Ueberall, vorzüglich aber in und vor Laubhölzern und auf Wiesen verwendbar.)

Man nehme:

250 Gramm ungewässertes, unausgelassenes Gänsefett oder ungesalzene frische Butter;

1 Fingerhut voll grüner Schale vom Mäuseholz (wie bei Nr. I behandelt);

50 Gramm *Foenum graecum,*
8 Gramm Violenwurzel,
18 Gramm Anis (wovon ein wenig zurückbleibt),
10 Gramm Kampher,

Alles, aber jedes einzeln, in einem sehr gut gereinigten Mörser gestossen.

Wenn das Gänsefett im neuen Tiegel zergangen ist, thut man zuerst das *Foenum graecum* hinein und lässt es ein wenig braten; hernach verfährt man mit der Mäuseholzschale und kurz darauf mit der Violenwurzel ebenso. Dann nimmt man die Masse von den Kohlen, mischt den Anis hinein und endlich den Kampher, rührt sie, bis sie etwas abgekühlt ist, tüchtig mit einem Hölzchen um, seiht sie durch ein reines Läppchen

---

*) Alle Reinlichkeits- und Vorsichtsmassregeln, welche bei obigem Recept vorgeschrieben wurden, müssen auch bei den folgenden stattfinden.

in eine Büchse, überbindet diese oben mit Blase und verwahrt
sie an einem kühlen Ort.

Nr. III. (Blos in und vor Kiefern-Waldungen zu gebrauchen.)

Man nehme:

140 Gramm Gänsefett oder Butter, wie bei der vorigen;

8 Gramm grüne Mäuseholzschale;

4 Gramm gestossene Violenwurzel;

1 gehäuften Esslöffel voll Knospen von jungen Kiefern oder
Tannen;

20 Gramm gröblich gestossenen Kampher.

Alles ausser dem Kampher, welcher erst, wenn die Masse
von den Kohlen genommen ist, hineingerührt wird, thut man
zu gleicher Zeit in das zergangene Gänsefett und lässt es unter
stetem Rühren braten, bis es anfängt bräunlich zu werden. Im
Uebrigen wird es nachher, wie bei Nr. I und II gesagt, behandelt.

Nr. IV. (Ohne Schleppe von keinem sonderlichen Nutzen
und nur dann zu gebrauchen, wenn man nicht Zeit oder Gelegenheit hätte, eine der vorigen Witterungen zu bereiten, oder
wenn diese etwa zufällig verdorben wäre.)

Man nehme frische Pferdeäpfel und lasse dieselben an
der Sonne gänzlich trocknen. Eine Handvoll davon reicht hin,
um das Eisen damit überall abzureiben; übrigens muss man
noch so viel haben, um in der Folge den ganzen Einschnitt
auf dem Fangplatz ausfüttern zu können.

Nr. V. (Ueberall brauchbar, wenn sie an einem kühlen
Ort verwahrt worden und nicht über sechs Monate alt ist.)

Man zerlässt 140 Gramm frisches Schweinefett oder ungesalzene Butter in einem neuen, reinen Tiegel und fügt
drei Decigramm Bibergeil, zwei Decigramm weissen Kampher,
etwa eine halbe Hand voll Baldrianwurzel, ein Decigramm Zi-
beth, ein Decigramm Moschus hinzu, und lässt dieses Gemenge

braten, bis es sich licht bräunt; dann wird es durchgeseiht und in der vorbeschriebenen Weise aufbewahrt.

Der Fang von Raubthieren in Eisen und Fallen fordert, soll er erfolgreich sein, die pedantischeste Genauigkeit und Sauberkeit bei der Bereitung von Witterungen und Fangbrocken, und diese strenge Regel gilt in erster Reihe dem in Folge unausgesetzter Verfolgungen in hohem Grade misstrauischen und vorsichtigen Fuchs gegenüber. Kein Raubthier ist so leicht und durch das scheinbar geringfügigste Versehen vergrämt und verprellt.

Ist dieser Fall eingetreten, dann ändere man Witterung, Brocken und Geschleppe. Die Wahl der Witterungen ist — wie dies bereits angegeben wurde — stets mit Rücksicht auf die Gegend vorzunehmen, in welcher dieselbe angewendet werden soll [*]).

B. Vorwürfe oder Brocken.

Nr. I. (Thut vorzüglich da gute Dienste, wo Mäuse häufig sind, weil diese, meinen Beobachtungen zufolge, nichts davon annehmen.)

Man nehme 15 nicht zu sehr ausgetrocknete Schafbeine, ohne Haut, hacke sie bis an die Zehen, welche nur getrennt werden, in Stücken von der Länge eines Fingergliedes, thue die Stücke in einen neuen Topf und giesse so viel reines Wasser darauf, dass es drei Querfinger über den Knochen steht. Dann schütte man eine Messerspitze voll gestossenes *Foenum*

---

[*]) D. v. Winkell meint, dass er weder den obenstehenden Witterungen, noch irgend einer anderen, mag sie auch noch so sehr gerühmt werden, die Kraft zuschreibt, weiter zu wirken, als der Fuchs sie wittert. Auch sind alle Witterungen nur dazu bestimmt, dem Raubthier den Fangplatz selbst unverdächtig oder sogar angenehm zu machen. Deshalb werden zu den Ingredienzen immer Dinge genommen, welche Aehnlichkeit mit dem natürlichen Geruche irgend eines Theiles am Thiere haben, und von denen man bemerkt hat, dass selbiges sie liebt.　　　　　D. V.

graecum, ingleichen so viel Salz, als mit drei Fingern gefasst werden kann, hinein, und lasse alles zusammen unter sehr oft wiederholtem Umrühren — denn sobald es nur ein wenig anbrennt, ist es unbrauchbar — 3 bis 4 Stunden kochen.

Während dieser Zeit kann das zur Witterung Nr. I nöthige Fett abgeschöpft werden. Dann giesse man den grössten Theil der Brühe ab und hebe das übrige in dem gut zugebundenen Topf im Kühlen auf.

Nr. II. (Wirkt überall vortrefflich.)

Die Bemerkung, dass nichts den Fuchs mehr reize als Katzenfleisch, vorzüglich wenn es gebraten wird, führte zuerst auf den Versuch, selbiges, wie man weiter unten unter *C* sehen wird, zur Schleppe anzuwenden, und er glückte so vollkommen, dass man nun auch die Probe machte, sich desselben zu Brocken zu bedienen. Da sich frisch das Fleisch nicht lange genug gehalten oder einen dumpfigen, widrigen Geruch angenommen haben würde, wenn es ohne fernere künstliche Behandlung aufbewahrt worden wäre, so kam man um so eher darauf, es einzupökeln, da der Fuchs bekanntlich auch das Salz liebt. Man verfuhr dabei ganz wie beim Pökeln des Schweinefleisches, nur liess man alles Gewürz weg und streute dagegen ein wenig gestossenes *Foenum graecum* darunter.

Nun hatte man ferner erfahren, dass der Fuchs — nächst allem ganz frischen Fleisch und eingesalzenen Fischen — Gebratenes dem Gesottenen vorzieht. Man schnitt und hackte deshalb vermittelst gut mit Sand gereinigter Instrumente von dem eingepökelten Katzenfleisch so viel, als man in 14 Tagen zu verbrauchen dachte, in kleine Stückchen, von denen die grössten $2\frac{1}{2}$ Centim. kubischen Inhalts hatten. Nach dieser Vorbereitung kreischte man sie, ohne sie anbrennen zu lassen, in Gänsefett oder ungesalzener Butter tüchtig, that auch wohl ein paar Scheibchen von einer weissen Zwiebel hinzu.

Auf diese Weise gelangte man zu einem Vorwurf beim Fuchsfang, über dessen Bekanntmachung wohl mancher, der sich damit beschäftigen will, eben so viel Freude haben wird als die waidmännischen Geheimnisskrämer Verdruss.

Nr. III. Würfelig geschnittenes Brod — jedes Stück etwa 1 1/2 Centim. kubisch, ausser den Rindenstreifen, die, zu Abzugsbissen bestimmt, in 2 1/2 Centim. breite und 4 Centim. lange Stücke getheilt werden — mit Gänsefett oder ungesalzener Butter, wozu ein Scheibchen von einer weissen Zwiebel gethan wird, unter beständigem Umrühren tüchtig über Kohlen gebraten, gegen die Zeit, dass es abgehoben werden soll, wenn das zu bratende Brod etwa 500 Gramm wog, einen kleinen gehäuften Theelöffel voll Honig darunter gethan und mitgekreischt — gibt einen herrlichen Vorwurf, besonders für geprellte Füchse.

Jeden der so bereiteten Brocken benetzt man mit je einem Tropfen Bilsenöl, welches auch auf andere Vorwürfe und Brocken mit Vortheil angewendet werden kann.

Nr. IV. Ein in kleine Stücke geschnittener Häring (mit Ausnahme des Kopfes, den man als Abzugsbissen verwendet) in frischer Butter oder Gänsefett gebraten, gibt ausgezeichnete Brocken.

Nr. V. Man nehme 1 Kilogr. süsse, frische, sehr rein gewaschene Butter, lasse sie über Kohlen unter beständigem Rühren mit einem reinen Hölzchen zergehen, thue eine weisse Zwiebel, in der Grösse eines Franzapfels, in vier Stücken zerschnitten und soviel wie eine Nuss gross römische Engelwurzel (Gartenangelik, *Angelica archangelica L.*) ganz kleingehackt, hinzu.

Nach zehn Minuten werfe man 1 Unze von der Wurzel der Schwertlilie (Florentinische Iris) ganz klar gestossen hinein, lasse alles, unter fortgesetztem Rühren, etwa eine Stunde lang gelind kochen, nehme dann das Gefäss vom Feuer und mische noch acht Gramm feingestossenen Kampher hinzu.

Weiter durchaus keinen Zusatz.

Die Butter darf nicht braun werden.

Das Gefäss muss fest zugebunden und an einem kühlen Ort, bis zum Gebrauch verwahrt werden; dann nimmt man von der Masse eine Nuss gross, lässt es in einem neuen Tiegel zergehen und Brotstücke zum Vorwurf und ·Abzugsbissen darin braten.

Dieser Vorwurf leistet vorzügliche Dienste, doch muss das Gefäss, in welchem das Decoct aufbewahrt wird, gut geschlossen sein, um den Luftzutritt zu hindern.

Nr. VI. Gebratene Leber von allen Haarwildarten; doch wirkt alles vorher Angeführte besser.

C. Schleppen.

Nr. I. Die vorzüglichste bereitet man so:

An einer frisch getödteten Katze macht man vor der Brust einen Kreuzschnitt so tief, dass Herz und Lunge sichtbar sind. Dann bindet man die Vorder- und Hinterläufe zusammen, steckt der Länge nach einen hölzernen Pfahl hindurch und bindet an diesen den Kopf und die Läufe fest. Hierauf wird im Freien ein Feuer gemacht, vor und hinter demselben eine hölzerne so hohe Mücke eingetrieben, dass der Pfahl, an welchem die Katze angebunden ist, etwa 26 Centim. über dem Feuer liegt. Unter beständigem Drehen des Pfahles, vermittelst eines am stärksten Ende durchgetriebenen Querholzes lässt man nun die Katze mit Haut und Haaren so lange bei gut erhaltenem Feuer tüchtig braten, bis sie überall braun wird, die innern Theile aber bröcklich werden *).

---

*) Aus der Keule dann Würfel geschnitten, sie noch in Butter gebraten und gesalzen, gibt einen noch herrlicheren Vorwurf als den unter *B* Nr. II. erwähnten.   D. V.

Nr. II. Ein paar in frischer Butter gebratene Häringe.

Nr. III. Frisches Gescheide von allen Wildarten, vorzüglich von Hasen.

Soll nun auf den Tags zuvor mit den erforderlichen Eiseneinschnitten bezeichneten Fangplätzen die Kirrung angelegt werden, so nimmt man Heusamen und Roggenspreu, jedes zur Hälfte, siebt beides durch ein reines Sieb, dessen Boden aus Wurzeln, nicht aus Draht besteht, misst dann für den Einschnitt jedes Fangplatzes von jedem der obigen Bestandtheile circa 4 — 5 Liter reichlich ab und mischt beides auf einer Scheuertenne oder auf einem mit Wasser und Sand sehr rein gescheuerten Tisch tüchtig untereinander.

Auf diese Quantität rechnet man nun höchstens so viel Witterung, dass das Klümpchen, welches mit dem Finger aus der Büchse genommen wird, die Grösse einer kleinen Haselnuss austrägt. Hiervon nimmt man ein wenig, bestreicht sich damit das Innere beider Hände und reibt das Gemengsel von Spreu- und Heusamen, welches ich der Kürze wegen in der Folge Füllung nennen will, tüchtig durch. So oft die Hände trocken werden, wiederholt man das Bestreichen mit Witterung, bis die jedem Häufchen erforderliche Quantität verbraucht ist.

Hat man nun die benöthigte Füllung gehörig verwittert, so thut man sie in einen reinen, blos hiezu bestimmten Sack, um sie in solchem zu transportiren. Dann nimmt man von dem gewählten Vorwurf, der an den folgenden Tagen, so lange besondere Gründe keine Aenderung nöthig machen, immer derselbe bleiben muss, so viel, als man auf den verschiedenen Fangplätzen zu verbrauchen denkt und packt es zusammen in ein reines neues Töpfchen, oder in ein unbeschriebenes, ein wenig verwittertes Papier. Man rechnet aber einen Abzugsbissen, wozu stets das beste Stück und wenn der Fuchs abgenommen hat, jedesmal eins, das dem vorherigen an Gestalt und Grösse gleicht, anzuwenden ist und sechs bis acht Brocken auf jeden Fangplatz.

Hiernächst steckt man in den obenerwähnten Sack ein stark verwittertes Läppchen, um mit demselben die Hände bestreichen zu können, ehe man die Füllung angreift.

Endlich schleift man das zur Schleppe Gewählte an eine reine Leine, nimmt auch den Besen *) zur Hand und geht auf den Fangplatz.

Ungefähr 25 Schritt weiter hinter demselben, muss man von nun an ein Bündchen Reisigholz oder Stroh legen, um daran die Sohlen gleich bei der Ankunft recht rein abstreichen zu können und dieses darf, so geringfügig es scheinen mag, nie vergessen werden.

Kommt man nun gegen Abend auf den ersten Platz, so kniet man, nachdem die Hände mit dem schon erwähnten Läppchen verwittert worden, hinter dem Einschnitt nieder, füllt zuerst die Bügelrinne nebst dem Röhrenzwickel mit Füllung, der Erde überall gleich und so aus, dass es sich nicht mehr eindrücken lässt, hierauf hebt man die Rasendecke, welche auf die Feder kommen soll, heraus und drückt auch auf diesen Einschnitt so viel Füllung ein, dass wenn die Rasendecke darauf gelegt wird, sie mit dem danebenstehenden Rasen völlig eben ist.

Auf Feldern und im Sand, wo keine Rasendecke stattfindet, füttert man den ganzen Einschnitt dem Rande gleich aus.

Im lockeren Boden bringt es Vortheil, wenn der ganze Einschnitt, blos die Rasendecke, wo selbige vorhanden ist, abgerechnet, mit Erde oder Sand leicht, aber kaum 50 Millimeter hoch überstreut, wird; im Lehmboden hingegen rathe ich dazu nicht.

Dann ergreift man den Abzugsbissen und stellt ihn vorn in die Spitze des Röhrenzwickels, gerade aufwärts gerichtet, hin,

---

*) Will man diesen nicht überall mitnehmen, so müssen etwa 25 Schritt hinter jedem Fangplatz einige zusammengebundene Strauchzweige hingelegt werden, um damit verkehren zu können.　　D. V.

legt ferner etwa 15 Centim. vor dem Bügeleinschnitt zwei Brocken, einen etwas rechts, den andern etwas links, nieder und wirft die übrigen vier bis sechs Brocken vorwärts, nach allen Seiten und immer einen weiter, als den andern hinaus.

Hierauf muss alles, was von Erdkrumen oder Füllung noch um den Einschnitt her liegt, sorgfältig mit dem Besen oder Strauch weggekehrt und immer nebst den übrigen Geräthschaften auf demselben Wege, den man zuerst kam, rückwärts geschafft werden. Auch wird man wohl thun, wenn man etwa 3o bis 32 Centim. gerade hinter jedem ein dünnes Stöckchen hinsteckt, um, wenn es geschneit hat, den Platz wiederfinden zu können.

Zuletzt, wenn alles rein und genau eingerichtet ist, ergreift man wieder den Besen oder den zu gleichem Behuf bestimmten Strauch und verkehrt, ungefähr so, wie man es auf Kegelbahnen zu thun pflegt, den ein für allemal bestimmten Weg, rückwärtsgehend bis dahin, wo das Bündel liegt, an welchem die Fusssohlen bei der Ankunft abgestrichen wurden.

Ist diese Arbeit vollendet, so ergreift man die Schleppe, geht, so weit man es für nöthig hält, und wäre es eine Stunde weit, erst auf der einen Seite des Fangplatzes hinaus, legt dort die Schleppe an, zieht solche, indem man sich dem Fangplatze immer mehr nähert, so viel als möglich auf den Fusstapfen nach, bleibt etwa alle 200 Schritt weit stehen und tüpft sie da einigemal auf, damit nur einige Brocken hinfallen oder auch die Witterung stärker wird. Kommt man gegen den Fangplatz, so ziehe man sich so vor, dass die Schleppe gerade dahin kommt, wo die vordersten Brocken liegen.

Auf der andern Seite des Fangplatzes wird dann ebenso verfahren. Besonders bei der Katzen- und Häringsschleppe kann man fest darauf rechnen, dass der Fuchs, welcher am frühesten dahin kommt, wo geschleppt ward, schon in der ersten

Nacht die Kirrung an- und abnimmt, wenn alles reinlich und gehörig behandelt ward.

Soll der Fang in der Folge gelingen, so darf von nun an keinen Morgen bei früher Tageszeit das Besuchen der Fangplätze ausgesetzt, nie in der Nähe derselben ein anderer Weg genommen, noch weniger beim Kommen das Abstreichen der Fusssohlen, beim Weggehen das Verkehren vergessen werden. Hat der Fuchs nicht abgenommen, so holt man von einem rückwärtsstehenden Strauch oder Baum einige Zweige und verdeckt damit den Abzugsbissen und die zunächst vor dem Eisen liegenden Brocken, soweit sie zu erreichen sind, wenn man hinter dem Federeinschnitt kniet *)

In diesem Falle nimmt man gegen Abend die Zweige jedesmal wieder mit weg, wirft aber nicht frisch vor, sollte man auch bemerken, dass vorn Futter weggekommen wäre.

Hat der Fuchs abgenommen, so muss gegen Abend beim Wiedervorwerfen alles gerade wieder so eingerichtet werden, wie es Tags zuvor war, vorzüglich muss der Abzugsbissen ganz genau wie vorher stehen.

Erfolgt das Abnehmen einige Nächte hintereinander, ohne auszusetzen, so ist es — besonders wenn der Fuchs, was gewöhnlich der Fall zu sein pflegt, in der dritten Nacht ein Häufchen Losung **) dahin setzt, wo der Abzugsbissen gestanden hat — Zeit das Eisen zu legen.

Dieses muss zuvörderst abermals in heissem reinen Wasser abgewaschen, hernach sehr gut getrocknet und dann verwittert werden.

---

*) Dies geschieht deshalb, weil ausserdem am Tage Krähen, Elstern u. dgl. den Vorwurfs- und Abzugsbissen wegfressen.   D. V.

**) Man hüte sich ja, dieses sonderbare Merkmal seiner Anwesenheit und zugleich seiner Sicherheit beim fernern Vorfüttern zu verrücken und stelle es auch, besonders wenn das Eisen gelegt wird, genau wieder dahin, wo man es wegnahm. Oft wird man den Abzugsbissen daneben gleichsam einzwängen müssen.   D. V.

Zu diesem Ende wird die angegebene Quantität Witterung auf einem reinen Papierchen und zugleich ein reines Läppchen zur Hand gelegt, dann die Stellung vom Eisen ab- und völlig auseinander geschraubt.

Hierauf streicht man ein klein wenig von der Witterung auf das Läppchen und bereibt mit der verwitterten Stelle desselben jeden einzelnen Theil, selbst das kleinste Schräubchen der Stellung, ingleichen die Röhre, setzt alles zusammen und schraubt es wieder am Eisen fest.

Nachdem nun, jedoch mit gehöriger Vorsicht, dass die verwitterte Stellung an nichts Unreines anstreicht, das Eisen nach der gegebenen Vorschrift aufgestellt und durch den dort erwähnten Stift, welcher nebst dem daran befindlichen Faden gleichfalls verwittert sein muss, gesichert worden, streicht man abermals etwas Witterung auf das Läppchen und bereibt dann mit der getränkten Stelle desselben das ganze Eisen in- und auswendig. Zum Bereiben des Eisens und der Stellung braucht man höchstens den dritten Theil der auf dem Papierchen bereit gelegten Quantität von Witterung.

Hiernächst verwittert man mit den übrigen zwei Theilen derselben so viel frische gut gemengte Füllung, als man zu einem Einschnitt bedarf und thut sie nebst einem etwa 16 Centimeter und drei ungefähr 8 Centim. im Geviert haltenden Stücken von einem Dachziegelstein, ebenso die zwei hier auf Tafel VI a) b) abgebildeten Brettchen [*]), endlich auch ein 5 Centim. im Geviert haltendes reines Papierchen [**]) und das zum Verwittern gebrauchte Läppchen in den zum Transport ein für allemal bestimmten Sack.

---

[*]) Sie müssen aus leichtem, nur nicht harzigem Holz glatt, am vorderen gebogenen Rand stabförmig rund gehobelt und höchstens 5 Millim. stark, am hintern, gerade abgeschnittenen Theil aber 17—19 Centim. lang sein, und da wo sie am breitesten sind, etwa 8 Centim. halten.

[**]) Alle hier genannten Stücke werden ebenfalls verwittert.

Dann wird aus vier bis fünf langen Pferdehaaren eine
Schnur gedreht und an beiden Enden ein Knoten hineingeknüpft,
auch am unterwärtsgerichteten Theil eines frischen Abzugs-
bissens, der, wenn man Brot zum Brocken nimmt, wie schon
gesagt, aus Rinde, bei Schafbeinen aber aus den Zehen besteht,
mit einem verwitterten Bohrer ein Loch durchgebohrt. Durch
dieses Loch zieht man die Schnur so weit, dass der Brocken
in der Mitte hängt und knüpft hier die Schnur mit einem doppelten Knoten fest zusammen. Hierauf steckt man beide Enden
derselben von vorn durch die Stellungsröhre, zieht sie hinten
so weit an, dass zwischen Röhre und Brocken $2\frac{1}{2}$ Centim.
lang Schnur übrig bleibt, steckt dann das eine Ende von der
rechten Hand zur linken, das andere von der linken zur rechten,
durch das am Abzugshaken der Stellung befindliche Loch, verknüpft beide am Hintertheil des Häkchens mit einem drei-
oder vierfachen Knoten und schlägt endlich den Abzugsbissen
in ein reines verwittertes Papier ein.

Nachdem man sich nun, wie täglich vorher, mit hinläng-
lichem Vorwurf versehen hat, wird das Eisen an dem Tage, wo
es gelegt werden soll, kurz vor Sonnenuntergang auf den vorerwähnten Haken gehängt, der ebendaselbst genannte Henkelkorb, ingleichen der Sack mit der Füllung u. s. w. zur Hand
genommen und der Weg nach dem Fangplatze angetreten, wo
der Fuchs angekirrt ist. Nur hüte man sich, dass das verwitterte Eisen beim Hinaustragen irgendwo an den Kleidern
anstreiche; geschähe es ja, so muss es mit dem verwitterten
Läppchen an diesen Stellen wieder überrieben werden.

Ueberall sei man in allen Reinlichkeitsvorschriften und im
verwittern der Hände vorzüglich genau, wenn nicht alles verdorben werden soll.

Hat man Eisen, Sack und Brocken etwas rückwärts am
Wege stehen lassen, so geht man mit dem Korbe hinter den
Einschnitt, nimmt, wenn die Rasendecke bei Seite gelegt worden,

die darin befindliche Füllung rein heraus, thut sie in den Korb und trägt sie rückwärts.

Dann bringt man Eisen, Sack und Brocken zum Einschnitt und verfährt nun so:

Zuvörderst legt man das grössere Ziegelsteinstück da in den Federeinschnitt, wo der hinterste Theil der Feder ruhen soll, von den drei kleinern aber eins vorn, da, wo der Bügelwirbel hinkommt und die übrigen zwei da, wo die Bügel am weitesten von einander stehen, an den Seiten in den Bügeleinschnitt.

Genau gebe man hierbei darauf Acht, dass, wenn man das Eisen auf diese Steinchen legt, selbiges nicht wanke; auch schiebe man den Stellungshaken noch einmal fest.

Ferner wird erst vorn im Einschnitt bis an's Ende der Röhre zwischen den Steinen und an den Seiten des Eisens bis an den obern Rand der Bügel alles mit Füllung ausgefüttert, nachher das Brettchen *A* so auf den Wirbel gelegt, dass dieser durch das in der Mitte befindliche Loch, ohne irgendwo anzustossen, hervorgeht, dieses Loch aber mit dem 5 Centim. im Geviert haltenden Papierchen verdeckt. Mit dem Brettchen *B* belegt man ferner die Kerben des Gewirrs am Hintertheil der Bügel. Beide Bretchen müssen so liegen, dass die Rundung derselben nach aussen gekehrt steht.

Ist dies alles gehörig in Stand gesetzt, so füttert man den Vordereinschnitt vollends so mit der Füllung aus, dass die Bügel überall etwa 1 Centim. hoch damit überdeckt sind und alles der Erde gleich ist.

Hierauf wird auch die Feder eingefüttert, doch nur so weit, dass nichts von der Füllung unter die Stellung kommt, und so hoch, dass, wenn der Rasendeckel darauf gelegt ist, kein Absatz bemerkbar bleibt.

Erst nachdem der Abzugsbissen aus dem Papier geschlagen, dicht vor der eingefütterten Röhre aufgestellt und die Fuchslosung, wenn diese da ist, an ihre alte Stelle gebracht worden ist, löst man den Knoten des Fadens am Sicherungsstift, wickelt den Faden von der Feder los und legt das Ende nach der rechten Seite hinaus; dann nimmt man das verwitterte Papier, in welchem der Abzugsbissen eingeschlagen war, breitet es über die Stellung aus und bedeckt es mit der Füllung so, dass nun auch der Raum zwischen den Hinterbügeln und der Rasendecke, wie der ganze übrige Einschnitt, der Erde gleich ausgefütert ist. Hierauf wird jeder Rest der Füllung, der etwa umher liegen könnte, in den Sack geräumt.

Wenn man endlich, wie immer vorher, die übrigen Brocken vorgeworfen hat, ergreift man das Ende des Fadens am Sicherungsstift und zieht diesen behutsam heraus.

Zum Schluss verkehrt man den ganzen Platz um den Einschnitt herum, ebenso den Hin- und Rückweg noch genauer als je zuvor und zieht sich mit allen Geräthschaften zurück.

Gut ist es, diesen Abend noch einmal zu schleppen. Sollte der Fuchs am andern Morgen nicht gefangen sein, so muss man den Abzugsbissen und die nächsten Brocken vor dem Eisen bis gegen Abend recht sorgfältig verdecken.

Beim Schnee muss man, wenn das Eisen gelegt ist, so viel Schnee in das leicht verwitterte Sieb thun und damit den Platz so besieben, dass auf demselben keine merkliche Vertiefung sichtbar ist.

Wollte oder müsste man das Eisen an einen Ort legen, wo der Einschnitt sehr hoch mit Schnee bedeckt wäre, so streicht man in demselben nur eine etwa 13 Centim. tiefe Rinne für die Bügel und die Feder aus, legt, wie in der Erde, zuerst Dachziegelstücke auf den Grund, auf diese das Eisen, füttert dieses wie gewöhnlich ein und besiebt dann den Platz mit Schnee.

Wird alles im Vorhergehenden Gesagte pünktlich befolgt, so fehlt es höchst selten, dass in der zweiten Nacht Meister

Reinecke, bei aller Schlauheit, nicht ein Opfer seiner Nasch-
haftigkeit werden sollte, es müsste denn sein, dass entweder
die Füllung und das Eisen zu stark oder zu schwach verwittert wäre. Im ersten Fall wird er alle Brocken bis vor
das Eisen abnehmen und nicht selten vorn am Bügeleinschnitt
mit dem Lauf die Füllung vom Eisen scharren, dabei aber,
wie im letzten, den Abzugsbissen sicher nicht anrühren, wenn
man auch noch so oft wieder vorfütterte. Dann sagt man:
Der Fuchs ist verpönt.

Aber auch bei aller angewendeten Vorsicht geschieht es,
dass der Fuchs beim Kreisen von hinten über die Feder hinan-
schleicht und da den Abzugsbissen abnehmen will. Ist die
Röhre dann etwas zu steil gerichtet, oder die Schnur, woran
der Abzugsbissen hängt, nicht kurz genug angezogen, so ent-
wischt er sehr leicht dem raschesten Eisen. Ein solcher Fuchs
ist, nach dem gewöhnlichen Ausdrucke, geprellt.

In beiden Fällen nehme man das Eisen weg, bereite eine
andere Witterung, wende dann auch andere Brocken und eine
andere Schleppe zum Kirren an und befolge übrigens die gegebene Anweisung; in sechs bis acht Tagen wird er vielleicht
doch gefangen.

Noch kürzer und sicherer, ja fast unfehlbar kommt man
zum Zweck, wenn man, ohne vorher zu kirren, das anders
verwitterte Eisen gleich wieder legt und bei Anwendung des
Vorwurfs von Nr. I auf jeden Brocken einen Tropfen Bilsenöl
tröpfelt [*]); beim Gebrauch von Nr. II bis IV aber Kockels-
körner (Fischkörner, *Semen cocculi, cocculi indici*) stösst und
diese mit dem Vorwurf stark braten lässt [**]).

---

[*]) Dies kann auch bei den anderen Vorwürfen geschehen.
[**]) Dieses Mittel findet bei Nr. I nicht statt, hat mir aber die besten
Dienste gethan.   W.

Nimmt der Fuchs nur die ersten, am weitesten hinausgeworfenen Brocken an, so wird er benebelt und geht in diesem Taumel wie blind auf's Eisen.

Andere Jäger ziehen das Teller- oder Tritteisen dem Schwanenhalse zum Fuchsfang vor. Gern gestehe ich es, dass ich selbes hierbei nie gebraucht habe; ich kann also weiter nichts thun, als meinen Lesern das mittheilen, was ich über diesen Gegenstand bei Döbel fand und was mir einige brave Jäger sagten.

Auf jeden Fall versteht es sich, dass auch diese Eisen sehr rein gehalten, frisch geputzt und gleichfalls in einen Einschnitt gelegt werden müssen.

Nach Döbel soll der Fang am besten von statten gehen, wenn das Eisen in Quellen, schmalen und seichten Waldbächen ohne alle Witterung unter Wasser gelegt, mit moosigem Gras aber der Teller bedeckt und Hasengescheide oder gebratene Katze an einem Gäbelchen darübergesteckt, auch dürres Reis so daneben umhergeworfen wird, dass der Fuchs nicht zum Frass kommen kann, ohne das Eisen zu betreten.

Geprellte Füchse soll man da am leichtesten fangen. Er beschreibt dies wie folgt:

»Die Füchse in Teller-Eisen zu schiessen.

»Mit diesem Eisen ist eine kurze Arbeit. Denn Witterungen brauchet man nicht, ausser zu den jungen Füchsen. Wenn man dieselben vor dem Bau fangen will, so muss man das Eisen mit obiger Witterung verwittern, wie schon bey den jungen Füchsen gedacht ist. Die alten Füchse aber werden auf diese Art leicht gefangen.

»Wo Quellen oder Springbrunnen im Walde sind, die ablauffen, so nehme man das Eisen und lege es in die Quelle ohne Witterung, dass aber das Wasser darüber lauffe. Auch schneidet man ein Stückgen von dem in der Quelle befindlichen dünnen oder moosichten Grase aus, so gross, dass es über das Eisen langet. Ist dergleichen nicht vorhanden, so leget man ein dünnes laubigtes Zäckgen und streuet dürres Laub vor das Zäckgen darauf, dass es das Wasser nicht wegschwemme. In die Quelle stecke man eine Gabel hinein, und hänge etwas von Wild- oder Reh-Gescheide neben das Eisen, und um die Quelle wirfft man alt Holz und allerhand Reissig, dass der Fuchs über das Eisen muss, wenn er zum Gescheide will.

»Kömmt er nun nach dem Gescheide, wird er sich in das Eisen fangen. Wenn es hart frieret, und er sich mit dem Eisen im Wasser überschläget und nassmachet, wird ihm der Pelz bald steif frieren, und er nicht weit laufen. Bey weichem Wetter reisen sie zuweilen wol eine Ecke weg; wenn aber Schnee ist, kann man ihn bald ausmachen.

»Die Füchse fangen sich auf solche Art recht gut und sind diese, so mit andern Eisen verprellet, doch hierinnen zu fangen. Denn sie haben keine Witterung vom Eisen, weil ihnen das Wasser die Witterung benimmt.«

Ein anderer Jäger sagte mir, er habe im Winter beim Schnee auf Hasenstegen, wo er im dicken Holze Füchse spürte, das verwitterte Eisen mit Laub oder Nadeln im Schnee eingefüttert (wobei die Seite 148 vorgeschlagenen Brettchen wohl gute Dienste thun müssten), einige Schritt weit an den Seiten des Steges vor und hinter dem Eisen Reisholzgeknäck so gelegt, dass der Fuchs nicht ausweichen konnte, dann von beiden Seiten bis zum Eisen mit Hasengescheide geschleppt und dieses an einem Zweig darüber gehängt, und so sei ihm selten der Fang missglückt.

Noch andere legen das verwitterte Eisen im Felde und Holze in die Erde, füttern es, wie den Schwanenhals, ein und werfen auf und um dasselbe herum Brocken, vorzüglich von *B,* Nr. II.

Ich will es wohl glauben, dass der Fuchs sich fast leichter im Tellereisen fängt als im Schwanenhalse; aber mancher mag sich auch wohl aus demselben dadurch erlösen, dass er den Lauf, an dem er sich doch allemal fängt, abbeisst. Dann kettet man wohl auch, um dies zu verhindern, das Eisen nicht fest an, doch wird es, damit das Thier mit demselben nicht zu weit fortgehen kann, mit einem mässigen Anker versehen und dieser verwittert in der Erde mit vergraben werden müssen. Nicht selten muss der Anker jedoch zu fest eingreifen und dann frisst sich Reinecke aus.

*

Altmeister Döbel führt in seinem classischen Lehrbuche »Jäger-Praktika« eine Methode an, die Füchse mit S c h l a g - b ä u m e n zu fangen, welche ich hier im Originaltext mit dem Bemerken einfüge, dass diese Fangmethode in grossen zusammenhängenden Waldrevieren immerhin auch heute noch Anwendung finden könne.

»Die Füchse mit Schlag-Bäumen zu fangen.

»Die Schlag-Bäume werden auf folgende Art zubereitet und gemachet, nemlich man nimmt zwey Stücke von einer starcken Stange, und machet davon zwey Unter-Stangen, jede 4 Fuß lang, welche nur so weit von einander zu liegen kommen, dass noch eine dergleichen starcke Stange darzwischen liegen mag. Diese werden feste angepflöckt und in die Erde gantz gleich eingegraben, dass nichts davon herausgehe, immaßen der Fuchs sich vielmehr für dem, was auf der Erden ist, als für der Ober- und Schlag-Stange, so über demselben, und mit Reise verbunden und verwüttert ist, scheuet.«

»Die Unter-Stangen dienen darzu, dass, wenn sich etwan ein Fuchs fänget, er recht feste liege, und sich nicht in der Erde ausreiben könne. Sie werden auch so denn gleich todt geschlagen, und mögen sich die Haare von denen Bälgen nicht abreiben.«

»Zu denen Ober- oder Schlag-Bäumen wird eine fast etwas stärkere, $5\frac{1}{2}$ Fuß lange Stange genommen, welche fein gleich seyn, auch in selbige kein Hieb oder Hau geschehen muss; sonsten bricht sie entzwey.«

»Ferners sind zwey starcke Stützen, mit starcken Gabeln, welche neben den beiden vorangeführten in der Erde liegenden Stangen auswendig daran in die Erde feste eingeschlagen werden, welche $\frac{3}{4}$ Elle hoch über der Erde stehen, und worauf eine Stange, so $\frac{3}{4}$ Elle lang geleget wird.«

»Dann ist das Quer-Holtz, so 12 Zoll lang und ein von eichenen, Haseln, oder andern Wieden, oder aber auch von Wachholder-Reisse, recht feste geflochtener Crantz. Hinten kommen 2 Pfähle so weit die Stellung gehet, welche man an diesen hintersten Pfählen anmachet, wohinter, gerade der Fall-stangen, noch ein breiter Pfahl geschlagen wird, dass dieselbe nicht hinterwärts weichen könne.«

»Eine messingene Saite, wie man auf denen Instrumenten zu haben pfleget, reichet von den hintersten Pfählen bis an die vördersten Stützen, woran ein messingener oder eiserner, glatt und rund gefeilter, und so weiter Ring ist, dass man mit einem Daumen hinein fahren kan.«

»Ferners ist ein Schnürlein, so zwischen denen unten in der Erde verborgen liegenden Stangen mit einem Häkgen eingeschlagen ist und bis an den Ring gehet, und selbigen niederhält, dass er sich nicht in die Höhe ziehe.«

»Das Stell-Holtz ist, so 6 Zoll lang, wovon ein von Haaren gemachtes kleines Strickgen bis zu dem Quer-Holtze gehet. Es muss aber ein hären Strickgen seyn, indem eines von Hanff im Regen-Wetter zusammen läufft und das Stell-Holtz zerbricht. Es wird dann ein Häkgen eingeschlagen, an welchem das Leingen, woran der Ring ist, gewunden wird; in der einen vördern Stütze, in welchen das Stell-Holtz kömmt, ist ein Kerb.«

»Ehe nun dieser Schlag-Baum aufgestellt wird, so beschweret man den obern oder Schlag-Baum gegen die Mitten mit einigen Stücken Holtz oder Steinen, damit der Fuchs denselben nicht aufheben kan, und verwildert ihn nebenher und drüber mit grünen Reißern. Wenn dies geschehen, so stellet man ihn, wie folget, auf:

»Erstlich hauet man sich eine Stütze, und setzet sie unter den Schlagbaum, nimmt das Quer-Holz, steckt es in den Crantz über die auf Stützen liegende Stange, mit einem Ende kurtz von inwendig heraus, an dem andern Ende ist das härne Leingen angebunden, an welches in der Mitten das Stell-Holtz angemachet ist. Dieses Stell-Holtz nimmt man, und setzet es in den Kerb, und stecket den Ring an das Stell-Holtz so genau und knapp es immer seyn will; so wäre nun die Stellung fertig und gut.«

»Dergleichen Schlag-Bäume kan man vor allen Bäuen, Flucht-Röhren und unten hol seyenden Bäumen appliciren und gebrauchen, sie auch in Zeiten verfertigen und den Schlag-Baum auf eine Stütze aufstellen, damit die Füchse gewohnt werden, darunter aus- und einzugehen, lässet sie im Sommer und Winter also stehen, und nimmt die Beschwerung hinunter, dass die Bäume nicht krumm werden. Wenn nun der Fuchs am Balge gut, und er bei Regen- oder sonst schlimmen Wetter in den Bau gehet, so muss man erstlich sehen, ob er hinein gekrochen, und wenn dieses geschehen, stellet man sodann alle Schlag-Bäume auf, so wird er sich gantz leicht fangen.«

»Man stellet sie auch an die zwischen den Wiesen hinfließenden Bächlein. Daselbst muss man sie stark verwildern, und Reiß darum werffen, auch auf beyden Seiten Brocken oder Harings-Köpfe legen; es müssen aber sodenn zwey beysammen gestellet werden. Wer nun ein eigenes Revier hat, der kan sich

derselben bedienen, indem dieselben über 10 Jahre dauern, und
kostet weiter nichts, als dass man sich die Mühe gebe, und die
Beschwerung, wenn man keine Füchse fangen will, herunter
nehme, damit die Schlag-Bäume nicht krumm lauffen, und sie
wieder, wenn man Füchse fangen will, aufstelle. Dieser Schlag-
Bäume fernern Gebrauch werde ich bey dem Fuchs-Garten
weiter ausführen, als wohin ich, beliebter Kürtze halber, mich
beziehe.«

Altmeister Döbel führt hier am Schlusse seiner Instruction
die Einrichtung eines Fuchsgartens an, dessen Beschreibung im
Originaltext ich gleichfalls hier folgen lasse. In waldreichen,
ausgedehnten Gebirgsrevieren erscheint mir die Einrichtung
eines solchen Fuchsgartens bei weitem waidgerechter als das
in neuerer Zeit so beliebt gewordene Auslegen von Giftbrocken.

Fügt man in die Einlässe statt der von Döbel empfohlenen Schlagbäume einfache Kastenfallen ein, welche nach innen
mit einem grobmaschigen Drahtgitter geschlossen sind, und
stellt man in den Fuchsgarten eine feste Hühnersteige mit
etlichen Hühnern und einem Hahn, oder zwei in einem gewissen Abstande situirte kleinere Behälter mit Enten oder
Gänsen — die bekanntlich den Schnabel nicht halten können
— auf, so wird Meister Reinecke häufiger als man ahnt als
unfreiwilliger Bewohner der Kastenfalle, wie solche später beschrieben werden wird, gefunden werden.

Nachdem die Füchse da vollkommen unverletzt gefangen
werden, können sie dann immer noch für Zwecke der Parforcejagd Verwerthung finden.

»Vom Fuchs-Garten, wie derselbe anzulegen.

»Es ist allerdings an dem, dass dem ersten Anblick nach
dieser Garten vielen zu kostbar und weitläufftig scheinen möchte.
Allein wenn er ihn nur recht betrachten und beleuchten, sowohl

dessen Nutzen, als Bequemlichkeit, wenn er einmal in Stand gesetzet ist, erwogen wird, dass man auf eine sothanige Weise die Füchse über eine Meile und noch weiter durch das Luder herbey bringen könne; so wird er finden, dass er fürnemlich in großen Waldungen und Gehölzen von besonderer Nutz- und Schätzbarkeit sey, und die Kosten, so man darauf verwenden müsse, doppelt und vielfach wieder einbringe.«

»Es kostet auch dessen Erhaltung sehr wenig. Denn man darff ihn nur gut mit Dornen oder in Ermanglung dieser mit andern Reißbunden wohl bedecket erhalten, damit der Zaun trocken stehe, und wo er ein Loch bekömmt, ausbessern, und die Lücken zumachen.«

»Zu diesem Garten choisiret und siehet man sich im Walde einen Ort, so recht dicke ist, aus, oder recht zu sagen man erwehlet darzu einen Dickigt, und junges Gehäu, von 100 Ellen im Quadrat; so, dass dieser Platz auf allen Seiten 100 Ellen habe, umzäunet ihn mit einem Zaune von 2¹/₂ Ellen hoch, leget darauf gute tüchtige Dornen-Bunde in der Quer und Länge, damit er recht wilderich aussehe, machet an zwey Seiten einen Thorweg gegenüber, dass also ein Thorweg auf der einen Seite, gegen das andre auf der andern Seite gleich zu stehen komme. Zu diesem einen Thorwege schleppet man das Luder, welches man zuvor im Walde abdecken lassen, und eine Ecke herum geschleiffet hat, bis auf die Mitten hinein, lässet es daselbst liegen, und reitet oder gehet zum andern Thorwege wieder hinaus.«

»In dem Zaune auf den andern beyden Seiten werden in jeder 5 Löcher gelassen, so 1¹/₄ Ellen hoch sind, unten aber werden die Löcher entweder eine halbe Elle hoch verzäunet, oder Stücken Holz dahinein geleget, damit die Füchse darüber steigen und eher an den Drat streichen müssen.«

»Vor diese Löcher nun werden die oben schon beschriebenen Schlag-Bäume, welche doch etwas höher, als obgesagt, seyn können, ³/₄ Elle weit vom Zaune gestellet. Jedoch muss der Schlag-Baum gleich dem Zaune, welcher oben auch geflochten seyn muss, gleich oben über das Loch gestellet, und gleichsam vom Zaune verdecket werden, damit er nicht sogleich zu sehen. Denn sonst möchte der Fuchs, wenn er ihn erblickete, wieder umkehren, und nicht in den Schlag gehen.

»Der Zaun unten ist deswegen verordnet, dass der Fuchs bey offenem Wetter sich bemühen müsse, darüber zu steigen, und auch die Löcher bey Schnee noch hoch genug bleiben. Wenn nun einer fleißig die Schlag-Bäume aufstellet und täglich besuchet, so wird sich der Nutzen selbst zeigen.«

*

Ein Fangeisen eigenthümlicher Construction ist die »F u c h s-a n g e l«, auch »L o t h r i n g i s c h e s   E i s e n« genannt. Ich möchte sie i t a l i e n i s c h e s   E i s e n nennen, und wie ich glaube mit mehr Berechtigung, da sie in Italien erfunden zu sein scheint und man sie in jenem Lande »wo die Goldorangen blühen« — und wo man den Massenmord der Singvögel als »Waidwerk« betrachtet, am häufigsten in Anwendung brachte.

Ich führe sie hier nur mit Rücksicht auf Vollständigkeit des Capitels »Fangmethoden« an, glaube jedoch annehmen zu dürfen, dass sich kaum ein echter Waidmann finden wird, welcher sich dieses barbarischen, grausamen Fangapparates bedienen mag.

Professor Leonhardi beschreibt dieses in Italien gebräuchliche Marterinstrument, dessen Form auf Tafel VII ersichtlich gemacht ist, wie folgt:

Die Fuchsangel besteht nach Figur A und B aus einer 8 Centim. langen, 2 Centim. breiten, inwendig hohlen eisernen Hülse aa, in welcher oben das Loch c und unter demselben der 4 Centim. lange, 6 Millim. breite Einschnitt d befindlich ist. Die innere Weite der Hülse muss danach eingerichtet werden, dass die beiden beinahe 8 Centim. langen, ungefähr

65 Millim. breiten und halb so starken Schenkel, welche oben
am etwas breitern Kopf durch eine Niete, die gerade so stark
als der Einschnitt breit ist, beweglich zusammengehalten werden,
leicht in derselben sich auf- und niederschieben lassen, wenn
an dem einen unten etwa 2 Centim. hoch über dem dreifachen
Haken (der dritte rückwärts gerichtete konnte in der Zeichnung nicht sichtbar gemacht werden) die Feder f, welche oben
gegen den andern Schenkel drückt, angenietet ist.

Die Niete, welche oben die Schenkel zusammenhält, muss
so lang sein, dass das an jedem Ende derselben befindliche,
über 8 Millim. breite Knöpfchen vorn und hinten an der
Hülse einen Schieber bildet, vermittels dessen die Schenkel auf
und nieder geschoben werden können.

Die Schenkel bb verengern sich im erstern Fall so, wie
sie in Figur A gestellt erscheinen, sie werden jedoch desto mehr
durch die Feder auseinander gedrückt, je weiter sie aus der
Kapsel hervorgehen, wie dies auf Fig. B ersichtlich gemacht ist.

In welch' grausamer, barbarischer Weise der Fuchs in
dem vorbeschriebenen Fang-Apparat festgehalten wird, kann
sich der geneigte Leser ohne weitere Beschreibung deutlich
machen und er wird mich diesfalls kaum der Oberflächlichkeit
zeihen, wenn ich dieselbe hier mit Absicht unterlasse.

Der Fang in Klappfallen.

Klappfallen sind aus Brettern gefertigte Kasten, welche
sich entweder auf einer oder auf beiden Stirnseiten durch senkrecht herabfallende Klappen schliessen, wenn ein Thier durch-
schlüpft und auf ein in der Mitte angebrachtes Stellbrettchen
tritt. Die zweiklappigen Fallen werden auf eigens hergerich-
teten schmalen Steigen — ähnlich stark betretenen Hasen-
wechseln — frei im Holze aufgestellt, und um das Ausweichen
des heranwechselnden Raubthieres zu verhindern, mit niedrigem,
gegen die Falle spitz zulaufendem Weidenflechtwerk oder dor-

nigem Gestrüpp verstellt. In diesen Fallen, welche zumeist für
den Fang von Mardern, Katzen und Wieseln bestimmt sind,
wird sich der Fuchs nur in äusserst seltenen Fällen fangen.

Um so sicherer und häufiger jedoch wird er in Klappfallen gefangen werden, welche auf der einen Stirnseite mit
einer Fallklappe, auf der andern mit einem Drahtgeflecht versehen, beziehungsweise geschlossen sind, und solche Fallen in
die Umfriedung eines Wildgeheges derart eingefügt werden,
dass die Einlaufseite unmittelbar an den diesfälligen Durchlass
derselben anschliesst, während die mit Drahtgeflecht versehene
Stirnseite nach einwärts gewendet ist [*]). In jüngster Zeit erst
wurden in solchen Klappfallen in einer mit einer Mauer um-
gebenen Fasanerie binnen wenigen Wochen vier Füchse, darunter zwei von capitaler Stärke, gefangen.

Der Fang des Fuchses in Fallgruben.

Die Fallgrube wird in Form eines abgestumpften Kegels
und zwar derart hergestellt, dass vom Bauhorizont bis auf 2·40
bis 2·50 Meter Tiefe ausgeschachtet wird. Die ausgehobene
Erde wird um die Oeffnung der Fallgrube gebreitet, so dass
sie eine Umwallung bildet. Die Wände der Grube, deren Sohlen-
durchmesser 2·70 Meter, jener der Mündung 2·40 Meter beträgt, wird mit glattrindigen schwachen oder gespaltenen Rundhölzern ausgefüttert. Die Umwallung, welche von der Mündung
ab mässig geböscht wird, muss an dieser mit den zur Aus-
fütterung verwendeten Hölzern horizontal abgeglichen sein und
beträgt dann die Tiefe der Grube volle 3 Meter.

Im Kreismittelpunkte der Grubensohle wird ein Pfahl von
beiläufig 12 bis 14 Centim. im Durchmesser eingerammt, auf
dessen horizontaler Abschnittsfläche ein, aus Weidenflechtwerk
hergestellter, etwa 30 Centim. im Durchmesser haltender

---

[*]) Solche Fallen liefern in vorzüglicher Ausführung die Firmen:
Weber in Heinau (Preuss. Schlesien) und Pieper in Mörs am Rhein.

Teller mit niedrigem Bord befestigt ist. Der Pfahl, welcher, von der Grubensohle gerechnet, 3 Meter hoch ist, gleicht sich somit mit der Mündung der Grube horizontal ab und es ragt lediglich der circa 6 bis 8 Centim. hohe Endensitz über das Niveau der Grubenmündung.

In das Flechtwerk des Endensitzes werden Weidenruthen eingeschoben, deren entgegengesetzte Enden in dem Erdreich des Grubenrandes befestigt werden. Die so gebildeten Rippen werden nun mit Ruthen und Zweigen derart überlegt, dass auf dieselben eine lose Schicht langstrohigen Pferdemistes gebreitet werden kann. Die Böschung rings um die Grubenmündung wird gleichfalls mit Pferdemist bestreut, so dass die ganze Anlage einem Düngerhaufen gleicht.

Auf dem Teller wird eine Ente und zwar eine weibliche Ente befestigt, weil diese, wie allbekannt, den Schnabel nicht halten können. Die Befestigung geschieht am zweckmässigsten mittelst einer etwa $\frac{1}{2}$ Meter langen Gurte, welche derart um den Hals, Rücken und Steiss geschlungen und an dem Pfahl befestigt wird, dass die Ente wohl sitzen oder aufstehen, nicht aber sich weiterbewegen kann. Der in der Gegend umherschnürende Fuchs wird die Ente bald ausfindig machen und nachdem er ihren Standort vorsichtig umkreist hat, anschleichen. Um dies gedeckt thun zu können, wird derselbe den Sprung nicht von dem Wall, der die Grubenmündung umgibt, sondern von der Böschung desselben und somit stets zu kurz machen und fällt zwischen Grubenrand und Teller durch die leichte Ueberdachung in die Tiefe. Am nächsten Morgen holt man ihn entweder mit einer Dachszange oder einer an einer Stange befestigten Schlinge aus dem Gefängniss. Die zweckmässigste Zeitperiode für den Fang der Füchse in solchen Fallgruben ist der Spätherbst und der Winter, die zweckmässigste Situirung solcher Gruben sind selbstverständlich freie Plätze; entweder Waldblössen oder Aecker in der Nähe des Holzrandes.

11*

Das Ausräuchern der Füchse aus dem Bau.

Wenn der Fuchsbau weder die Verwendung des Dachs-hundes, noch das Graben zulässig erscheinen lässt, dann wird das Ausräuchern des Fuchses mitunter zweckdienlich sein. Zu diesem Behufe werden sämmtliche Röhren mit Ausnahme der einen dicht verschlagen, während man in die offengelassene Röhre das aus Werg, Schwefel und Kienspänen zusammen-gesetzte Räuchermateriale einschiebt und anzündet. In Folge des Anfachens zieht sich der Dampf in das Innere des Baues und wenn dies geschehen, verschlägt man auch diese Röhre.

Nach einiger Zeit öffnet man die Röhren und wird den Fuchs zumeist vor einer derselben verendet finden. Es geschieht indess nicht selten, dass der Fuchs im Innern des Baues ver-endet und in Folge dessen verloren geht. Eine originelle, indess thierquälerische Art des Ausräucherns wird auf folgende Weise inscenirt. Man befestigt an den Schwanz einer gefangenen Ratte eine Stupine (Zündfaden), welche mit sogenannten Spei-teufelchen besetzt ist und entzündet den Faden, nachdem man die Ratte in die Mündung einer der Röhren eingeschoben hat.

Die Ratte fährt, durch den an ihren Schwanz befestigten sprühenden Faden geängstigt, wie toll in den Bau hinein und der Fuchs in gleichem Tempo heraus. Die Schützen, welche lautlos ihre Stände eingenommen haben, müssen sehr rasch und sicher ihren Schuss abgeben, nachdem der von panischem Schrecken erfasste Fuchs in vollster Flucht aus der Röhre fährt.

*

Die Decknetze, welche am Fuchsbau vielfache Verwen-dung finden, auch Fuchshauben genannt, sind auf folgende Weise angefertigt:

Das Netz hat 1¾ Meter in Quadrat und wird aus feinem, stark gedrehtem grauen Bindfaden spiegelig und derart gestrickt, dass die Maschen von einem Knoten zum andern 8 Centim. messen. An die vier Ecken dieses Garnes werden 8 Centim. lange Schnüre gebunden, an welchen Bleikugeln befestigt sind.

Sollen die Netze in Verwendung kommen und die beste Zeit hiezu ist die Rollzeit — so bedeckt man jede Röhre des Fuchsbaues behutsam und lautlos mit einem solchen Decknetz und lässt dann den Dachshund einfahren.

Nachdem der vom Hunde-angegriffene Fuchs zumeist sehr flüchtig aus der Röhre fährt, so schlagen die Bleikugeln schnell hinter ihm zusammen und verwickeln ihn dergestalt, dass man seiner sofort habhaft werden kann.

Dieser Fangapparat ist ebenso einfach als wirksam und es ist nur zu wundern, dass er so wenig bekannt und verbreitet ist.

Das Streifen des Fuchses.

»Stirbt der Fuchs so gilt der Balg«! Dieser wird gestreift, indem man an allen vier Läufen von den Ballen an und zwar die Haut an den Vorderläufen bis an die Blätter an den Hinterläufen bis an's Waidloch hinauf aufschärft und ringsum selbst an den Zehen ablöst und hinauf streift. Hierauf hängt man den Fuchs an den beiden Hessen, an einen festen Haken, zieht die Schwanzrübe aus der Hautscheide, schlägt hierauf den Balg oben an der Standarte um, streift ihn bis zu den Blättern und nachdem man die Vorderläufe herausgezogen, bis zum Kopfe ab.

Nun löst man mittelst eines Messers die Lauscher aus und schärft die Kopfhaut vorsichtig bis zur Nase ab.

Nun wird der abgestreifte Balg auf das **Fuchsbrett** mit der Haarseite nach innen aufgezogen und die Hautfläche, nachdem man den Schweiss mit einem Tuche abgewischt hat, mit Asche und Salz eingerieben und trocknen gelassen.

Noch zweckmässiger als die gewöhnlichen Fuchsbretter sind die sogenannten **Balgspanner**, welche auf folgende Weise construirt werden.

Man lässt zwei $1\frac{1}{3}$ Meter lange, $6\frac{1}{2}$ bis 7 Centim. breite Latten, an einem Ende durch ein Charnier zusammenfügen und 48 Centim. von unten eine $5\frac{1}{2}$ Centim. breite, 1 Centim. starke und 62 Centim. lange Latte durch die beiden Schenkel des Balgspanners derart anbringen, dass die Querlatte an einem Schenkel befestigt wird, im andern aber sich bewegt.

An dieser Querlatte werden in mässigen Abständen Löcher gebohrt, damit man vermittelst eines kleinen Pflöckchens die beiden Schenkel nach Belieben von einander entfernt fest stellen kann.

Diese Balgspanner sind deshalb den gewöhnlichen Fuchsbrettern vorzuziehen, weil das Einschrumpfen des Balges verhindert wird.

V. Die Waidmannssprüche

in Bezug auf den Fuchs und seine Jagd.

In alphabetischer Anordnung *).

A.

Abdocken. Man bezeichnet damit das Ablassen der aufgewickelten Lappen; **aufdocken** wird das Ab- und Aufnehmen derselben genannt.

Abgehen. Jagen die Hunde nicht anhaltend, oder halten sie nicht die aufgenommene Spur, so sind sie »vom Wilde abgegangen«.

Abgehen der Schützen zu und von den Ständen. »Lautlos und ruhig« ist die Devise beim Jagen auf den Meister Fuchs und deshalb möge sich dieselbe jeder Jagdgast beim Fuchstreiben oder beim Aussprengen aus dem Baue gegenwärtig halten. Nach erfolgtem Anstellen darf kein Schütze und unter keiner Bedingung seinen Stand verlassen oder unter dem Vorwande »einen besseren Ausschuss zu suchen« eigenmächtig verändern.

Das Abgehen vom Stande ist nur nach erfolgtem Abrufen gestattet.

---

*) Mit theilweiser Benützung von Hartig's vortrefflichem Lexicon für Jäger. Berlin, Nicolai's Verlag.

Abhalsen nennt man die Abnahme des Halsbandes »der Halsung« bei Jagdhunden; — anhalsen, aufhalsen, das
Anlegen derselben. Vor dem Brackieren und Jagen sind
die Hunde, um das Verhängen im Dickicht zu verhüten,
stets abzuhalsen.

Abhären bezeichnet den Haarwechsel des Raubwildes im
Herbste und im Frühjahre.

Abkommen bezeichnet den Zielpunkt im Moment des Schusses;
— beim Fuchstreiben hat das »Abkommen« bekanntlich
seine Schwierigkeiten.

Abliebeln nennt man das schmeichelnde Beloben der Hunde,
wenn sie ihre Schuldigkeit gethan. Beim tapferen Teckl versäume man dies nie und wird von der sprechenden Physiognomie des Hundes stets die gute Wirkung ablesen können.

Ablösen nennt man das Abtrennen der Standarte des bei der
Parforcejagd gefangenen Fuchses.

Abrichten der Dachshunde und der Fox hounds bezeichnet
das Belehren der Hunde, was dieselben zu thun und zu
lassen haben.

Abrufen der Hunde erfolgt durch Pfeifen, Juchen, oder durch
den Hornruf, wenn sich dieselben beim Jagen verlaufen haben.
Es ist diesfalls stets nur der gleiche Ruf anzuwenden, wie
dies in dem Capitel über die Jagdhunde und deren Führung
angegeben wurde.

Abrufen der Schützen; siehe Abgehen zu und von den Ständen.

Absprung. Diesen macht der Hase und zwar stets seitwärts
unter Wind seines Wechsels, bevor er sich einlagert. —
Die Vorsicht lehrt ihn dies, damit er das heranschleichende
Raubthier, insbesondere den Fuchs rechtzeitig gewahr werde
und sich durch die Flucht retten könne.

Absprung. Das plötzliche Abbiegen des parforce gejagten
Fuchses von der eingehaltenen Richtung, hat zumeist ein
Ueberschiessen der Meute zu Folge. Dieselbe muss dann

sofort gestopft werden und der hiedurch erfolgende Zeitverlust hat zumeist eine Fehljagd zur Folge.

Abspüren nennt man das Suchen und Verfolgen der Fuchsspur und muss dies stets mit strenger Vermeidung jedweden Geräusches geschehen. Spürt man den Fuchs am
Saume eines Treibens, so umschlägt (umkreist) man dasselbe, um sich die Ueberzeugung zu schaffen, ob derselbe in
demselben stecken geblieben oder nur durchgewechselt sei.

Abstreifen bezeichnet das Abziehen des Balges. Hiezu ist ein
scharfes Messer und ein Balgbrett, vor Allem aber — der
Fuchs selbst von Nöthen.

Der am Balge klebende Schweiss muss mit lauem Wasser
abgewaschen und das Haar dann durchgekämmt werden.

Abwürgen bezeichnet das Todtbeissen des gefangenen Fuchses
durch die Hunde.

Aeugen. Wenn die Windhunde das gehetzte Wild rasch er-
sehen, bezeichnet man diesen Vorzug mit dem Ausdrucke:
»Sie äugen gut«.

»A la meute!« So ruft der Parforcejäger die Hunde an, um
sie zu versammeln. Beim Jagen wird dieser Zuruf durch
eine bestimmte Fanfare ersetzt.

Anbeissen bezeichnet das Aufnehmen des Stellbrockens durch
den Fuchs. In der Regel übereilt sich derselbe keineswegs
damit. — Daher das alte Sprichwort: »Er will nicht
anbeissen!«

Anfallen. Die Hunde fallen Spur und Fährten an, indem sie
dieselbe mit der Nase am Boden zeichnen und auf derselben weiter suchen. Es ist auffällig und interessant, dass
gute Hunde stets nur die Hin- niemals die Rückfährte
anfallen, wenn auch dieselbe durch den Gesichtssinn nicht
mehr zu unterscheiden und überhaupt nicht wahrnehmbar

ist. Man nennt dies Instinct, eine Bezeichnung, die mir ebenso bequem und dehnbar als präpotent erscheint.

Gut geführte Hunde sollen stets nur die Fährte jener Wildgattung anfallen, auf welche dieselben gearbeitet wurden.

Angehen. Eine frische Fährte oder Spur, die man zu verfolgen gedenkt: »Geht man an«.

Angeleisen. Es gibt deren zum Fuchsfange verschiedene Arten. Es ist diese Fangmethode, wie dies bereits in dem betreffenden Abschnitte erläutert wurde, roh und barbarisch und deshalb — nicht waidgerecht.

Anhalsen der Hunde, siehe Abhalsen.

Anhalten. Hunde, welche die Spur oder Fährte ausdauernd verfolgen, werden als »anhaltende Hunde« bezeichnet.

Anhatz bezeichnet den Ort, an welchem die Hunde zur Jagd gelöst wurden. Man markirt die Stelle mit einem Bruch, welcher so gelegt wird, dass der untere Theil der Blätter nach oben kömmt und der abgeschnittene Theil desselben dahin gerichtet wird, wohin das Wild flüchtig wurde.

Anjagd bezeichnet den Beginn der Hetzjagd.

Ankirren. Um den Fang der Füchse im Eisen anzubahnen, wirft man vorher an jenen Stellen Kirrbrocken aus, auch kirrt man den Fuchs durch ein »Geschleppe« an den »Luderplatz«.

Ankoppeln bezeichnet das Zusammenfügen von zwei oder mehr Jagdhunden, indem man eine Leine oder einen Riemen durch die Ringe ihrer Halsungen zieht.

Anlaufen. Der Fuchs »läuft an«, indem er beim Treibjagen im Schussbereiche der Schützen erscheint.

Anlegen der Treiber bezeichnet die geordnete Aufstellung derselben in möglichst gleichen Entfernungen vor Beginn des Triebes.

Anlegen der Parforcehunde. Man legt die Hunde an, indem man sie auf die Fährte des zu bejagenden Wildes bringt.

Annehmen der Fährte bezeichnet den Moment, wo der Hund auf einer eben gefundenen Fährte fortzusuchen beginnt.

Annehmen der Kirrung, wenn der Fuchs die geworfenen Brocken frisst.

Anschiessen siehe Schusszeichen.

Anschlagen der Hunde bezeichnet das Lautwerden derselben auf der angefallenen Fährte.

Anschleichen. Es gelingt dies einem gewandten, erfahrenen Jäger auch beim Fuchs, namentlich in ruhigen Waldrevieren. Nachdem jedoch das Anschleichen des Wildes nicht nur die volle Vertrautheit mit den Gewohnheiten desselben, sondern auch Combinationsfähigkeit bedingt, so ist diese Art des Waidwerkes eben nicht Jedermann's Sache und keineswegs eine Dilletanten-Leistung.

Anschneiden. Wenn Jagdhunde den gefangenen Fuchs, bevor es die Jäger zu verhindern vermögen, zu zerreissen beginnen, so bezeichnet man dies mit »Anschneiden«.

Anschuss nennt man die Stelle am Körper des Wildes, wo das Projectil einschlug; auch bezeichnet man damit den Platz, wo das Wild bei der Abgabe des Schusses stand, schlich oder lief.

Anschweissen bezeichnet das Verwunden des Wildes.

Ansitz, Anstand, siehe den betreffenden Abschnitt im Capitel der Jagd.

Anstellen der Schützen. Beim Fuchsjagen ist diesfalls diplomatische Klugheit eine nothwendige Eigenschaft des Jagdleiters. Derselbe wird den sicheren und ruhigen Schützen auf den bewährten Wechsel stellen und den fiebernden unverlässlichen Jagdfreund dort anstellen, wo sich — ein bequemer Ausschuss findet. Das Anstellen beim Fuchsjagen muss lautlos geschehen.

Appell des Hundes bezeichnet dessen Folgsamkeit.

Appell-Fanfare ruft beim Parforcejagen die zurückgebliebenen und zerstreuten Reiter zusammen.

Arbeiten einen Hund, siehe Dressiren.

Aufdocken eine Leine oder die Lappen, siehe Abdocken.

Aufkoppeln der Hunde bezeichnet das Anlegen der Halsung, beziehungsweise der Halsbänder.

Aufnehmen die Fährte. Die Hunde nehmen die Fährte oder Spur auf, wenn sie dieselbe anfallen und darauf weitersuchen.

Aufschürfen wenn der Balg des Fuchses abgestreift werden soll, so wird vorerst die Haut vom Ballen bis zum Waidloche mit einem scharfen Messer aufgeschnitten. Diese Procedur wird Aufschürfen oder Aufschärfen genannt.

Auge. Diese Bezeichnung gilt auch in der Waidmannssprache, doch wird beim Raubwilde häufig die Bezeichnung »Seher« angewendet, wie beim Elen-, Edel-, Damm- oder Rehwilde die Bezeichnung »Licht«.

Augenkrankheiten der Hunde. Die Brakier- und Parforcehunde sind beim Verfolgen des Wildes durch dichte Schonungen stets der Gefahr ausgesetzt, sich Verletzungen an den Augen zuzuziehen, Dachshunde unterliegen bei ihrer scharfen Arbeit im Bau der gleichen Gefahr. Die Mittel zur Heilung krankhafter aus den vorangeführten Ursachen entstandener Affectionen sind folgende:

Thränende (triefende) Augen. Zu äusserlichem Gebrauche mische man $3\frac{1}{2}$ Dekagramm Rosenwasser mit 5 Tropfen Bleiessig und wasche mit einem weichen Leinwandlappen mehrmal des Tages die kranken Augen. Die rasche Heilung wird wesentlich durch die gleichzeitige Gabe eines leichten Abführmittels gefördert.

Entzündung der Augen. Dieselbe wird durch eine äusserliche Verletzung oder durch Eindringen von Sand- und Erdtheilchen unter die Augendeckel hervorgerufen. Das Weisse von einem frischen Ei, in welchem eine Messer-

spitze voll von fein gepulvertem Alaun aufgelöst wurde, ist
diesfalls ein sicheres und einfaches Heilmittel. Ein feiner
Leinwandlappen wird mit dieser Mischung benetzt und das
Auge mit demselben verbunden. Sobald der Lappen trocken
geworden, muss er mit derselben Mischung wieder ange-
feuchtet werden. Das Trinkwasser, welches man dem Hunde
reicht, kann mit etwas Schiesspulver gemengt werden. Bei
hochgradiger Entzündung, ist gleichzeitig ein Abführmittel
für innerlichen Gebrauch rathsam und thut diesfalls eine
Mischung von Glaubersalz und Rhabarber, im Mischungs-
verhältniss von 10:25 der Nahrung beigemengt, gute Dienste.

Felle auf den Augen. Ein ebenso einfaches als wirksames Heilmittel ist der feingepulverte blaue Dachschiefer-
stein und die Anwendung dieses Mittels kann auf zweierlei
Art geschehen: Man bläst entweder eine schwache Messerspitze dieses Pulvers mittels eines Federkiels, Morgens und
Abends in das leidende Auge, oder man bereitet durch
Beimischung von reinem Baumöl eine Salbe und bestreicht
mittelst eines weichen Federchens den kranken Augapfel
täglich zweimal.

Ausgeben. Wenn die jagenden Hunde auf einer Spur laut
werden, so gilt neben dieser Bezeichnung der Ausdruck:
Die Hunde geben aus.

Ausgefahren. Wenn aus den Röhren des Baues Erde her-
ausgehoben scheint, so bezeichnet man dies mit dem Ausdrucke: Die Röhren sind frisch ausgefahren.

Ausgraben der Füchse. Siehe den betreffenden Abschnitt.

Ausräuchern. In Bauen, die nicht sehr tief verklüftet sind,
namentlich in Nothbauen, kann man den eingefahrenen Fuchs
ausräuchern. Zu diesem Behufe schiebt man ein Gatter
aus verflochtenen Stäben, etwa einen halben Meter tief in
die Röhre. Hierauf zündet man ein Feuer vor der Röhre
an und schiebt, nachdem die Flammen verflackert sind, die

glimmenden Kohlen bis dicht vor das Gatter und verstopft die Röhre mit Moos und trockenen Laube, doch nur in so weit, dass die Glut nicht erstickt. Nach ein bis zwei Stunden öffnet man die Röhre und wird dann zumeist den Fuchs dicht vor dem Gatter verendet finden.

Ausreissen bezeichnet das Flüchtigwerden des Wildes.

Ausziehen zur Jagd. Wenn die Jägerei zu Holze zieht, oder ein Feld Jagdreiter zum Rendezvous, so bezeichnet man dies mit dem Ausdruck: Auszug oder Ausziehen zur Jagd.

B.

Balg nennt man die Haut des Fuchses.

Balgbrett, Balgspannung, siehe das betreffende Capitel.

Bau. Natürliche Höhlen und Klüfte, die der Fuchs für seinen zeitweiligen Aufenthalt adaptirt, oder solche künstlich gräbt, werden Bau genannt. Siehe das betreffende Capitel.

Baumen. Der bedrängte Fuchs benützt oft schrägstehende rauh berindete Bäume, um dieselben zu erklettern und sich dort zu drücken. Die auf der warmen Spur nachjagenden Hunde übereilen dann dieselbe und verlieren sie auch zumeist.

Becken bezeichnet im Knochengerüste die Höhlung zwischen den Keulen, durch welche der Mastdarm in das Waidloch mündet.

Behang, nennt man die Ohren des Hundes. Der Schweiss-, der Vorsteh- und der Dachshund sollen »gut behangen sein«. — Bei den Fox hound's kürzt man den Behang, um Verletzungen beim Durchjagen von Gestrüppe zu vermeiden.

Beinbruch. Diese Verletzung ist an Jagdhunden abgesehen von der Heilung, immer misslich, weil zumeist eine dauernde Schwäche oder Verkümmerung des verletzten Gliedes zurück bleibt. Der gebrochene Lauf muss sorgsam eingerichtet und dann fest geschnürt werden. Der Verband muss täglich einige male mit kaltem Goulardt'schen Wasser befeuchtet werden.

Beischlagen. Wenn die Bracken, sobald einer derselben auf der Spur laut wird, sich sofort zu ihm gesellen, um das Wild zu verfolgen — »schlagen sie gut bei«.

Belaufen. Wenn sich die Hündin begattet, hat sie sich mit einem Hunde »belaufen«.

Belegen. Wenn der Hund zur Begattung zugelassen wird, belegt er die Hündin.

Bellen. Das heisere Gekläffe der Füchse nennt man das »Bellen«.

Bengeln. Hunde, die auf eigene Rechnung jagen, entwöhnt man, indem man denselben, wenn kein Zwinger vorhanden ist, um sie einzusperren, ein Holzkreuz an die Halsung hängt, welches dieselben an raschen Bewegungen hindert.

Berliner Eisen. Siehe Schwanenhals im Capitel Fangmethode.

Birkfuchs bezeichnet die Varietät mit weisser Kehle, weisser Blume und lichtbehaartem Bauch. Siehe den Abschnitt: »Naturbeschreibung«.

Blatt nennt man den schaufelförmigen Schulterknochen ober dem Vorderlaufe am Wilde.

Blendlinge nennt man die Bastarde von Hatz- und Windhunden. Sie werden zumeist bei der Saujagd verwendet, doch lassen sich dieselben auch als Apporteure dressiren.

Blendzeug nennt man die Tuch- und Federlappen.

Blume nennt man die Spitze der Fuchs-Standarte, welche beim Birkfuchs weiss, beim Kohlfuchs grau gefärbt erscheint.

Blutabgang. In Folge von zu starker Erhitzung entsteht bei Hunden eine Blutung durch die Nase, den Schlund, den Harnweg oder Mastdarm. Rec. $1\frac{1}{2}$ Gramm Salpeter, 25 Gr. terra de catechu, 16 Gramm Alaun mit Honig und Kleie versetzt. Von dieser Mixtur gebe man täglich eine Haselnuss grosse Pille dem Hunde ein.

Bracken. Jagdhunde mittlerer Grösse, welche die Eigenschaft besitzen, die warme Spur des Wildes anfallen, auf derselben laut werden und das Wild ausdauernd verfolgen, nennt man Bracken. Die Bracken müssen laut — aber nicht waidlaut — gut beischlagen und das Wild bis zu dessen Erlegung oder bis zu dem Zeitpunkte verfolgen, wo sie durch einen bestimmten Hornruf — abgerufen werden.

Bräune der Hunde. Die Krankheitserscheinungen sind: eine heftige Entzündung des Schlundes und ein Anschwellen der Zunge. Das Athmen ist schmerzhaft und beschwerlich, die Augen treten vor und sind entzündet, auch zeigt sich häufiger Brechreiz. Hier ist rasche Hilfe von Nöthen. Man öffnet eine Ader unterhalb der Zunge und am Behange und giesst dem Hunde stündlich einen Esslöfel gewärmten, mit Honig vermischten Weinessig ein.

Als Nachkur ist die Verabreichung saurer Milch oder saurer Molken in ausgiebigem Quantum rathsam.

Brandfuchs. Die Fuchsvarietät mit schwärzlicher Kehle und Blume nennt man Kohl- oder Brandfüchse; siehe »Naturbeschreibung«.

Brandwunden heilt man bei Hunden durch eine Salbe, welche aus präparirtem Galmei und Silberglätte (2 : 1) mit gleichen Mengen von Weinessig und Baumöl bereitet wird. Sie leistet auch dem Menschen vortreffliche Dienste und der Jäger sollte die trockenen Ingredienzen stets in Bereitschaft halten, da die ärztliche Hilfe nicht immer rasch genug zur Hand ist.

Brechmittel für Hunde.

a) 0·40 bis 0·50 Gramm pulverisirter Niesswurz wird in drei gleich schweren Pillen halbstündlich dem Hunde derart in den Rachen gesteckt, dass er die Gabe zu schlucken genöthigt ist. Empfindliche Hunde werden zuweilen nach diesem Mittel kreuz- oder lendenlahm; dieser krankhafte Zustand verliert sich indess bald und ohne üble Folgen.

b) o·5o Gramm weisser Niesswurz und das gleiche Quantum Ipecacuanha-Wurzel pulverisirt und sorgsam gemengt, werden zu fünf bis sechs Pillen geformt. Dieselben sind halbstündlich zu reichen, bis das Erbrechen erfolgt.

c) Gramm o·2o bis o·25 Brechweinstein in einer halben Tasse lauen Wassers aufgelöst und halbstündlich je zwei Theelöffel voll einzugiessen.

Wirkt das verabreichte Brechmittel allzuheftig, so kann dem Erbrechen durch Einschütten von ein bis zwei Esslöffeln voll frischen Leinöls sofort Einhalt gethan werden.

Breit in Bezug auf den Schuss und die Stellung des Wildes. Man trachte den Schuss stets »breit«, d. h. dann abzugeben, wenn der Fuchs dem Schützen die Seite voll zuwendet. Ein Schuss »spitz von vorn oder hinten« ist immer misslich.

Brocken nennt man die Lockspeise die am Schwanenhalse oder an der Mordfalle befestigt wird.

Bruch nennt man einen belaubten oder benadelten Zweig, mit welchem man die Fährte und Spur des Wildes markirt, oder das erlegte Wild mit demselben bedeckt.

An vielen Orten wird auch dem glücklichen Erleger des Fuchses beim Treibjagen auf Niederwild vom Jagdleiter der Bruch überreicht, welchen derselbe unter »Waidmanns Dank« an der Kopfbedeckung befestigt.

Bügel. Die halbrunden Eisentheile am Fuchseisen (Schwanenhals), welche, wenn das Eisen gestellt ist, einen Zirkel bilden, und im Zuschlagen den Fuchs festhalten, werden Bügel genannt.

Bugsiren. Wenn man den Fuchs im freien Felde solange zu Pferde verfolgt, bis sich derselbe drückt — nennt man dies »bugsiren«. Zwei geübte gutberittene Reiter, können diesen Sport bei Tagesanbruch üben, um welche Zeit sich der

Fuchs in ruhigen Feldmarken in der Nähe von Holzungen häufig noch mit dem Mausen beschäftigt. In den russischen Steppen ist dieser Sport sehr beliebt.

Bundlappen, siehe Lappen.

Busen. Die Erweiterungen eines Netzes, welches Falten bildet, werden so genannt. Netze, in welchen Wild gefangen werden soll, müssen »busenreich« gearbeitet und gestellt werden.

Busenreich ist das faltenreiche Netz, in dessen losem Netzgewebe sich das Wild verwickelt und fängt.

C.

Ça faux! Haben die Hunde beim Parforcejagen eine falsche Fährte angenommen, dann gilt dieser Zuruf.

Chasse (la) aux chiens courans, die Parforcejagd.

Chien courans, le, der Parforce-Jagdhund.

Chiens ameutés, Hunde, die gut zusammenjagen.

Contra-Faden, siehe Schwanenhals-Eisen.

Couche! ist der Zuruf, mit welchem man dem Hunde das Niederlegen, überhaupt Ruhe gebietet.

Couteau de chasse, das Waid- oder Jagdmesser.

Courrelle, die Hetze, Hetzterrain.

D.

Da, da, such da! Zuruf an die Bracken, wenn sie von der richtigen Spur abkommen. An manchen Orten gilt dieser Zuruf auch der Aneiferung und dem Zusammenrufen der zerstreut suchenden Hunde.

Dachshaken, ein eiserner, spitzer, an einem meterlangen Holzstiel befestigter Haken, mittelst welchen man den Fuchs, wenn der Durchschlag am Bau gemacht ist, hervorziehen kann.

Dächsel, Dachshund, Teckel, der bekannte krummbeinige, tapfere Jagdfreund und Todfeind des Meisters Fuchs.

Decknetz, Fuchshaube, siehe Fangmethoden im betreffenden Abschnitte.

Dick gehen. Die Hündin, die Füchsin »gehen dick«, wenn sie Junge inne haben.

Docken, nennt man das Aufnehmen der Leine über Hand und Ellbogen (aufdocken).

Dohnensteig zum Fange der Krammetsvögel besucht der Fuchs gerne **vor** dem Jäger.

Dressur, die Abrichtung der Jagdhunde.

Durchfall der Hunde. Zumeist die Folge von Erkältungen, und wirkt, wenn derselbe hochgradig geworden in Ruhr übergeht, ansteckend. Im Beginne der Krankheit leistet zuweilen ein Brechmittel 0·70 bis 0·80 Gramm Ipecacuanha in Pillenform, oder aber eine Mischung von 1 1/2 bis 2 Gramm Magnesia und 0·70 bis 0·80 Gramm Rhabarber, gute Dienste.

Gute kräftige Suppen bilden die Nahrung des Patienten, bei Ruhr-Anfällen frische Kuhmilch.

Durchrinnen, bezeichnet das Schwimmen des Wildes durchs Wasser.

Durchschlagen, am Fuchsbau. Haben die Hunde den Fuchs im Bau fest gemacht, so wird ein Quergraben bis auf die Röhre ausgehoben, um den Fuchs mit der Zange oder dem Haken herausziehen zu können.

Durchschlagen des Blei's bezeichnet den scharfen Schuss des Jagdgewehres.

Durchstellen. Wenn die Schützen oder Treiber zum Theil im Innern eines Forstortes (Triebes) angestellt werden, wird dies Durchstellen genannt.

E.

Einfahren. Wenn der Fuchs oder der Dachshund zum Baue geht, dann fährt er ein.

Einfallen. Das Wild läuft und springt nicht in's Netz oder Garn, es »fällt ein«.

Eingehen. Das Wild, welches natürlichen Todes abgeht, »geht ein«.

Einheesen. Wenn man zwischen dem Röhrenknochen und der Sehne des einen Hinterlaufes den anderen bis zum Kniegelenk derart durchzieht, dass man den Fuchs bequemer tragen kann, nennt man dies »einheesen«, siehe Schränken.

Einhetzen. Wenn man junge Windhunde für die Hetzjagd dressirt, führt man sie mit einem fermen älteren Hunde in's Feld. Die jungen Hunde lernen am sichersten und raschesten von ihren erfahrenen Genossen. Man nennt dies »einhetzen«.

Einjagen. Sind die Windhunde oder Bracken unter der Führung älterer verlässlicher Hunde für ihre Zwecke ferm geworden, so nennt man sie »gut eingejagt«.

Einkreisen. Wenn man nach einer Neue einen Walddistrict umgeht, um zu constatiren, ob die Fuchsspur nur ein- und nicht ausgewechselt ist, nennt man diese waidmännische Verrichtung »einkreisen«.

Einschlagen am Bau, siehe Durchschlagen.

Eisen. Alle zum Fange des Fuchses dienenden eisernen Instrumente: der Schwanenhals, das Teller-Eisen und die Angel werden kurz als »Eisen« angesprochen.

Enden, siehe Verenden.

Erlegen bezeichnet das Schiessen, bez. Tödten des Wildes.

Erschlagen. Raubthiere, wenn dieselben angeschossen oder in Eisen gefangen wurden, erschlägt man. Den Fuchs speciell durch einige derbe Schläge über die Nase. — Das Nutzwild wird abgefangen, abgenickt und abgefedert.

Erziehung. Bevor die Dressur des Hundes beginnt, muss die Erziehung desselben vollendet sein. Sie zerfällt in zwei Theile:

a) In die leibliche Pflege und Auffütterung des jungen Hundes, und

b) in die Gewöhnung an Reinlichkeit und Folgsamkeit.

Der Umgang mit dem Menschen übt auf den jungen Hund einen eminent dominirenden, bestimmenden Einfluss auf die Entwickelung seiner Intelligenz und seines Charakters.

Hunde, die man in Zwingern hält, müssen täglich ausgeführt werden, um sie an den Umgang mit Menschen zu gewöhnen. — Brutale oder gar boshafte Behandlung der jungen Hunde muss strengstens hintangehalten werden.

Aufkeimenden üblen Charaktereigenschaften des jungen Hundes muss man mit vernünftiger Ueberlegung und milder, aber ernster Consequenz begegnen, um dieselben bei Zeiten zu paralysiren.

F.

Fänge nennt man die langen gekrümmten Zähne, deren zwei in Ober- zwei im Unterkiefer stehen, beim Hunde sowohl wie beim Fuchs.

Fängisch stellt man die Fangapparate, indem man sie zum Fangen vorrichtet.

Fährte ist waidgerecht nur für den Abdruck der Tritte des Nutzwildes anwendbar, bei dem Raubwilde nennt man dies »Spur«.

Fahne nennt man die Behaarung am Schwanze — der Ruthe langhaariger Hunde.

Fanfaren sind mehrstimmig gesetzte Melodien, die bei der hohen Jagd und der Parforcejagd auf Waldhörnern geblasen werden.

Fang. Dies bezeichnet jedwede Art und Weise, um wilder Thiere, und speciell des Fuchses, ohne Anwendung der Schusswaffe habhaft zu werden.

— des Fuchses im Fanggarten; siehe den betreffenden Abschnitt unter Fangmethoden.

— des Fuchses in Eisen; desgleichen.

— des Fuchses in der Mordfalle; desgleichen.

— des Fuchses in Decknetzen; desgleichen.

— des Fuchses in der Fallgrube; desgleichen.

— des Fuchses in der Klappfalle; desgleichen.

Fangen bezeichnet den Moment, wo die Hunde den Fuchs ereilen und festhalten.

Fanggeld werden die in vielen Gehegen eingeführten Prämien genannt, welche für gefangenes Raubwild der Jägerei als Prämie bezahlt wird.

Fanggruben für Füchse, siehe den Abschnitt Fangmethoden.

Fangschuss, bezeichnet den Gnadenschuss, mit welchem der angeschweisste Fuchs todtgeschossen wird. — Zweckmässiger ist es indess den Fuchs todtzuschlagen, um den Balg nicht unnütz zu beschädigen.

Fangzähne, siehe Fänge.

Fass! Der Zuruf an die Hunde, wenn sie anpacken sollen.

Federhaspel, dient zum Aufwinden der Federlappen.

Federlappen. Diese Lappen haben die Bestimmung das Wild abzuschrecken und das Auswechseln desselben an jenen Stellen zu verhindern, welche nicht mit Schützen besetzt sind.

Die Lappen werden aus 40 bis 60 Meter langen Schnüren hergestellt, in welche in der Entfernung von je $\frac{1}{2}$ bis 1 Meter zwei weisse oder bunte Federn — kreuzweise

gestellt — eingeknüpft werden. Die Lappen werden ¹/₂ bis
³/₄ Meter hoch vom Boden an Aeste und Zweige, oder
an Stellstäbe aufgehangen.

Die Federlappen nehmen, da sie ziemlich ungefügig
sind, unverhältnissmässig viel Raum beim Aufhaspeln in
Anspruch, und deshalb empfehle ich die von mir in den
vorangestellten Abschnitten beschriebenen Streifen-Lappen,
die sich in der Praxis zweckmässiger und auch wirksamer
erwiesen haben.

Fehlen. Dieser fatale Ausdruck wird vom Thäter äusserst
selten in Anwendung gebracht, und die farbenreichsten
Schilderungen werden herangezogen, um das — Vorbei-
schiessen mit Rücksicht auf die lieben und zumeist recht
boshaften und schadenfrohen Nebenmenschen entsprechend
zu maskiren.

Unter dem Schlagworte »Zielen« werden alle jene
praktischen Rathschläge Aufnahme finden, welche das
Fehlen nach Möglichkeit zu verhindern im Stande sind.

Fehlhatz bezeichnet eine Jagd, bei welcher das gejagte Wild
nicht erbeutet wurde.

Fehlschuss, eine Gattung Schuss, welcher selten als solcher
bezeichnet werden will.

Ferm nennt man jenen Hund, welcher in seinen Leistungen
befriedigt.

Fluchtröhre (Nothröhre) ist eine Höhlung, welche sich der
Fuchs an geeigneten Stellen gräbt, um selbe zeitweilig zu
bewohnen. In manchen Revieren werden solche Flucht-
röhren künstlich angelegt, um das Einfahren der Füchse
zu begünstigen.

Flüchtig, bezeichnet die rasche Fortbewegung des Wildes.
Auch wird die Schnelligkeit der Jagdhunde mit diesem
Ausdrucke bezeichnet.

Flügelhorn, auch halber Mond oder Halbmond-Horn genannt,
ist ein halbzirkelförmiges Horn von Kupfer oder Messing,
auf welchem Jagdsignale geblasen werden.

Französische Jagd, siehe Parforcejagd.

Frass bezeichnet im Allgemeinen die Nahrung der Raubthiere und der Hunde, gleichwie der Ausdruck »Geäs«
jene des Nutzwildes bezeichnet.

Fressen, bezeichnet das Aufnehmen der Nahrung bei Hunden
und Raubthieren.

Fuchsbrett, siehe Balgbrett.

Fuchsgraben, siehe den Abschnitt »Jagd« und Fangmethoden.

Fuchshaube, siehe den betreffenden Abschnitt.

Fuchshütte, gleich bedeutend mit Luder- oder Schiesshütte.

Fuchsprellen, siehe den nachfolgenden Abschnitt »Mythisch-
historische Ueberlieferungen.«

Führig nennt man den Hund, wenn sich derselbe gut und
ohne dem Jäger unbequem zu werden an der Leine führen
lässt. Die Hunde sollen führig gemacht werden, bevor man
mit der eigentlichen Abrichtung, bezw. der Dressur begonnen hat.

Fürstenruf, eine Fanfare, welche auf der Parforcejagd sowohl zu Beginn, als auch beim Schlusse geblasen wird,
wenn souveräne Herrschaften an der Jagd theilnehmen.

G.

Gailen, (Geschröt) werden die Testikeln des Fuchses und auch
des Hundes genannt.

Gallenblase. Die kleine Blase, in welcher sich die Galle ab-
sondert, sitzt an der Leber, aus welcher sie die rohen
Stoffe nimmt und verarbeitet. Eigenthümlich ist es, dass
die Gallenblase bei einigen Hirscharten fehlt, desgleichen
bei einigen Vogelspecies, z. B. bei den Tauben. — Die
Masse, aus welcher der Wedel (Schwanz) des Rothwildes

gebildet ist, hat einen sehr bitteren Geschmack und scheint
die Galle abzusondern.

Gangbar nennt man die Röhren am Fuchsbau, aus welchem
frische Erde ausgeschoben wurde.

Garn wird jede Gattung Jagdnetz genannt.

Geäs nennt man die Nahrung des Nutzwildes, jene des Raubwildes heisst »Frass« oder »Raub«.

Gebiss nennt man die Zähne des Fuchses und des Hundes.

Gecheck nennt man die jungen Füchse eines Wurfes.

Gehöre nennt man waidgerecht die Ohren der Raubthiere.

Geläute. Das mehrstimmige Bellen der Jagdhunde, wenn sie
der frischen Spur des Fuchses folgen, nennt man Geläute.

Gell oder Gelt nennt man die Hündin und Füchsin, wenn
sie keine Descendenz mehr bringt.

Gemäsch bezeichnet das Maschen-Gefüge der Garne.

Gering ist die waidgerechte Bezeichnung für klein, schwäch-
lich; unausgewachsen.

Gesäuge nennt man die mütterlichen Nahrungswerkzeuge des
Hundes und des Fuchses.

Gescheide ist die waidgerechte Bezeichnung des Magens und
der Gedärme.

Geschleppe. Um den Fuchs an bestimmte Orte zu locken,
um selben dann in Eisen zu fangen oder aus der Luderhütte zu schiessen, bindet man das frische Gescheide eines
Rehes, Hasens oder Kaninchens an eine Leine und zieht
es an den vorgenannten Stellen über den Boden hin und
endigt das »Geschleppe« dort, wo man den Fuchs hinlocken
will. — Im Nothfalle kann man auch einen gebratenen
Häring zum Geschleppe verwenden.

Geschröt, siehe Gailen.

Geschwüre unter der Haut des Hundes. Diese müssen durch
lauwarme, aus Mehl, Honig und gebratenen Zwiebeln be-
reitete Umschläge vorerst erweicht, und dann mittelst einer

scharfen Lanzette geöffnet werden. — Hierauf drückt man
die Wunde aus und wäscht sie täglich einigemale mit
einem starken Absud von Camillen.

Gestelle, siehe Schneise.

Gewahr werden ist die häufig angewendete waidgerechte
Bezeichnung für sehen, erschauen.

Gnaden-Jagd ist ein an eine bestimmte Person für die
Lebensdauer überlassenes Recht bestimmte Wildgattungen
zu jagen und zu fangen.

Sie wurde im Mittelalter von den Monarchen, welchen
in ihren Ländern zumeist das schrankenlose Jagdrecht auch
auf fremdem Grunde zugehörig war, vergeben. — Mit der
Aufnahme der Fuchshatz und der Parforcejagd wurde
der Fuchs bald aus der Reihe der Jagdthiere ausgeschieden,
welche von dem Nutzniesser der Gnadenjagd gefangen und
geschossen werden durften.

Goldfuchs, siehe Birkfuchs.

Greifen bezeichnet das Fangen eines Wildes durch den Fuchs.

Gross ist ein Ausdruck, welcher eigenthümlicher Weise keine
Aufnahme in die Jägersprache gefunden hat. Seit die
Waidmannssprache existirt — und dies ist ziemlich lange
her — bezeichnet der Jäger das Kleine mit dem waidmännischen Ausdrucke »gering«, das Grosse nennt er »brav«,
»stark«, »gut« oder »capital«.

Gut bei Leib. Wild jeder Art, welches wohl genährt ist,
wird als »gut bei Leib« im Gegensatze zu »schlecht bei
Leib«, »schmal bei Leib« waidgerecht angesprochen.

Guter Wind, siehe »Wind«.

Gutes Zeichen wird das charakteristische Verhalten des beschossenen Wildes genannt, welches nach seiner Eigenart
eine mehr minder schwere Verletzung vermuthen lässt,
siehe »Schusszeichen«.

Gute Zeit bezeichnet beim Fuchs jene Periode, in welcher sein Balg voll im Haar, am werthvollsten ist. »Es gilt der Balg«.

H.

Haar bezeichnet die Behaarung des Fuchses, wie des Wildes überhaupt. Eine Ausnahme bilden nur das Schwarzwild, welches Borsten trägt, und der Hase, dessen Haar waidgerecht Wolle genannt wird.

Hängen bezeichnet jenen fatalen Schlussact der Begattung bei Hunden und Füchsen, während dessen sie sich nicht zu trennen vermögen.

Hagel wird vielfach statt der Bezeichnung Schrot angewendet. Hasenschrot von mittlerer Stärke genügt vollkommen den Fuchs im Feuer niederzustrecken. Gröbere Hagelsorten decken weniger, und haben häufiger das Anschiessen als das Erbeuten zur Folge.

Haken nennt man den Heftel, auf welchem die Tuchlappen aufgedeckt werden, um selbe bequemer tragen zu können.

Haken schlagen nennt man jene plötzlichen Absprünge und Wendungen, die der Fuchs ausführt, um seine Verfolger irre zu führen und ihnen zu entkommen.

Halali bezeichnet den Moment, wo das par force gejagte Wild in Folge gänzlicher Erschöpfung die Flucht aufgibt. Eigentlich gilt der Ausdruck nur dem par force gejagten Roth- und Schwarzwild.

Hals des Hundes. Dies bezeichnet die Stimme des Hundes, die er, der Spur nachjagend, vernehmen lässt. »Der Hund hat einen guten Hals« bezeichnet das anhaltende Lautgeben.

Hals geben bezeichnet das Bellen des jagenden Hundes.

Halten die Fährte. Wenn die Jagdhunde die Spur des flüchtenden Wildes, ohne irre zu werden, verfolgen, bezeichnet man diesen Vorzug mit dem Ausdrucke: »sie halten die Fährte, die Spur.«

Harnzwang (Urinverhaltung) äussert sich durch erfolglose Versuche und gleichzeitige Schmerzensäusserungen.

Man zerquetsche Hanfsamen, rühre denselben in Ziegenmilch, filtrire dann dieselbe und reiche sie lauwarm dem kranken Hunde. Man bereite aus 20 Gramm Baldrianwurzel-Pulver, 6 Tropfen Mohnsaft und soviel Baldrianextract als zur Teigmasse nöthig ist, acht Pillen gleicher Grösse, und gebe selbe in zweistündigen Zwischenräumen. Auch Salpeter und Kampher 10 : 2 in Butter geknetet, ist ein wirksames Heilmittel.

Hart bezeichnet einen Hund, welcher sich bei der Dressur widerspenstig zeigt, und auf welchen die Züchtigung wenig Eindruck äussert. Leidenschaftlichkeit ist in erster Reihe solchen Hunden gegenüber unzulässig, denen schliesslich nur Ernst, Ruhe und zielbewusste Consequenz imponirt.

Haspel, siehe Federhaspel.

Hatz bezeichnet jede Jagd, bei welcher das Wild durch Jagdhunde eingeholt und festgehalten wird. Die Fuchsjagd mit Windhunden wird speciell Fuchshatz genannt.

Hatz bezeichnet auch eine Zahl von Hunden, die gemeinschaftlich ein Wild jagen. — Bei Windhunden ist der Ausdruck »Strick« waidgerecht. Zumeist werden drei Windhunde zusammen eingehetzt, die dann »ein Strick« Windhunde genannt werden.

Haube, siehe Fuchshaube.

Hauptröhre bezeichnet jene Röhre eines Fuchsbaues, welche vom Fuchs vorzugsweise zum Aus- und Einfahren benützt wird. Die Hauptröhre wird auch vorzugsweise vom Geheck junger Füchse benützt.

Haus wird in manchen Gegenden der Fuchsbau, überhaupt der Bau, und das zeitweilig von Raubthieren bewohnte Lager genannt.

Haut bezeichnet das Fell des nutzbaren Wildes, und zwar
speciell des Elen-, Roth-, Dam-, Gems- und Rehwildes.
Der Fuchs trägt einen Balg.

Hay, Hay! ist der Zuruf, mit welchem der Huntsman und
seine Gehilfen die Parforcehunde beim Auszug zur Jagd
versammelt.

Hazard-Schuss ist ein solcher, welcher in Folge zu weiter
Entfernung des beschossenen Wildes keine Sicherheit des
Treffens mehr bietet. Ein Hazardschuss auf nutzbares Wild
verstösst gegen die waidmännischen Regeln, auf den Fuchs
und jedwedes schädliche Wild ist er jedoch zulässig. Bei
solchen Schüssen muss man hoch halten, und mit der
Fortbewegung des zu beschiessenden Wildes rechnen.

Hetz, Hetz! ist der Zuruf, mit welchem man die Windhunde
zur Jagd aneifert.

Hetzjagd wird jede Jagd genannt, bei welcher das Wild durch
Hunde bis zur Erbeutung gejagt wird.

Hetzleine, siehe Fangstrick.

Hexensteig nennt man jene schmalen Pfade, welche die Hasen
im stehenden Getreide bilden. Der Fuchs kennt sie und
benützt sie.

Hie, hie, such! Zuruf an die Wildbodenhunde, wenn man
sie auf der Spur anlegt, welcher sie folgen sollen.

Hitzig nennt man die Hündin, bei welcher sich der Begattungstrieb regt.

Hitzig nennt man auch den Schützen, welcher im übermässigen
Jagdeifer unbedacht und unbesonnen seinen Schuss abgibt.
Solche Schützen sind nicht sowohl dem Wild, als ihren
Jagdgefährten gefährlich.

Ho ho todt! Ist der Jagdschrei, welcher das Verenden des
beschossenen Wildes verkündet.

Hoden, siehe Geschröt.

Hoh! Gilt als Aviso-Zuruf bei Treibjagden; er bedeutet: Habt Acht auf den folgenden Zuruf.

Holster bezeichnet jenen Waidsack alter Jäger, in dessen weitem Raume nebst der Schnapsflasche, den Rauchrequisiten und dem Schiessbedarf auch noch eine Anzahl Wildes Aufnahme findet.

Holzjagd bezeichnet die Jagd im Walde im Gegensatze zur Feld- oder Wasserjagd.

Holz-Schiessen, d. h. zu Holz schiessen, bedeutet das Anschweissen des Wildes, dessen man nicht habhaft wird.

Hourvari, siehe Ça faut. Bezeichnet eine Fehljagd par force. Es sind hiefür auch eigene Fanfaren componirt.

Hubertus, der bekannte heilige Schutzpatron der Jagd, zu dessen Ehren am 3. November in vielen Gegenden Treib- und Parforcejagden abgehalten werden.

In älteren Zeiten folgte solchen Hubertus-Jagden stets noch ein tüchtiges Trinkgelage. In grossen Pokalen wurde edler alter Wein credenzt, und der herrschenden Sitte gemäss mussten angehende Jäger einen solchen Riesenpokal auf einen Zug leeren; sie durften sich dieser Anforderung nicht entziehen, was auch immer die Folgen eines solch' unmässigen Trunkes gewesen sein mögen.

Hund, *Canis familiaris*. Jene Hunde reiner Racen, welche bei der Fuchsjagd mit der Schusswaffe, wie bei der Hetzjagd in Verwendung stehen, wurden in einem vorangestellten Abschnitte beschreiben.

Der Umstand, dass der männliche Hund jeder Zeit zur Begattung geneigt und zur Fortpflanzung geeignet ist, wenn er eine eben hitzige Hündin findet, hat eine Vermischung der verschiedenartigsten Racen im Gefolge, deren Descendenten oft im vollsten Sinne des Wortes als Missgeburten bezeichnet werden dürfen. — Wenn schon die Züchtung innerhalb der Grenzen einer Race ohne strenge

und correcte Auswahl der Individuen Descendenten
liefert, welche keineswegs — weder in der Gestalt noch
in ihren Anlagen befriedigen, wie sehr ist dies dann der
Fall, wenn sich Hunde begatten und fortpflanzen, die
weder als Individuen noch als Race-Repräsentanten zu einander passen.

Dem Verfasser wurde einst, als derselbe als Präses
einer Aufnahmsjury einer internationalen Hunde-Ausstellung
fungirte, ein Köter vorgeführt, dessen Mutter der Windhund-
race angehörte, während der Vater ein Dachshund war.
Wie der tapfere krummbeinige Bewerber im Stande war,
sich aus thatsächlich unerreichbarer Höhe den Minnesold
zu holen, und ob er sich hiezu eine Leiter oder einen
Stuhl dienstbar gemacht hatte, konnte ich nicht wohl von
der holdverschämten Besitzerin des Unicums auf dem Gebiete der Kynologie im Wege der Frage erfahren. Sehr
übel nahm es die Dame indess auf, als ich die stricte
Erklärung abgab, dass dieses Hunde-Individuum, dessen
Gestalt jeder Beschreibung spottete, nicht aufnahmsfähig sei!

Die strengste sorgsamste Wahl der zu begattenden
Individuen hat viele und gewichtige Fehler wieder gut zu
machen, welche bei der Züchtung unserer Jagdhunderacen
allenthalben begangen wurden.

Hundekrankheiten. Die Jagdhunde, welche oft übermässig
angestrengt werden, und dabei oft auch noch Hunger und
Durst leiden müssen, unterliegen vielfachen Krankheiten
und einzelne, wie die Dachshunde, auch gefährlichen Verwundungen.

Der Jäger soll mit den Symptomen der verschiedenen
Krankheiten, wie auch mit den Mitteln zu deren Heilung
oder rechtzeitigen Unterdrückung vollkommen vertraut sein.

Die Krankheiten, unter welchen die Hunde leiden,
sind folgende:

1. Die Wuth oder Wasserscheu.
2. Die Seuche (Hundslähme, Hundeschwachheit).
3. Die Räude.
4. Die Bräune.
5. Der Durchfall.
6. Die Verstopfung.
7. Die Urinverhaltung.
8. Der Blutabgang.
9. Der Husten.
10. Die Würmer.
11. Die Lähmung.
12. Die Vergiftung.
13. Die Augenkrankheiten.
14. Die Krankheiten des Behanges.
15. Die Nasengeschwüre.
16. Die Geschwüre unter der Haut.
17. Die Warzen.
18. Die Brand- und Brüh-Wunden.
19. Verrenkungen.
20. Beinbrüche.
21. Verwundungen.

Die zweckmässigsten Heilmittel finden sich von Fall zu Fall bei den betreffenden Schlagworten verzeichnet.

Hundenamen. Obwohl es selbstverständlich dem individuellen Geschmacke des Besitzers überlassen bleiben muss, die Namen seiner Hunde zu wählen und zu bestimmen, so sollen hier doch solche Namen zur bequemeren Auswahl angeführt werden, welche sich schon seit vielen Generationen im Kreise der Jägerei erhalten haben.

a) Für Dachshunde, und zwar für männliche: Erd-mann, Fuchsmann, Schlupfer, Waldmann, Zänker, Berg-mann; für weibliche: Belline, Bella, Coquette, Waldine, Waibl, Kate, Diana.

b) Für Bracken, und zwar für männliche: Hellauf,
Bergan, Greif, Ponto, Schnipp, Schnapp; für weibliche:
Maitresse, Heidine, Waldine, Finette, Finesse.

c) Für Windhunde, und zwar für männliche: Mazur,
Apoll, Merkur, Castor, Pollux, Hallo, Haltan, Packan,
Premier; für weibliche: Blanca, Nera, Madame, Leda, Ne-
grette, Inca, Diana, Bella.

d) Für Fuchshunde, und zwar für männliche: Apoll,
Castor, Pollux, Dragon, Ulan, Presto, Kapper, Halifax,
Mars, Mameluk, Orion, Tatar, Favorit, Master, Lord,
Squire, Bell; für weibliche: Brünette, Charmante, Duchesse,
Myrose, Maid, Miss, Mistress, Olla, Gazelle, Donna, Mollette.

Hundezwinger. Siehe Capitel »die Hunde im Dienste der
Fuchsjagd.« Ueberdies mögen noch folgende Bemerkungen
hier Raum finden:

Ein erhöht gelegener, sonniger, von einigen Bäumen
beschatteter Rasenplatz erscheint, soferne eine freie Wahl
desselben zulässig ist, am geeignetesten zur Einrichtung eines
Hundezwingers. Mit der Front gegen Osten oder Süden
wird ein gedeckter Schuppen in dem Zwinger erbaut,
welcher den Hunden bei rauher Witterung, und während
der Nacht zum Aufenthalte dient. Die innere Einrichtung
desselben ist von der Zahl und Art seiner künftigen Bewohner abhängig. Bracken, Windhunde und Fuchshunde
bewohnen je den Zwinger gemeinsam, und es werden nur
einzelne Abtheilungen desselben derart eingerichtet, dass
hitzig werdende, oder tragende und säugende Hündinnen
zur Zeit isolirt werden können. Ist der Zwinger dazu bestimmt Jagdhunde verschiedener Racen aufzunehmen, dann
ist es zweckmässig eben so viele Abtheilungen durch iso-
lirende Gitter einrichten zu lassen. Ein Bassin mit frischem
Wasser und die grösstmöglichste Reinlichkeit sind un-

erlässliche Bedingungen eines zweckentsprechend eingerichteten Zwingers. Längs der Rückwand des gedeckten,
und nur gegen die Ost- oder Südseite mit entsprechenden
Einlässen versehenen Schuppens sind, etwa ½ Meter vom
Erdboden, die Pritschen zu errichten, welche den Hunden
als Schlafstellen zu dienen haben.

Der ungedeckte freie Raum des Zwingers soll, wenn
irgend thunlich, eine Fläche umfassen, welche den Hunden
genügend Bewegung gestattet, da es nicht immer thunlich
ist, dieselben täglich in's Freie zu führen.

Man versäume indess nicht, die Hunde, welche in
Zwingern gehalten werden, öfter zu besuchen, und durch
freundlichen Zuspruch zutraulich und anhänglich zu erhalten.

Hupp, Hupp! Ein Zuruf der Jäger, mit welchem sich dieselben über ihre Standorte im Waldrevier orientiren, auch
dient er dazu, um an einem bestimmten Punkte zusammen
zu treffen.

Husten der Hunde. Dieses Leiden hat seinen Sitz in den
Lungen oder im Magen, und es ist demgemäss auch das
Heilmittel ein verschiedenes.

Im ersteren Falle bereitet man eine Gallerte aus etwa
zwei Handvoll Leinsamen, welche in heissem Wasser eingekocht und durchgeseiht werden. Von dieser Gallerte
reicht man dem Hunde täglich Morgens und Abends einen
Esslöffel voll.

Der katarrhalische oder Magenhusten wird durch
haselnussgrosse Pillen — je drei- bis viermal täglich gereicht — rasch behoben. Sie werden aus 1 Gramm Serpen-
taria, 1·50 Gramm Gummi ammon, 2 Gramm Succ. liquir.
inspiss. unter Zusatz von Honig bereitet.

Ein vortreffliches, auch in Winkell's Handbuch für Jäger
empfohlenes Recept gegen hartnäckigen Husten ist folgen-

des : Sulph. antim. aurat. Gr. o·8o Sacch. lat. Pulv. rad. liquirit ana Gr. o·5o. M. d. f. pulv.

Ist täglich dreimal je eine Messerspitze voll trocken zu verabreichen.

I, J.

J ä g e r. Diesen usque ad absurdum missbrauchten Namen darf nur jener mit Berechtigung führen, welcher

1. in das Wesen und Verhalten sämmtlicher zur hohen und niedern Jagd zählenden Wildgattungen eingeweiht ist ;

2. deren Vermehrung zu fördern und zu schützen;

3. die zur Jagd nöthigen Hunde zu dressiren und zu führen ;

4. alle zum Jagdgebrauche nöthigen Waffen, Garne, Fallen, Eisen und Geräthe zu handhaben versteht und

5. das Wild dauernd, waidgerecht und bestmöglich ebensowohl zu hegen, als nutzbar zu machen im Stande ist.

J ä g e r e i. Diese hat sich im Laufe der Zeit aus einem rohen Handwerk auf die Stufen der Wissenschaft und Kunst erhoben.

Die Wissenschaft ist ihr dienstbar rücksichtlich der genauen Kenntniss der Arten, des Wesens, Vorkommens und naturgesetzlichen Verhaltens der Jagdthiere ; die Kunst in der Ausübung der Jagd und Fangmethoden. Die Disciplinen der Jagdwissenschaft sind folgende :

1. die waidmännische Terminologie ;

2. die Naturgeschichte des Wildes ;

3. die Wildzucht und Hege ;

4. der Wildschutz auf gesetzlicher und naturgesetzlicher Basis ;

5. die Wildjagd und

6. die Wildnutzung.

Jägerlatein ist jene classische Sprache, welche auch ohne humanistische Vorbildung gehandhabt werden kann und das geringfügigste Vorkommniss auf den Gebieten der Jagd farbenreich und vornehmlich Blau in Blau zu schildern versteht. Der echte Waidmann bedient sich derselben indess selten oder nie.

Jagdapparat. Dieser umfasst die zur Jagd nöthigen Hunde, Waffen, Eisen, Fallen, Tücher, Netze, Lockinstrumente und Hörner; kurz alles, was zur kunstgemässen und waidgerechten Ausübung jeder Art von Jagd nothwendig ist.

Jagd-Equipage, siehe Jagdapparat. Diese Bezeichnung findet zumeist bei allem zur Parforcejagd gehörigen Material seine Anwendung.

Jagdgerecht, waidgerecht, bezeichnet das correcte Verhalten und Vorgehen nach den Regeln des Waidwerks.

Jagdgewehre. Diese Bezeichnung umfasst nicht nur die Schusswaffen, sondern alle Waffen überhaupt, welche bei der Jagd angewendet werden.

Jagdhorne. Die bei der Fuchsjagd in Verwendung kommenden Blasinstrumente sind das Hif- oder das Flügelhorn und Parforcehorn.

Jagdnetze, siehe Fangmethoden.

Jagdschirm. Für die Treibjagden mit festen Ständen im Holze werden mitunter an Plätzen, wo der lichte Bestand wenig Deckung gewährt, etwa einen Meter hohe mit Reisig verkleidete Blenden aufgestellt, hinter welchen die Schützen ihre Stände einnehmen. — Bei Fuchsjagden sind dies, abgesehen von seltenen Ausnahmen, keineswegs begehrenswerthe Plätze. Der Schütze ist da vor den scharfauslugenden Sehern des Meisters Reinecke zumeist vollkommen sicher placirt, doch nicht der Blende wegen, sondern deshalb, weil der Fuchs an solchen Stellen — selbst nicht sichtbar wird.

Jagdsignale. Bei jeder Gattung von Jagd, welche unter Mit-
wirkung des Jagdpersonales und des Jagdapparates abgehalten wird, insbesondere bei Hetz- und Parforcejagden,
ist es für den Leiter der Jagd wie für die dienstthuenden
Jagdbeamten und Jäger wichtig und nothwendig, in zweckentsprechender Weise über den Gang und die einzelnen
Phasen der Jagd orientirt zu sein. Diesem Zwecke dienen
die Jagdsignale *).

Jagdthiere nennt man jene vierfüssigen Thiere und Vögel,
welche auf dem Gebiete des Waidwerkes zur Nutzung gelangen, oder ihrer Schädlichkeit wegen von der Jägerei
verfolgt werden.

Im Felde stehen. Diese Bezeichnung gilt in erster Reihe den
Windhunden und deutet die Zeitperiode an, seit welcher
dieselben zur Hetzjagd verwendet werden. »Der Windhund
steht im dritten Felde« heisst, der Hund hat bereits zwei
Hetz-Saisons mitgemacht.

Im Feuer. Wenn das beschossene Wild sofort am Anschusse
liegen bleibt, so nennt man dies waidgerecht »im Feuer
stürzen«, oder »im Feuer zusammenbrechen«.

Beim Fuchs ist jedoch Vorsicht geboten, denn das
Zusammenbrechen im Feuer hat nicht immer das sofortige
Verenden zur Folge.

K.

Kämmen. Hat ein Streifschuss lediglich abgeschossenes Haar
und keinen Schweiss am Anschuss zur Folge, so nennt man
dies »kämmen«; der Fuchs ist »gekämmt davon gegangen«.

---

*) Der Verfasser hat eine Reihe von Jagdsignalen componirt, die in
einem Sammelwerke, welches auch sämmtliche bei der hohen Jagd in Verwendung kommende Fanfaren enthält — demnächst veröffentlicht werden.
D. V.

Kalt nennt man jene Spur und Fährte, welche für den Hund bereits die Witterung verloren hat.

Kammer nennt man den verwitterten Raum im Innern des Fuchsbaues.

Kennzeichen der Schusswunde, siehe das Capitel: »die Schusszeichen«.

Kessel, siehe Kammer.

Kesselwind. An Stellen, wo mehrere Terrainfalten oder Schluchten zusammen stossen, wechselt der Wind häufig die Richtung und vereitelt oft in Folge dessen das Resultat des Jagens.

Keulenschuss, siehe Schusszeichen.

Kirren, siehe Ankirren.

Kirrbrocken siehe Fangmethoden.

Klapper ist ein einfaches, aus Holz gefertigtes Instrument, welches zum rege machen des Wildes bei Treibjagden verwendet wird. Die zweckmässigste Construction solcher Klappern ist folgende:

An einem 20 bis 25 Centim. langen, etwa 10 Centim· breiten Brettchen aus hartem Holze ist in der Mitte rechtwinckelig eine Handhabe angebracht, deren Zapfen am oberen Theile etwa 8 Centim. emporragt. An diesem Zapfen wird ein doppeltes Hämmerchen eingefügt, welches, wenn man das Instrument bewegt, an das Brettchen schlägt.

Klapperjagd nennt man ein Treibjagen, bei welchem die Treiber mit den vorbeschriebenen Klappern ausgerüstet sind.

Klappfallen. Es sind dies längliche, bretterne Kästen, welche sich an der einen oder an beiden Stirnseiten von selbst verschliessen, sobald das durchschlüpfende Thier auf ein am Boden in der Mitte befindliches Stellbrettchen tritt. — Siehe das Capitel »Fangmethoden«.

Nachdem eine langathmige Beschreibung der Klappfallen durch die Einrichtung und Handhabung dieses —

auch dem schlauen Fuchs verderblichen Fangapparates dem Verständniss bei weitem weniger dienlich ist als die praktische Anschauung, empfiehlt sich die Anschaffung einer Musterfalle aus den renommirten Erzeugungsstätten von Weber zu Haynau in Preuss.-Schlesien oder von Pieper in Moers.

Klauen ist die waidgerechte Bezeichnung der Nägel des Fuchses und des Hundes.

Klopfjagd siehe Klapperjdagd.

Knüppelfalle gleichbedeutend mit »Mordfalle«. Es ist dies ein Fangapparat, bei dessen Verwendung ein einzelner oder mehrere untereinander verbundene fängisch gestellte Knüppel auf das zu fangende Thier niederfallen und dasselbe erdrücken.

Die Knüppelfallen müssen längere Zeit stehen und vollständig verwittern, ehe man daran geht, sie fängisch zu stellen.

Kohlfuchs siehe Brandfuchs — Birkfuchs.

Kopfhund nennt man bei den Parforce- und Brackierhunden jenen, welcher die Meute oder Koppel führt und die Spur des Fuchses richtig und sicher verfolgt d. h. dieselbe »hält«.

Es ist interessant wie auch die Hunde die überlegene Begabung des Einzelnen fühlen und sich derselben unterordnen.

Koppel bezeichnet eine Anzahl Bracken, zwei bis vier, welche gemeinsam jagen.

Koppelbändig werden die Bracken genannt, wenn sie »gekoppelt« nicht ungeberdig sind und je zwei an einer Koppel neben dem Jäger einher laufen.

Kreisen bezeichnet das Umgehen eines Walddistrictes nach einer Neue, um die Ueberzeugung zu gewinnen, ob und wie viel Füchse in demselben stecken.

Ein fährtengerechter terrainkundiger Jäger wird in den meisten Fällen auch ohne Schnee, wenn er im Mor-

gengrauen das Revier begeht, im Thau oder am bereiften
Boden Bescheid wissen.

Kreiser. In ausgedehnten Waldrevieren benützt der Revier-
förster neben dem ihm unterstehenden Jägerei-Personale
häufig auch ständige Waldarbeiter und Holzfäller zum
Kreisen und diese zumeist verlässlichen und brauchbaren
Individuen werden Kreiser genannt. In manchen Gegenden
Norddeutschlands zum Theil auch in den russischen Ostsee-
Provinzen, wird das niedere Forst- und Jagdschutzpersonale
so genannt.

Krellen. Wenn der einschlagende Schuss die Knochen des
Halses oder Rückgrates streift, stürzt das Wild im Feuer
und bleibt eine kurze Zeit regungslos, wie verendet, liegen,
um dann plötzlich wieder hoch — und flüchtig zu werden.
Man beachte dies und spare beim geringsten Lebenszeichen
den zweiten, wohlgezielten Schuss nicht.

Krellschuss, siehe den vorangestellten Artikel.

Kreuzwechsel. Der Punkt, wo sich die Wildwechsel kreuzen,
wird so genannt.

Kriechen bezeichnet das Einfahren des Dachshundes in den
Fuchsbau.

Kuppel (Koppel) Bracken oder Jagdhunde nennt man die
Vereinigung von zwei bis drei Hunden, welche mittelst
der Halsbänder miteinander verbunden zum Jagdplatz geführt werden. — Die so »gekoppelten« Hunde sind auch
miteinander »eingejagt«, und werden erst am Jagdplatze
von der Koppel gelöst. Bei Windhunden gilt der Ausdruck
»Strick« statt der Bezeichnung »Koppel« oder »Kuppel«.

Kurz schiessen bezeichnet einen Schuss, welcher zu tief
oder hinter dem bezielten Wilde angetragen, dasselbe ver-
fehlt. — Meister Reinecke wird von ungeübten Schützen
häufig »zu kurz« geschossen.

L.

Laden. Die Erfindung der Hinterlader überhebt den Jäger und Jagdfreund der Gegenwart der Mühe und Zeitversäumniss, seine Schusswaffe durch Abmessen der Pulver- und Schrotmengen am Stande wieder schussbereit zu machen. Um so mehr Sorgfalt soll indess daheim auf das Anfertigen der Patronen, bez. das Füllen der Hülsen verwendet werden. — Nicht immer ist das dem Caliber entsprechende, nach der Schablone verfertigte Lademass (wenn diese Bezeichnung gestattet ist) der »Individualität« der Schusswaffe genau angepasst. — Jeder Jäger sollte mit Rücksicht auf diese Thatsache durch angestellte Proben auf der Schießstätte das richtige Mengenverhältniss für seine Schusswaffe feststellen.

Lähmung der Hunde. Durch übermässige Erkältung oder Erhitzung treten bei Jagdhunden häufig partielle Lähmungen ein. Sofort angewendete warme Bäder täglich — zweimal — üben diesfalls die beste Wirkung. Bei hochgradiger Lähmung kocht man in dem Badewasser vorerst einen Napf voll der Bestandtheile eines Ameisenhaufens sammt den Ameisen. Erscheint die Lähmung enger begrenzt, dann genügt eine wiederholte warme Einreibung von Seifen- oder Kampherspiritus.

Läufig, siehe Hitzig.

Lager des Schlageisens. Wenn man, um den Fuchs zu fangen, ein Eisen legen will, dann schneidet man die Figur desselben in den Boden, und vertieft diese Stellen durch Ausheben der Erde soweit, dass das Eisen darin verborgen, bez. eingepasst werden kann. — Diese Procedur wird »Lagern des Eisens«, der Einschnitt selbst das »Lager« genannt.

Lappen, siehe Federlappen, Wimpel-Lappen.

Lappenstäbe sind aus schwachen Stangen zugerichtete Stäbe, welche derart beschnitten werden, dass die Verästung als Obertheil derselben eine Gabel bildet, an welcher die Lappen, wenn sie stellenweise über Blössen gezogen werden sollen, aufgefangen werden.

Lappstatt nennt man den Walddistrict, welcher zu Zwecken der Jagd eingelappt, d. h. mit Lappen umzogen wird.

Latein. Die bekannte blumen- und blütenreiche classische Sprache.

Lateiner bezeichnet Sonntagsjäger, und zugleich gläubige, pietätvolle Zuhörer für die oft mit fein eingewobener Ironie gewürzten wunderbaren Jagdabenteuer der unmöglichsten Gattung. Meister Reinecke liefert diesfalls den reichlichsten Stoff seit Generationen.

Lauf. Die Beine des Fuchses und des Hundes, wie des Haarwildes überhaupt, werden so genannt.

Laufschuss bezeichnet die Verwundung an diesem Körpertheile. Ist ein Röhrenknochen zerschmettert, dann zeichnet der Fuchs den Schuss häufig durch einen heiseren kreischenden Klaglaut, während er sich bei allen übrigen, selbst tödtlich treffenden Schüssen lautlos verhält.

Laufzeit der Hündin bezeichnet jene Periode, in welcher bei derselben der Begattungstrieb erwacht. Die Laufzeit kommt gewöhnlich nur einmal im Jahre und dann zumeist im Frühjahre vor, doch wiederholt sich dieselbe in einem kürzeren Zeitraume, wenn die Begattung nicht erfolgte.

Neun bis zehn Wochen nach der Begattung wölft die Hündin 4, ja selbst 14—15 Junge.

Launisch nennt man jene Jagdhunde, welche im Jagen wenig Eifer zeigen.

Laut nennt man den Hund, wenn er der Spur des Wildes bellend folgt, oder es »verbellt«, wenn sich das verfolgte Wild stellt und den Hund abwehrt.

Laut nennt der Jäger den Wald, wenn der Tritt in trockenem Laube oder im Schnee, welcher eine Kruste trägt, weithin hörbar wird.

Laxanz, Abführmittel für Hunde, wird aus einer Mischung von Rhabarbar und Glaubersalz im Verhältniss 25 : 40 bereitet und entweder mit Butter oder Pflaumenmus gemengt. — Siehe die verschiedenen Hundekrankheiten.

Leber. Diese besteht aus einer braunrothen Fleischmasse, liegt über den Magen, und dient zur Bereitung der Galle. Ein Schuss in die Leber ist tödtlich und der Schweiss in der Spur, bez. am Anschusse zeigt eine braunrothe Farbe.

Leberschuss, siehe oben.

Leeren, siehe Lösen.

Leib bedeutet die Condition des Wildes. Das Wild ist »gut« oder »schlecht bei Leib« oder »vom Leibe«.

Leine wird der Strick genannt, welcher beim Führen der Jagdhunde verwendet wird.

Licht, Lichter werden die Augen des nützlichen Haarwildes, und vornehmlich jene des Elen-, Roth-, Dam-, Gems- und Rehwildes genannt. Es ist wohl kein arger Fehler diesen Ausdruck auch für die Schelmen-Augen des Fuchses anzuwenden, doch ist diesfalls die Bezeichung »Seher« correcter.

Locke und

Locken, siehe Mäuseln.

Lösen (sich) nennt man das Ablegen der Excremente bei Fuchs und Hund.

Lösen die Hunde, bezeichnet das Befreien derselben von der Leine.

Losbrechen bezeichnet das Verlassen des Schlupfwinkels, bez. des Lagers des Fuchses und aller übrigen Haarwildgattungen in Folge von Beunruhigung.

Loskuppeln, siehe Lösen der Hunde.

Losung nennt man die Excremente des Fuchses.

Loth wurde in früheren Zeiten statt Blei (Schrot oder Kugel) angewendet, wie die Bezeichnung »Kraut« statt Pulver.

Luder nennt man jene Cadaver, welche zum Anlocken der Füchse ausgelegt werden.

Ludern heisst einen Cadaver hinter sich herziehen, um den Fuchs zu jener Stelle hinzulocken, an welcher das Luder ausgelegt wird. — Siehe Geschleppe.

Luderplatz nennt man den Ort, wo das Luder ausgelegt wird.

Lunge. Dieses Organ besteht aus einer schwammigen, hell-röthlichblauen Masse, welche mit der Luftröhre zusammen-hängend, von vielen Adern und Luftgefässen durchzogen ist. Durch die Luftröhre wird der Lunge vermittelst des Athemholens Luft zugeführt, und durch die Bewegung dieser und des Herzens wird das Blut in Circulation gesetzt.

Sobald die Lunge ihre Functionen versagt, wird das Athemholen unmöglich, und es tritt der Tod sofort ein.

Der Schuss in die Lungen ist absolut tödtlich, doch sind vereinzelte Fälle constatirt, dass partielle und leichtere Verletzungen der Lunge verheilt sind.

Lungenschuss, siehe oben. Das häufige Aushusten von schaumigem Schweiss ist das sichere Zeichen des Lungen-schusses.

Lunte, Standarte, ist der Schwanz des Fuchses, die er, vom Fehlschusse begrüsst, so lustig zu schwenken versteht.

Luser, siehe Gehöre.

M.

Mäuse. Diese Nager vom Hamster abwärts bilden einen be-vorzugten Raub des Fuchses.

Magen ist das Organ, welches die Nahrung, die demselben durch den Schlund zugeführt wird, verarbeitet, und aus welchem sie dann behufs der Sonderung und Extraction in die Gedärme übergeht.

Der Schuss in den Magen wirkt tödtlich.

Mahnen nennt man mitunter den Warnungslaut des Mutter-wildes.

Matt nennt man den Schuss, dessen Projectile nur eine geringe Durchschlagskraft äussern. Dieser vielfach verkommende schwere Fehler ist nicht immer, wie dies meistens ge-schieht, der fehlerhaften Construction der Gewehrläufe zuzuschreiben. Die Ursache eines matten, keine Durch-schlagskraft äussernden Schusses ist eben so häufig in qualitativ schlechtem und quantitativ unrichtig gestelltem Lademass zu finden.

Ein Uebergewicht von Schrot wird immer Mattschüsse zur Folge haben.

Meister-Jäger war in früherer Zeit eine Charge bei der Jägerei und wurde von den Meister-Jägern vorzüglich die Arbeit des Leithundes geleitet. — Die »Meister-Jäger« sind so ziemlich mit den Leithunden ausgestorben.

Meute fr. la meute, engl. pack bezeichnet die Gesammtheit der zur Parforcejagd in Verwendung stehenden Hunde. Eine Meute besteht zumeist aus 30-40 Hunden, doch gibt es deren, welche bis über hundert Hunde zählen.

Die Hauptsache, der Hauptvorzug der Meute ist der Gehorsam, neben einer verlässlichen und die Spur fest-haltenden Suche, bez. Folge.

Die Anschaffung und Unterhaltung einer Meute ist ein sehr kostspieliges Vergnügen und absorbirt jährlich sehr bedeutende Summen.

Berühmte Fuchsmeuten Grossbritanniens, welche mit grosser Sorgfalt und Sachkenntniss gezüchtet und ein-gehetzt werden, sind u. A.:

The Kildare Hounds;
the ward Union Hounds;
the Galway Hounds;
the Tipperary Hounds;

the Westmeath Hounds;

the Cashelmore Hounds;

the Limerick Hounds;

the South Union Hounds;

the Kings County Hounds;

the Queens County Hounds;

ferner die Meuten des Marquis of Waterford, des Mr. John Hubert Moore und des Mr. Allen M'Donogh in Irland.

Micken nennt man in manchen Gegenden die gabelförmigen Stallstäbe, auf welchen die Tuch- oder Federlappen aufgehangen werden.

Mittelrace, siehe Race.

Mutterwild. Dieser Ausdruck bezeichnet im Besonderen die weiblichen Thiere des Elen-, Edel-, Dam-, Gems- und Rehwildes, doch darf derselbe waidgerecht im Allgemeinen jedem weiblichen Wilde beigelegt werden, welches eine Nachkommenschaft hat.

N.

Nachfahren. Wenn man mit dem Gewehr im Anschlage der Bewegung des flüchtenden Wildes so lange folgt, bis man den richtigen Zielpunkt erfasst hat, nennt man diese Art des »Abkommens« nachfahren.

Die Art des Abkommens ist eine Consequenz des Temperaments, der Uebung und Gewohnheit. Ich halte dieses Nachfahren für eine unnütze Zeitversäumniss, die beim Fuchs doppelt schwer in's Gewicht fällt. Ruhig und besonnen den richtigen Moment abwarten, dann rasch anschlagen, während der Blick scharf den Zielpunkt erfasst, welchem die Hand zu folgen hat, und dann mit einem leisen Ruck nach vorwärts abdrücken, führt rascher und sicherer zum Ziele.

Nackenwind, siehe Wind.

Nässen bezeichnet das Uriniren des Wildes.

Nase gilt beim Hunde wie beim Fuchse als waidgerechte Bezeichnung.

Nasen-Geschwüre bei Hunden. Dieses Leiden heilt ein Absud von Löffelkraut und Brunnenkresse, von jedem eine Handvoll, welchem drei Esslöffel voll Honig. beigemengt wird. Man reiche dem Hunde jeden zweiten Tag einen Esslöffel voll. Von den beim Durchseihen des Decocts zurückbleibenden Blättern kann man örtlich lauwarme Umschläge machen, welche die Heilung wesentlich beschleunigen. Hartnäckige Geschwüre ätze man mit einer Höllensteinlösung.

Nelke wird zuweilen die Viole des Fuchses genannt.

Netz, das gestrickte Maschengefüge, welches zum Fangen des Wildes hergestellt wird; siehe Garn.

Neue bezeichnet den frischgefallenen Schnee, welcher eine wichtige und lehrreiche Obliegenheit der Jägerei — das Abspüren — begünstigt, bez. ermöglicht. – Die beste Neue bietet ein Schneefall vor Tagesanbruch. — Angehende Jäger lernen bei einem Revierbegang nach einer guten Neue und an der Seite eines erfahrenen Waidmanns in wenigen Stunden viel und Vielerlei; sie ist eines der vortrefflichsten Lehrbücher, wenn man ihre Lettern — Spur und Fährten — eben zu lesen versteht.

Neuling ist die Bezeichnung für angehende Jäger und junge Hunde, welche Beide noch der Dressur bedürfen.

Niedere Jagd, siehe Jagd. Der Fuchs zählt zur Niederjagd.

Nothbau, siehe Fluchtröhre.

Nuss nennt man das weibliche Glied beim Fuchs und dem Hunde.

O.

Oberwind. Steht der Jäger unter einem dem Wilde zuge-
wendeten Luftstrome, dann hat er »Oberwind«; und »Unter-
wind«, wenn sich derselbe über einem solchen Luftstrom
befindet.

Oese, das Oehr am Ende einer Leine.

Ohr, für den Fuchs gilt der Ausdruck »Gehör«.

Ohrenkrankheiten der Hunde.

Diese häufig auftretenden Leiden unterscheiden sich
durch ihre deutlich erkennbaren Symptome, welchen gemäss
auch die Wahl der Heilmittel gewählt werden muss. Es
sind folgende:

a) Schwerhörigkeit oder Taubheit. — Ist dieselbe eine
Consequenz hohen Alters, dann ist sie unheilbar, und man
erspare sich und dem Hunde jedweden· Curversuch.

Ist dieselbe jedoch in Folge übermässiger Erhitzung
oder Erkältung entstanden, dann wird sie ohne Schwierigkeit
durch Verabreichung eines leichten Abführmittels und tägliche lauwarme Bäder behoben.

b) Anschwellung des Behanges oder innerer Theile desselben werden durch folgendes einfache Mittel bald geheilt:
Eine Handvoll Camillenblumen und eine gleiche Menge
Salbeiblätter werden in $\frac{1}{4}$ Kilo Milch aufgekocht, ein Esslöffel voll Honig beigemischt, und von diesem Decoct ein
mässiges Quantum lauwarm in das leidende Ohr gegossen.
Eitert die Anschwellung, dann muss die Wunde mit reinem
Essig öfter ausgewaschen werden. Ein leichtes Abführmittel
ist auch hier rathsam.

c) Der Ohrenkrebs, Ohrenwurm.

Diese örtliche, durch Berührung ansteckende Krankheit
befällt zumeist die Hunde mit langem Behang und ist entweder von den Eltern vererbt, somit durch die innere

körperliche Disposition bedingt, oder Folge äusserer Verletzungen des Behanges, die durch das Kratzen in jenes bös-
artige Stadium statt in das der Heilung eingetreten sind.

In beiden Fällen darf man keine Zeit versäumen, denn
eben diese Versäumniss ist es, welche das odiose langwierige
Leiden des Ohrenkrebses zur Folge hat.

Sobald der Hund durch ein eigenthümliches Neigen
des Kopfes und durch vorsichtiges Kratzen am Behange
das Auftreten des Leidens kennzeichnet, gelingt es häufig,
die im ersten Stadium der Krankheit auftretenden partiellen
Anschwellungen am Behange durch lauwarme Waschungen
mit einem Salbeiblätter-Absud, oder durch Anwendung
des *sub b)* angeführten Decoctes zu heilen; auch ist die
Behandlung des kranken Behanges mit dem vom Apotheker
Bittner zu Gloggnitz in Niederösterreich erfundenen Huile
balsamique in den meisten Fällen rasch und sicher wirksam.

Veraltete und vernachlässigte derartige Leiden müssen
durch Scarification oder Brennen mit weissglühendem Eisen
oder Höllenstein behandelt werden. Zum Bestreichen der
operirten Stellen wendet man dann folgende Mischung an:

Versüsstes Quecksilbersublimat 5 Gramm werden mit
dem Saft einer Citrone in einer Reibschale zusammen ver-
rieben und je 3o Gramm Alaun und geschabte weisse
Seife beigemengt. Die Mischung wird in $1/_4$ Kilo scharfen
Weinessig unter beständigem Rühren bis auf ein Drittheil
eingekocht, und in einem gut verdeckten Topfe aufbewahrt.
Durch J. v. Tschudy wird zu äusserer Behandlung auch
die Anwendung von Zinkoxyd in concentrirter Lösung
empfohlen.

Strenge Diät und leichte Abführmittel müssen bis zur
vollen Heilung angewendet werden.

Schliesslich wiederhole ich nochmals eindringlichst,
dass der Ohrenkrebs im Entstehen leicht und sicher

geheilt wird; dies möge jeder Besitzer und Züchter von
Hunden wohl beachten, und die in diesem Falle doppelt
werthvolle Zeit nicht mit unnützen oder das Leiden be-
fördernden Quacksalbereien vergeuden.

On enleve la meute. Bezeichnet das Stoppen, bez. das Abnehmen der fox hounds, wenn sie von der richtigen Spur
abkommen.

On déterre le renard. Man gräbt den Fuchs aus dem Bau
(la tannière). On a déterre la renarde avec quatre renardeaux,
man grub die Füchsin mit vier Jungen aus.

P.

Parforcejagd. Diese Bezeichnung wird auch für die Jagd
auf den Fuchs vom Sattel und hinter der Meute angewendet,
obwohl dieselbe nur für die Jagd auf den Hirsch und das
Wildschwein angewendet werden soll.

»Hetzjagd« ist der eigentliche waidgerechte Ausdruck
für die Jagd auf den Fuchs mit der Meute. — Die Anwendung der Bezeichnung »Parforcejagd« ist indess diesfalls so allgemein geworden, dass man dieselbe füglich
nicht mehr anfechten kann. Deshalb habe ich auch das,
diese Jagdmethode behandelnde Capitel nicht mit dem
correcten Titel Hetzjagd, sondern mit dem vorangestellten
überschrieben.

Pass bezeichnet den Wechsel des Fuchses. Siehe Wechsel.

Patrone. Diese Bezeichnung hat durch die allgemeine Einführung der Hinterlader eine erhöhte Bedeutung gewonnen.
Bei der Fuchsjagd ist es doppelt geboten auf die Bereitung
der Patronen, und das quantitativ richtige Verhältniss von
Projectil und Triebkraft die vollste Sorgfalt zu verwenden.

Pfropfen. Auch diesen wende man rücksichtlich der Wahl
eines elastischen und dicht schliessenden Materiales die
vollste Sorgfalt zu.

Piqueur wird der dienstthuende Parforcejäger genannt.

Prall wird das Netz genannt, wenn es nach jeder Richtung hin scharf angespannt wird. Die Netze werden zur Abhaltung des Wildes »prall« gestellt, während sie zum Zwecke des Fanges »busenreich« gestellt werden.

Prellen des Fuchses. Siehe das Capitel: »Mythisch-historische Ueberlieferungen«. Prellen, Verprellen bezeichnet ein Versehen beim Fangen des Fuchses in Eisen oder Fallen. — Der Fuchs wird als »verprellt« bezeichnet, wenn er in vorangeführter Weise misstrauisch gemacht wurde.

Prellnetz. Bei bestatteten Fuchsjagden werden, wenn es gilt, hohe Schützen sicher zu Schuss zu bringen, die betreffenden Walddistricte zum Theile mit Prellnetzen verstellt.

Die »Streiflappen« erfüllen indess vollkommen denselben Zweck, und sind deshalb weitaus zweckdienlicher, weil das Aufrichten derselben rasch und geräuschlos vollzogen wird, während dies bei Prellnetzen nicht möglich ist.

Die Prellnetze haben quadratische Maschen, während die Fangnetze mit Maschen gestrickt werden, welche verschobene Vierecke zeigen.

Prellschuss. Wenn die Projectile des abgegebenen Schusses an widerstandsfähigen Objecten anschlagend eine veränderte Richtung annehmen, nennt man dies einen Prellschuss. Bei hartgefrorenem Boden, namentlich aber auch in Buchenstangen-Beständen muss man, wenn das Wild über schmale Schneusen wechselt, mit äusserster Vorsicht schiessen. Es sind Fälle constatirt, dass diesfalls Verwundungen von Nachbarschützen vorkamen, welche, in der Verlängerung der Schneuse angestellt, durch in stumpfem Winkel abprellende Schrote verwundet wurden.

Prügelfalle, siehe Knüppelfalle.

Prunkjagen, Festinjagen. Es waren dies mit einem grossen Aufwande von Pracht und Prunk eingerichtete und eingestellte Jagden, bei welchen alle möglichen Wildgattungen zu Schuss gebracht wurden. Auch der Meister Fuchs durfte bei solchen Gelegenheiten nicht fehlen, und es wurde zu diesem Zwecke oft eine grosse Zahl von Füchsen in entfernten Revieren gefangen und zugeliefert.

Pürsche, Pürschjagd. Sie gilt dem Fuchs allein selten oder nie, da sich seine Gewohnheiten, und auch die Reviertheile, in welchen er steckt, bevor er zum Raube auszieht, dieser Art von Jagd entziehen. Doch ist es häufig der Fall, dass der pürschende Jäger mit dem — pürschenden Fuchse zufällig zusammentrifft, und dieses Begegnen dem Räuber meist theuer zu stehen kömmt. Ich habe auf diese Weise oft Füchse mit der Büchse erlegt.

Pürschwege, Schleichwege. In ausgedehnten Waldrevieren ist die Anlage eines combinirten, dem Terrain und den Gewohnheiten des Wildes fachkundig angepassten Netzes von Pürschwegen (Pfaden) von vielfachem und wesentlichem Nutzen. Die correcte, den beiden vorangeführten Momenten Rechnung tragende Anlage derselben ist keine Gesellen- oder Dilettanten-Arbeit.

Pulvermass, siehe Ladung und Patronen.

Prendre le renard bezeichnet bei der Parforcejagd das Fangen des Fuchses durch die Meute. — Die Fuchsspur heisst **pied.**

R.

Race. Bei keiner Thierspecies ist die Bezeichnung Race, d. h. »die volle Uebereinstimmung der Eigenschaften und der Körperbildung einer Gattung und ihre constante Vererbung«, so schwierig, in unbedingter Weise anzuwenden, wie bei den Hunden im Allgemeinen und leider auch zumeist bei den Jagdhunden im Besondern.

Der Umstand, dass sich die Hunde der verschiedenen Arten und Abarten gern unter einander begatten, und die

Indolenz, Unachtsamkeit oder Unkenntniss ihrer Besitzer fördern da Descendenzen, die in ihrer Missgestalt oft jeder Beschreibung spotten.

So sehr ich persönlich die Reinblutzucht bei strenger Wahl der Individuen vertrete, vermag ich einerseits weder den engbrüstig angewendeten Schablonen auf den Gebieten der Züchtung unbedingt das Wort reden, noch anderseits eine mit Zielbewusstsein begangene diesfällige Inconsequenz in Bezug auf die Regeln der Racezüchtung unbedingt zu tadeln.

Der Spruch: »Der Zweck heiligt die Mittel« — ist auch hier anwendbar, wenn der Züchter einem klaren Ziele zielbewusst, einem bestimmten Zwecke zweckentsprechend entgegen strebt.

Wir haben es auf den Gebieten der Jagdhundzucht in erster Reihe nicht der leider seltenen correcten Zuchtwahl der Individuen, sondern der Macht und zähen Kraft der Wiedereinartung, der Rückschläge auf die Stammeltern zumeist zu danken, dass bei der fortwährenden planlosen Kreuzung — abgesehen von wenigen rühmlichen Ausnahmen — überhaupt noch taugliche Jagdhunde existiren.

Rachen. Die gesammten Innentheile des Maules, beim Fuchs wie bei den Hunden, werden so genannt.

Räude der Füchse. Die Füchse und insbesonders die Füchsinnen unterliegen dieser Krankheit häufig. Es entstehen kleine eiternde Bläschen auf der Haut, aus welchen sich dann ein grauer Schorf bildet. Die Krankheit ist ansteckend und auch, wenn sie hochgradig auftritt, tödtlich. Die von der Räude befallenen Füchse magern auffällig ab und der Balg solcher Füchse ist gänzlich unbrauchbar.

Dachshunde, welche mit räudigen Füchen in Berührung kommen, werden sicher von der gleichen Krankheit befallen, wenn sie nicht alsbald einer gründlichen Reinigung mit Seife unterzogen werden.

Räude der Hunde. Diese in hohem Grade ansteckende und ekelerregende Krankheit ist die Folge von schlechter oder von zu viel Nahrung bei ungenügender Bewegung, und des Aufenthaltes in einem unreinlichen, schlecht ventilirten Stalle.

Man unterscheidet nach den verschiedenen Symptomen fünf Arten dieser Krankheit, u. zw.:

a) Die gemeine Räude. Diese überzieht den grössten Theil des Körpers und die eintrocknenden Eiterbläschen erzeugen einen trockenen, schuppigen, grauen Schorf;

b) die schwarze Räude, unterscheidet sich von der vorangeführten durch die schwärzliche Färbung des Schorfes;

c) die kleine rothe Räude. Diese äussert sich durch das Auftreten kleiner rother Flecken, welche dem Hunde ein heftiges Jucken verursachen.

d) die grosse Räude unterscheidet sich durch das platzweise Auftreten an einzelnen Körpertheilen, an welchen die Haare ausfallen und die befallenen Stellen eitern;

e) die Speckräude. Diese hat ihren Sitz in den Runzeln und Falten am Rücken des Hundes und äussert sich gleichfalls durch Eiterung.

Das erste Gebot beim Auftreten dieser Krankheit ist die sofortige Internirung und Isolirung des erkrankten Hundes und die Verabreichung eines Abführmittels, welches während des Krankheitsverlaufes wöchentlich wiederholt werden muss.

Im Entstehen ist zuweilen ein Absud der schwarzen Nieswurz (Veratrum nigrum) zur Heilung genügend, wenn der Hund, nachdem die Haut mit einem rauhen Lappen oder Wisch tüchtig abgerieben wurde, damit Morgens und Abends gewaschen wird.

Der Hund muss an einem warmen, vor dem Luftzuge bewahrten Orte untergebracht und gut zugedeckt werden. — Leckt der Hund das Decoct von der Haut, dann wird sofort ein Erbrechen erfolgen, welches dem Heilungsprocess förderlich ist.

Ist der Ausschlag in höherem Grade aufgetreten, dann empfiehlt sich für die äusserliche Behandlung folgende Salbe, welche jeden zweiten Tag eingerieben wird:

Rec. Pulv. rad. bard.

Herb. chelid. maj.

Bacc. lauri

Sulph. cammun. ana Gramm 40.

Diese Salbe wird unter beständigem Rühren einige Minuten mit Leinöl gekocht. Oder:

Rec. + Leinöl Gramm 150,

Essig	»	50,
Schwefel	»	2,
Kupferwasser	»	25,
Gallus	»	25,
Lorbeeren	»	2.

Das Leinöl wird zu diesem Behufe heiss gemacht, der Essig zugeschüttet und die Mischung über gelindem Kohlenfeuer unter stetem Umrühren mit einer Holzspatel gekocht. Hierauf mengt man die übrigen Ingredienzen bei und lässt das Ganze noch eine halbe Stunde lang gut durchkochen.

Nach dem Verkühlen wird die Salbe durch ein reines Läppchen geseiht und in eine steinerne Büchse gethan, mittelst einer Schweinsblase dicht zugebunden und an einem kühlen Orte verwahrt.

Auch folgendes einfache Mittel hat sich in vielen Fällen bewährt:

Ungenetzten Schwefel, 50 Gramm, rühre man mit 100 Gramm reinem Schweinefett zur Salbe und reibe die kranken Stellen, nachdem man Tags vorher die Waschung mit dem Nieswurz- (Veratrum nigrum-) Decoct vornahm, täglich dreimal ein und streiche dem Hunde gleichzeitig eine Dosis derselben — etwa einen Theelöffel voll — auf die Zunge.

Ueberdies reiche man dem Hunde auch während der Nachcur noch täglich dreimal, — je einen Theelöffel voll — folgendes Pulver:

Rec. + Weisse Pimpinellenwurzel Gramm 25,

Feldsteinmoos   »   25,

Schwefelblumen   »   5,

Dasselbe kann trocken eingeschüttet oder in Pillenform gereicht werden.

Vor jeder Einreibung muss der kranke Hund stets mit lauem Seifenwasser gewaschen werden.

Ist der Schorf abgefallen und der Ausschlag geheilt, so reibe man fortgesetzt täglich einmal Franzbranntwein, worin ein wenig spanische Fliegentinctur gemischt ist, ein.

Während der Krankheit muss der Hund streng diät gehalten werden. Fleisch oder fette Nahrung darf durchaus nicht gereicht werden.

R a h m e n. Wenn ein Strick (drei) gut eingehetzte Windhunde dem Fuchs so folgen, dass ihm ein Absprung von der eingehaltenen Fluchtrichtung unmöglich, bez. unwirksam gemacht wird, nennt man dies: die Hunde verstehen es, den Fuchs zu rahmen — einzurahmen.

R a n z e n bezeichnet bei sämmtlichen vierfüssigen Raubthieren die Zeitperiode der Begattung: die Ranzzeit.

R a s s e l. Das die Klappern bei Treibjagen zweckdienlich ersetzende Instrument, welches aus einem gehöhlten Brettchen, an welchem mehrere metallene bewegliche Anhängsel befestigt sind, besteht, wird so genannt. Es verursacht

dieses Instrument keinen so weit hörbaren Lärm im Treiben und ist deshalb den Klappern vorzuziehen.

Rauben nennt man das Fangen des Nutzwildes durch das
Raubwild; Raub — die Beute.

Raubthiere. Man unterscheidet unter den zur Ordnung der
Säugethiere zählenden die »Sohlengänger« und die »Zehengänger«. Meister Reinecke zählt zu den Letzteren.

Raubzeug nennt man das Raubwild ohne Unterschied.

Rauhwerk nennt man die Bälge der Füchse und anderer
Raubthiere.

Regemachen bezeichnet das Aufstören des Wildes aus seinem Lager oder Schlupfwinkel.

Rein belegt ist die Hündin, wenn die Begattung mit einem
Hunde derselben Race erfolgte.

Reine Race, siehe Race.

Reinecke — auch er hat seinen Spitznamen, der rothe Gaudieb
— hier ist er.

Rein in Bezug auf die Abstammung, siehe Race.

Reisgejaid. Reisgejaid nannte man in früheren Zeiten die
Niederjagd.

Reisszähne, siehe Fangzähne.

Reizen. Wenn man den Fipplaut der Maus oder den Klagelaut eines Hasen oder Vogels nachahmt, um den Fuchs in
den Schussbereich zu locken, nennt man dies — »reizen«.

Remisen. Kleine Feldhölzer mit gemischten Holzgattungen
bepflanzt und zum Schutze für das Niederwild bestimmt.
    Der Fuchs besucht sie häufig und gerne und die
Meute findet ihn zumeist in solchen Noth-Schlupfwinkeln
(engl. cover).

Rendez-vous ist das »Stelldichein« — der Ort, an welchem
die Zusammenkunft zur Jagd stattfindet.
    Es ist nicht waidgerecht, und ist unstatthaft, wenn
man sich über eine Viertelstunde nach der angesagten

Zeit verspätet, und muss dann mit dem Nachlaufen oder Nachreiten vorlieb nehmen.

Retour bezeichnet bei der Parforcejagd einen Widergang des gejagten Wildes.

Retter. Unter einem Strick von Windhunden ist es stets der kräftigste und bissigste, welcher seine Genossen aus Neid von dem Anreissen des gefangenen Fuchses abzuhalten versteht. — Ein solcher Hund wird »Retter« genannt.

Diese Eigenschaft — aus mehrfachen Gründen schätzbar — kann ohne Mühe anerzogen werden, und zwar auf folgende einfache Weise: Die ersten Probeversuche werden bereits unter dem Strick die Superiorität eines Hundes über seine Genossen in Relief stellen. — Diesen nun bevorzugt der führende Jäger bei jeder Gelegenheit, und namentlich bei der Fütterung; das Uebrige ist dann Consequenz der Unverträglichkeit und des Neides. — Der angehende Retter beisst die übrigen Hunde vom Fuchse ab, und diese dulden wieder anderseits nicht, dass der Retter selbst den Fuchs anschneide. Inzwischen sind da die Reiter herangekommen und machen dem Streit ein Ende.

Revieren bezeichnet die Suche der Jagdhunde behufs Auffindens der Wildspur.

Richten bezeichnet das Aufstellen der Netze und Lappen.

Richtstatt nennt man den Ort, wo Jagdzeuge gestellt, bez. gerichtet werden sollen.

Richtsteig, siehe Schneuse.

Riss wird der Rest des vom Fuchse gefangenen Wildes genannt.

Röhren nennt man die tonnenförmigen Abzweigungen und Ausmündungen des Fuchsbaues.

Rückfährte zeichnet die Richtung, woher das Wild kam. Der Fuchs und der Hund halten, wenn sie auch die Rückfährte anfallen und eine kurze Strecke derselben folgen, die Rückfährte niemals fest. Sie machen sofort oder sehr bald Kehrt und jagen auf der Hinfährte weiter.

Rüde ist die Bezeichnung für den Hetzhund. Die Anwendung dieses Ausdruckes für andere Gattungen von Hunden oder, wie dies hie und da geschieht, als Bezeichnung des männlichen Hundes, ist incorrect.

Rüdemeister wird heute noch der Jäger genannt, welchem die Oberaufsicht über die Hundezwinger und ihre verschiedenen Bewohner übertragen ist.

Ruthe nennt man den Schwanz der Jagdhunde.

S.

Sackgarn, siehe Decknetz, Fuchshaube.

Sackröhre wird beim Fuchsbaue eine Höhlung genannt, welche keinen Ausgang und, stollenförmig in das Erdreich gegraben, am Endpunkte keine Verbindung mit den übrigen Theilen des Baues hat.

Schärfen bezeichnet das Trennen des Fuchs-Balges von den anhaftenden Haut- und Fleischtheilen beim Abbalgen.

Schand-Schiessen, zu Schanden oder zu Holz schiessen nennt man jene Schüsse, die das Wild, trotzdem es tödtlich verwundet voraussichtlich eingehen muss, nicht auf die Strecke bringen.

Scharf bezeichnet die Herzhaftigkeit des Hundes, mit welcher er dem Fuchse zu Leibe geht.

Schauen. Der Jäger muss schärfer schauen lernen als Andere; es soll und darf ihm Nichts entgehen, was sich innerhalb seines Gesichtskreises befindet. — Er soll es nicht nur erschauen, sondern auch sofort und richtig »anzusprechen«, d. h. zu beurtheilen verstehen.

Am Stande beim Treibjagen soll man aufmerksam — gerade vor sich hinschauen. — Bewegt sich irgend Etwas seitwärts, so wird das Auge diese Bewegung erfassen, und

ein rascher Seitenblick, ohne den Kopf zu wenden, genügt
dann zur Orientirung. — Dilettanten bewegen den Kopf
bei solchen Anlässen, und abgesehen davon, dass sie sich
hiedurch selbst bemerkbar machen, übersehen sie den
Fuchs regelmässig.

Schecker bezeichnet unverlässliche und schlechte Jagdhunde
jeder Art.

Scheide wird die Hauthülse genannt, in welcher das männliche Glied steckt.

Schiessen. Das Schiessen fordert, wenn es auf die Stufe des
»Treffens« erhoben werden soll, neben körperlicher Eignung
und Gewandtheit — überdies feste Nerven und ein scharfes
Auge. — Die Uebung wird dann, wenn auch nicht immer
»den Meister«, doch einen beachtenswerthen Jünger machen.

Das Jagen und somit auch das Schiessen auf der Jagd
ist eine freie Kunst, und vom Scheibenschiessen — mag
dies nun nach einer stehenden oder beweglichen Scheibe
gerichtet sein — sehr wesentlich verschieden. Die Ruhe,
die Besonnenheit, das blitzschnelle Erfassen und Beherrschen
der Situation im gegebenen Augenblick — sie lassen sich
durch keinen Lehrsatz, durch keine Uebung beibringen;
sie müssen eben da sein, und nirgends lässt sich der Spruch:
»dass Viele berufen und nur Wenige auserwählt seien«
in der Praxis zutreffender anwenden, als beim Schiessen
auf der Jagd.

Es soll hier keine langathmige diesbezügliche Theorie
Raum finden — und ich will nur in knapper Kürze jene
Rathschläge für Anfänger folgen lassen, zu welchen mich
eine vieljährige Praxis und die nach vielen Tausenden
zählende Menge erlegten Wildes berechtigen und befähigen.

Hat man die volle Vertrautheit mit der Schusswaffe
und ihrer Handhabung erlangt, und beginnt die Führung

derselben auf der Jagd, dann möge man die nachfolgenden,
der Praxis entnommenen Rathschläge befolgen:

a) Das die gegebene Situation rasch überblickende
Schauen beherrscht alle weiteren Consequenzen.

Ein einziger scharfer, von unüberlegtem Eifer unge-
trübter Blick zeigt das Wild in seinem Verhalten, auf
welchem das Zielen, das Abkommen basirt werden muss.
— Die richtige Abgabe des Schusses ist nicht nur hiedurch
wesentlich erleichtert, sondern geradezu bedingt. — Das
blitzschnelle Zusammenfliessen der beiden wichtigen Actionen
— des Erschauens und des Erschiessens — in einen kurzen
Augenblick, ist bei hervorragender Qualification erst der
Effect vielfacher Uebung, und ich möchte Anfänger — auch
die Begabtesten — warnen, diesfällige Meister sofort copiren
zu wollen; dieser Versuch würde nicht zum erwünschten
Ziele, wohl aber zur Uebereilung und Schleuderhaftigkeit
führen.

Der rasche, ruhige Blick belehrt den Schützen über
Alles, was er zu thun, eventuell zu lassen hat: über die
Art des Wildes, das Zeitmass seiner Bewegung, die Richtung
derselben, die Entfernung und endlich die Gefahrlosigkeit
der Schusslinie.

b) Hat das Auge die vorangeführten Momente richtig
erfasst, und ist die Waffe all' dem dienstbereit gefolgt,
dann gebe man den Schuss rasch und in dem Augenblicke
ab, wo das Wild als Zielpunkt erfasst wurde, und ohne
das Folgen der Waffe in der Richtung der Fortbewegung
zu unterbrechen. Unterlässt man dies letztere, dann —
wird der Schuss sich stets als »zu kurz« erweisen.

Ist die Stellung, bez. Bewegung des Wildes eine seit-
liche (Profil), dann ziele man, bez. schaue man auf den
Kopf. Die Waffe folgt unwillkürlich dem scharfen Blicke,
und gebe den Schuss dahin ab.

Kommt der Fuchs spitz entgegen, dann schaue man vor die Vorderläufe bei rascher, auf die Läufe bei langsamer Annäherung und gebe auch so den Schuss ab.

Ist der Fuchs umgeschlagen, dann schaue und schiesse man zwischen und ober die Gehöre.

Schiesshütte. Luderhütte. Um Füchse bei ausgelegtem Fallwild oder anderen zu diesem Zwecke herbeigeschafften Cadavern auf dem Anstande zu schiessen, werden an ruhigen abgelegenen Orten Schiesshütten errichtet, deren Situation das umliegende Terrain beherrschen und die in ihrem Bau demselben conform gehalten sein müssen. Siehe den Abschnitt Jagd.

Schirm, siehe Jagdschirm.

Schirmer, siehe Retter.

Schlägel, (Schlegel), siehe Keulen.

Schlageisen wird in manchen Gegenden das Tellereisen genannt.

Schlecht bei Leib ist der abgemagerte Fuchs.

Schlechter Wind, siehe Wind.

Schleichen, siehe Anschleichen.

Schleppen, siehe Geschleppe.

Schloss an Fangapparaten. Der Mechanismus am Schwanenhalse, Tellereisen u. dgl., welcher das Losdrücken des gerichteten Eisens vermittelt, wird so genannt.

Schnalle (Nuss) ist das Geburtsglied der Füchsin.

Schneiderwind nennt man die von der Seite kommende Luftströmung.

Schneisen (Schneusen) nennt man die schmäleren Durchschläge im Holze, welche senkrecht auf die Wirthschaftswege einmünden und für die Zwecke der Forstwirthschaft und Jagd angelegt werden. Sie sollen mindestens vier Meter breit sein.

In Norddeutschland gilt der Ausdruck G e s t e l l e , »Stellweg« für Schneise.

S c h n e l l s t a n g e nennt man den Hebel am Schloss des Schwanenhalses, wodurch das erstere in seiner Spannung erhalten wird, wenn der Schnellstift auf denselben (den Hebel) drückt.

S c h n e l l s t i f t , siehe den vorangestellen Artikel.

S c h n ü r e n bezeichnet die eigenthümliche Gangart des Fuchses (o o o o o o), bei welcher die Spuren der Tritte in gerader Linie von einander gestellt erscheinen.

S c h r i f t e n u n d S c h r i f t s t e l l e r über das Waidwerk sind, obwohl sehr zahlreich — nur in sehr beschränkter Zahl als durchaus waidgerecht »anzusprechen«. Nur Wenige sind unter das »Nützliche« zu reihen. Der Rest ist als »Schädliches« zu bezeichnen. Der älteste Jagdschriftsteller ist Xenophon († 360 Jahre vor Chr. Geb.). Das Opus ist eine Apologie der Jagd zur Bildung und Anregung der Jugend, gegenüber der überhand genommenen Verweichlichung der Sitten und der demoralisirenden Lehren der Sophistiker. Indess darf Xenophon, obwohl ein Grieche, zugleich als der erste bekannte — »Jägerlateiner« bezeichnet werden. Es würde den Rahmen dieses Buches überhaupt und insbesondere die enge Begrenzung dieser Sammlung waidgerechter Ausdrücke und Bezeichnungen weit überschreiten, wollte ich, auch selbst nur nach strenger Sichtung, die Namen aller Jener hier anführen, die sich in ihren Schriften mit der Jagd beschäftigten; es soll hier nur hervorgehoben werden, dass sich Alle mit Meister Reinecken eifrigst befasst haben.

Der Umstand, dass jeder Schriftsteller seinen Vorgänger in der Aufzählung der Schlauheiten und Ränke des Fuchses überbieten wollte, mag das überreiche »Latein« geschaffen haben, welches sich unter der immunen Toga

der Wissenschaftlichkeit selbst in ernst gehaltene Lehrbücher eingeschlichen hat.

Schrot, Hagel bezeichnet die kleinen Bleiprojectile, welche
zu Zwecken der Niederjagd verwendet werden.

Für den Fuchs genügt das Hasenschrot mittlerer Stärke
vollkommen und ist gröberen Sorten deshalb vorzuziehen,
weil der Schuss besser deckt und den Fuchs seltener zu Holz
und sicherer zur Strecke liefert.

Schütze. Als solcher darf sich jeder bezeichnen, welcher mit
der Handhabung der Schusswaffe vertraut, das Wild auch
mit ziemlicher Sicherheit zu treffen versteht.

Durchaus unberechtigt und präpotent erscheint es aber
— sich Jäger oder Waidmann zu nennen, wenn man eben
nur zu schiessen und zu treffen versteht. Das ist wohl erst
das Alpha und Beta; zwischen diesen beiden und dem Omega
ist indess noch so Manches zu finden, bez. zu leisten, bevor
man vollberechtigt ist, sich diesen ebenso altehrwürdigen
als oft missbrauchten Titel beizulegen.

Schützenkönig, richtiger »Jagdkönig«, wird Derjenige genannt,
welcher am Jagdtage das meiste Wild zur Strecke brachte.

Schussgeld bezeichnet die in vielen Jagdgehegen eingeführte
Prämie für erlegtes Wild aller Gattungen, welches gleichsam ein Extra-Ordinarium in den Gehaltsbezügen der Be-
rufs-Jägerei repräsentirt.

Für den Fuchs sind in vielen Gegenden besonders
hohe Schussgelder ausgesetzt und gehört auch zumeist der
Balg mit in den Bereich der gewährten Prämie.

Schussweite. Diese beträgt für den Schrotschuss im Mittel
5o Schritte für eine gute Waffe und eine richtige Ladung.
Gut deckende und scharf schiessende Gewehre gestatten
indess auch weitere·und sicher tödtende Schüsse.

Schusszeichen, siehe den diesbezüglichen Abschnitt.

Schwanenhals-Eisen, siehe den Abschnitt »Fangmethoden«
und die diesbezügliche Abbildung.

Schwanz der Meute nennt man jene Hunde, welche stets die
Nachzügler auf der Spur des gehetzten Fuchses bilden, im
Gegensatz zu den Ersten, welche Kopf der Meute genannt
werden.

Schweinsschwanz. Dieser triviale Ausdruck erscheint dem
brutalen Instrument durchaus angepasst, welches derselbe
bezeichnet.

Es ist dies ein an einer Stange befestigtes Eisen in
Form eines Pfropfenziehers, welches die Bestimmung hat,
den Fuchs beim Graben — bei lebendigem Leibe anzu-
bohren und hervorzuziehen.

Der wahre Jäger wird genügend Mittel und Wege
finden, um des Fuchses ohne solch' barbarischer Marterwerk-
zeuge, wie der »Schweinsschwanz« oder die »Angel«, habhaft
zu werden.

Schweiss wird das Blut der Jagdhunde sowohl wie aller Jagdthiere genannt. »Schweissen« bezeichnet bluten, »schweissig«
oder »beschweisst« blutig. ·

Schweisszeichen, siehe Schusszeichen.

Seher. Diese Bezeichnung gilt in manchen Gegenden für die
Augen — Lichter — des Wildes, insbesondere jener des
Fuchses und Marders.

Seitenwind, siehe Schneiderwind.

Seuche der Hunde, auch »Hundeschwachheit« genannt. Diese
fatale Krankheit äussert sich im Beginne durch häufiges
Niesen, Hüsteln und durch Brechreiz. Der erkrankte Hund
hat trübe Augen, eine trockene warme Nase, ist traurig
und zeigt keinerlei Fresslust. Gelingt es nicht, die Krankheit
im Entstehen zu bannen, dann ist auch ziemlich die Aussicht geschwunden den Hund zu retten. Nimmt die Krankheit durch eitrigen Ausfluss ihren Verlauf mehr äusserlich,

dann schwillt der ganze Kopf, die Augen entzünden sich
und es treten Anfälle von Betäubung und Schwindel auf.
Zeigt die Krankheit einen inneren Verlauf, dann werden
die Verdauungs- und Athmungsorgane von heftiger Entzündung ergriffen, welche endlich in brandige Eiterung
übergeht. Zugleich treten Lähmungen im Kreuze ein und
der Hund verendet unter Krämpfen.

Obwohl es für diese leider bei jungen Hunden häufig
auftretende Krankheit kein absolut sicheres Heilmittel gibt,
so sind doch mehrfache glückliche Erfolge durch folgendes
Verfahren erreicht worden.

Sobald die ersten Anzeichen der Krankheit auftreten,
reiche man ein Abführmittel (kein Brechmittel) u. zw.

Rec. Jalappenwurzelpulver Gramm 1·50—2
     Rhabarber   »   0·06—1

mit Butter vermengt, zu Pillen geformt, oder:

Rec. Weinsteinsalz Gramm 5
     Alantwurzel   »   15

mit Wachholderbrei oder Runkelrübensyrup vermengt, zu
Pillen geformt. Grosse Hunde erhalten selbe dann in der
Grösse einer Haselnuss, kleine die Hälfte.

Hat das Abführmittel seine Wirkung gethan, dann reiche
man dem Hunde vom folgenden Morgen an täglich dreimal
einen gehäuften Theelöffel voll weisser zu Pulver gestossener
Pimpinellenwurzel.

Am fünften Tage folgt dann neuerlich ein Abführmittel und zwar in folgender Zusammensetzung:

Rec. Zerfallenes Glaubersalz Gramm 20
     Rhabarber   »   2·50
     Sennesblätter   »   2·50
     Cremor tartari   »   0·50

in Pillenform.

Wenn Krämpfe eintreten, so reiche man dem Hunde neben der Pimpinellenwurzel überdies zweimal täglich eine Latwerge in folgender Zusammensetzung und je einen gehäuften Theelöffel:

Rec. Pulv. rad. gentian.

 » » valerian. ana Gramm 10

 » » rhei   5

 Sulph. antim. aurat.   2

 Mell. commun. y. s.

 M. F. Elecmar.

Zeigt sich trotzdem keine Besserung, dann befreie man den Hund durch einen wohlgezielten Schuss von seinen Leiden, die mit unheilbarem Siechthum einem qualvollen Verenden zuführen.

Die Krankheit ist ansteckend und deshalb ist die strengste Isolirung des befallenen Hundes und die sorgfältigste Desinfection seines Aufenthaltsortes geboten.

Sichern. Wenn der Fuchs das schützende Dickicht verlässt, recognoscirt er vorerst das umliegende Terrain mit Hilfe seiner hochentwickelten Sinne: des Gesichtes, Gehöres und Geruches; er äugt, er lauscht, er windet. Diese Action der Vorsicht nennt man »sichern«.

Sitzen. Hat sich das Wild niedergethan, um zu ruhen, dann . »sitzt« es; es »liegt«, wenn es verendet ist.

Solofänger werden jene beherzten, schnellen Windhunde genannt, welche ohne Beihilfe anderer Hunde den Fuchs fangen.

Spitz von vorn, spitz von hinten, siehe Schiessen.

Spitzschuss, desgleichen.

Spüren nennt man das Aufsuchen und Verfolgen der Spuren und Fährten; siehe Abspüren.

Spur nennt man den Abdruck der Läufe des Fuchses am Boden.

15*

Stand des Wildes werden jene Orte genannt, welche dasselbe mit Vorliebe zu seinem zeitweiligen Aufenthalte wählt.

Stand des Schützen ist der Platz, welcher demselben vom Jagdleiter beim Treibjagen angewiesen wird. Am Fuchsstand hat sich der Schütze laut- und bewegungslos zu verhalten und darf denselben nur verlassen, um einen erlegten Fuchs zu holen, oder nach erfolgtem Abrufen.

Standarte nennt man den Fuchsschwanz.

Stark gilt in der Waidmannssprache für »gross«; der Fuchs ist nicht »gross«, er ist »stark«.

Stecken. Der Fuchs befindet sich nicht im Bau oder im Dickicht, er steckt darin.

Steig nennt man jene schmalen, von den Hasen abgetretenen Wege im Getreide oder auf Schlägen, die der Fuchs mit Vorliebe als Pürschpfade benützt. Siehe Hexensteig.

Stell an! Der Zuruf der Jäger beim Anstellen der Treiber.

Stellbrocken werden die Brocken von Brod oder Fleisch genannt, welche man an die Stellung des Schlageisens befestigt.

Stellen. Wenn die Hunde die Flucht des Fuchses hemmen, dann »stellen« sie ihn.

Stellen die Netze, heisst dieselben aufrichten.

Stellen. Der verfolgte Fuchs versucht es mitunter, aus der Defensive in die Offensive zu übergehen — und dann »stellt er sich gegen die Hunde«.

Stellhaken, siehe Schwanenhals.

Stellholz ist das Hölzchen, mittelst welchen Klappfallen fängisch gestellt werden.

Stellstangen sind zum Aufhängen der Lappen auf Blössen bestimmt und sollen am oberen Ende gabelförmig sein.

Stellung wird der Mechanismus an den Fangapparaten genannt, mittelst welchen sie fängisch gestellt werden.

Stellweg, siehe Schneisen.

S t i c h e l ist jenes schwere, keilförmig zugespitze Eisen, welches zum Vorschlagen der Löcher für die Stellstangen benützt wird.

S t ö b e r h u n d e sind solche, welche zum Aufsuchen und Jagen des Wildes gebraucht werden.

S t o p f e n, die Hunde, siehe Parforcejagd.

S t r e c k e n, das Wild, nennt man das geordnete Auflegen des-selben am Schlusse des Jagens. Häufig wird auch das Wort strecken statt dem »erschiessen« oder »erlegen« gebraucht.

S t r e i f e n nennt man das Abziehen des Fuchsbalges. Siehe »Balgspanner« oder »Fuchsbrett« und den betreffenden erläuternden Abschnitt am Schlusse des Capitels »Fang-methoden«.

S t r e u e n bezeichnet im Gegensatz zu »decken« einen un-genügend concentrirten Schuss. Mangelhafte Bohrung der Läufe oder Missverhältniss der Schrote zum Pulver sind die Ursachen desselben.

S t r i c k Windhunde, siehe »Retter«.

S t r i c k b ä n d i g nennt man jene Jagdhunde, welche sich, ohne unbändig zu werden, leicht führen lassen. Der Hund kann diesfalls nie zu früh abgerichtet werden.

S t u m m. Jagdhunde, die auf der frischen Spur, der sie folgen, nicht Laut ausgeben — »stumm jagen«, sind abzuschaffen, da sie dem Zwecke, dem sie dienstbar sein sollen, nicht entsprechen.

T.

T e l l e r e i s e n. Diese Fangapparate, siehe Fangmethoden, werden wie der Schwanenhals in ein ausgeschnittenes Lager ein-gelegt. Viele Jäger befestigen den Fangbrocken nicht auf dem Teller, sondern hängen denselben ober dem Eisen auf und führen ein Geschleppe bis zum Lagerplatz.

Toch! Toch! ruft der Piqueur, um die Parforcehunde anzu-
feuern.

Tödten. Es ist Waidmannsregel und Pflicht, angeschossenes
Wild so rasch als möglich zu tödten.

Den Fuchs tödtet man, indem man einige scharfe Hiebe
mit einem Knüppel über die Nase, oder auf den Hinter-
kopf führt.

Traben. Der Fuchs trabt, wenn er mässig rasch herankömmt.
Er wählt diese Gangart nur dann, wenn er sich sicher wähnt.

Tracht ist jener Theil im Mutterleibe des Wildes, in welchem
sich die Jungen bilden und bis zum Momente der Geburt
ernährt werden.

Trainiren. Um die Parforcehunde in Uebung und Condition
zu erhalten, werden dieselben auch ausserhalb der Jagd-
Saison in kleineren Abtheilungen in scharfer Bewegung erhalten, damit sie nicht verliegen.

Treffen, siehe Schiessen. — Ich erlaube mir an dieser Stelle
einen wenn auch subjectiven, doch in der Praxis des Jagd-
schiessens bewährten Rathschlag zu wiederholen, dem ich
bereits an anderer Stelle Ausdruck gab: Wer das Wild gut
und sicher treffen will, **erfasse mit scharfem** Blicke den
richtigen Punkt und **folge** demselben bis zu dem Augenblicke, wo man der Richtung der Fortbewegung und dieser
Rechnung tragend den Schuss abgibt. — Wer's Zeug hat
zum **Fangschützen,** und es werden will, beachte diesen
Rath.

Treiben, Treibjag auf Füchse. Es mögen hier noch jene
beachtenswerthe Momente in kurz gefassten Sätzen Raum
finden, welche nicht schon in den betreffenden Abschnitten
erörtert wurden; es sind folgende:

a) Fuchstreiben nur bei ruhigem günstigen Wetter;

b) verschlage man Früh am Morgen des Jagdtages die Baue;

c) man wähle wenige, jedoch verlässliche und revierkundige Treiber und sorge für ein lautloses Anstellen derselben und der Schützen;

d) diese Letzteren müssen sich' auf ihren Ständen mit
Vermeidung unnützen Geräusches sofort »einrichten«, d. h.
die etwa den Ausschuss hemmenden Aeste abschneiden und
dann schussfertig und unbeweglich stehen;

e) das Aufmerksammachen eines Nachbarschützen auf
den anlaufenden Fuchs unterlasse man, da man hiedurch
mehr schadet als nützt.

Trittbrett, siehe Klappfalle.

Tritteisen wird häufig Tellereisen genannt.

Tuchlappen, siehe Lappen.

U.

Uebergehen, siehe den folgenden Artikel Ueberschiessen.

Ueberhetzt nennt man den Hund, wenn sich derselbe beim
Jagen übermüdet hat und in Folge dessen steif wird
oder lahmt.

Ueberschiessen. Wenn die Hunde im Eifer des Jagens die
von der ursprünglichen Richtung abgewichene Spur übereilt und verloren haben, nennt man dies »überschiessen«.

Umstellen bezeichnet das Einlappen eines Walddistrictes zu
Zwecken der Jagd.

Unter Wind, soviel wie dem herrschenden Luftstrom entgegen.

Urinverhaltung bei Hunden. Dieses Leiden heilt eine
Dosis Pillen, auf folgende Art bereitet:

Baldrianwurzel-Pulver Gramm 20

Mohnsaft Tropfen 6

und Baldrianextrakt in jener Menge, welche zu der Bereitung einer Teigmasse nöthig ist, aus welcher dann sechs
Pillen bereitet werden, die man dem Hunde zweistündlich

eingibt. Auch lasse man den Hund reichlich Ziegenmilch
saufen, in welcher zerquetschter Hanfsamen ausgedrückt
wurde.

V.

Verballen. Wenn Hunde auf hartgefrorenem Boden jagen, so
verletzen sich dieselben leicht an den Ballen und lahmen.
Häufige Waschungen mit Branntwein oder Goulard'schem
Wasser fördern die baldige Heilung.

Verblenden. Jagdschirme und Stände verkleidet man, um
sie für das anlaufende Wild unauffällig zu gestalten, mit
Reisig derselben Holzgattung, welche den localen Wald-
bestand bildet. Man nennt dies Verblenden.

Verbrechen. Um den Anschuss zu markiren legt man einen
abgebrochenen Zweig, »Bruch«, auf denselben.

Verdrossen nennt man die Jagdhunde, welche beim Jagen
wenig Eifer und Lebhaftigkeit bekunden.

Verenden bezeichnet das Sterben der Jagdthiere, siehe »Eingehen«. — Die Bezeichnung »verendet« gilt für den Tod
in Folge einer Schusswunde oder eines Eisens; während
»eingegangen« für anderweite Ursachen des Todes angewendet wird.

Verfärben. Dieser den Process des Haarwechsels bezeichnende
Ausdruck gilt waidgerecht nur für das Elen-, Edel-, Dam-,
Gams- und Rehwild.

Der Fuchs »härt« oder »verhärt«.

Verfangen. Sehr scharfe bissige Hunde verbeissen sich in
das gefangene Wild beim Abwürgen derart, dass sie nicht
loslassen können. Man verwendet einen kurzen Stecken als
Hebel, welchen man zwischen dem Gebisse einführt und
sie »abbricht«.

Vergiften. In vielen Revieren ist es Sitte, bez. Unsitte geworden, den Füchsen mit Giftbrocken zu Leibe zu gehen.

Wenn es Jedermann freisteht, nach eigenem Gutdünken zu handeln und es speciell einzelnen Jägern beliebt, den Fuchs auf die vorangeführte Weise zu erbeuten, so muss dem fachlichen Urtheile darüber das gleiche Recht, d. h. die freimüthige Meinungsäusserung ungeschmälert gewahrt bleiben. Sie ist diesfalls in dem kurzen Satze zusammengefasst: dass dem kundigen, erfahrenen und eifrigen Jäger eine genügende Menge von Jagd- und Fangmethoden dienstbar ist, welche die Erbeutung auf w a i d g e r e c h t e Weise sichert.

Das Vergiften des Fuchses bezeichne ich als n i c h t w a i d g e r e c h t. — Wer sich über diese Vertilgungsmethode informiren will, möge mit der Mittheilung vorlieb nehmen, dass eine diesfällige Anweisung in diesem bescheidenen Buche keinen Raum fand.

V e r g i f t u n g der Hunde. Die Ursache derselben kann das Aufnehmen irgend eines Giftbrockens oder Folge eines Insectenstiches oder Bisses sein. Die Symptome sind stets: heftiger Brechreiz und Convulsionen.

Man reiche dem Hunde sofort reichlich süsse Milch, in welcher einige Gramm Schwefelleber aufgelöst wurden.

Ist die Vergiftung die Folge eines Stiches, bez. Bisses, dann muss die Wunde scarificirt und mit verdünnter Salpetersäure ausgewaschen werden. Hierauf legt man ein mit spanischem Fliegenpulver bestreutes Heftpflaster auf, und sorge dafür, dass die Wunde nicht vor dem zehnten Tage verheile.

Die strengste Diät ist selbstverständlich und man reiche dem kranken Hunde lediglich dicke sauere Milch zur Nahrung.

V e r h e t z t, siehe »überhetzt«.

V e r k l ü f t e n. Wenn Dachshunde im Baue vorliegen, die nicht oder — wie dies bei jungen Hunden häufig der Fall —

noch nicht genügend beherzt sind, vergräbt sich der Fuchs, indem er die Röhre mit Erde zuscharrt. Man nennt dies »verklüften«.

Derselbe Ausdruck wird auch angewendet, wenn sich übereifrige Hunde in ausgedehnten Felsenbauen entweder eingeklemmt haben oder verirrt —˙ den Ausweg nicht mehr finden.

Verlappen bezeichnet das Abschliessen eines Districtes (Triebes) durch die Lappen.

Verlosen der Stände. Um dem Schussneide zu begegnen oder eventuellen Rangstreitigkeiten zu entgehen, werden die Stände bei Treibjagen häufig verlost. — Beim Fuchsjagen ist dies nicht rathsam, da hiedurch die Jagd gänzlich erfolglos gestaltet werden kann, und die Strecke am Schlusse derselben lediglich aus einer Zahl verpasster und gefehlter, mit reichlichem Latein garnirter Füchse besteht. — Der richtige Jäger wird auch in dieser heiklen Situation wohl die richtigen Mittel finden.

Verlorenes Treiben. Um ein Treibjagen erfolgreich zu gestalten, werden häufig die das Jagdterrain umgebenden Districte durch combinirte Treiben beunruhigt, um das Wild in die eigentlichen Jagdböden zu drängen.

Gilt dieses Unternehmen den Füchsen, dann erfordert es eine terrain- und sachkundige, lautlos durchgeführte Procedur.

Verlorene Wehr, wird jene Zahl von verlässlichen Treibern genannt, welche an den Flanken eines Treibens aufgestellt werden, um das Auswechseln des Wildes zu verhindern.

Vernehmen. Wenn das Wild durch ein Geräusch misstrauisch geworden ist, gilt der vorangeführte Ausdruck.

Verpassen. Den Fuchs verpassen, heisst ihn übersehen. Es ist dies ein Fehler, welchen ungeübte Schützen, die nicht als Jäger schauen gelernt haben, sehr häufig, und wie dies gerne zugestanden werden soll, stets wider Willen begehen.

Verprellt ist der Fuchs, wenn er in Folge eines Versehens das gestellte Eisen entdeckt. Zumeist legt er es durch Kratzen bloss und verschärft seine angeborene und durch Erfahrungen, wie diese, rege erhaltene Vorsicht.

Verreisern heisst die Röhren der Fuchsbaue mit Reisig verstopfen, um das Ein- oder Ausfahren der Füchse zu verhindern.

Verrenkungen. Diese Verletzungen kommen bei Jagdhunden häufig vor. Das verrenkte Glied muss sofort eingerichtet werden, während dann Waschungen mit gewärmtem Wein das Anschwellen des verletzten Gliedes abhalten oder vermindern. Die Heilung wird dann durch Einreibungen mit Seifen- oder Kampherspiritus befördert.

Verschlagen nennt man die Jagdhunde, welche in Folge übermässiger Erhitzung steif und lahm geworden sind.

Verschlagen. Hat sich ein Wild in die fängisch gestellten Netze verwickelt, so hat es sich »verschlagen«.

Verschiessen. Wenn der übereifrige auf der Spur gelöste Hund dieselbe verliert, so nennt man dies: »Der Hund hat sich verschossen.«

Verstopfung. Die Verstopfung bei Hunden behebt zumeist die Gabe von einem Löffel Baumöl, in welchem eine Messerspitze voll Zucker aufgelöst wurde; man wiederhole die Gabe, wenn sie nicht in 1—2 Stunden gewirkt hat.

Vertraut ist der Fuchs, wenn sein Verhalten kein Misstrauen und keine das gewöhnliche Mass überschreitende Vorsicht zeigt.

Verwittern nennt man das Bestreichen des Eisens mit dem Witterungslappen.

Viole, siehe Naturbeschreibung.

Volez! Volez! mes chiens. Ruf der Parforcejäger zur Aneiferung der Hunde.

Voller Wind, siehe Wind.

Vorlaut oder waidlaut werden jene Jagdhunde genannt, welche, ohne des Wildes ansichtig zu werden oder der warmen Spur zu folgen, laut werden, ein Fehler, der aus den schlechten Anlagen des Hundes resultirt und nicht abzugewöhnen ist.

Vorliegen des Dachshundes vor dem Fuchse im Bau. Siehe das betreffende Capitel.

Vorzeichen. Selbst aufgeklärte Jäger huldigen bis zu einem gewissen Masse dem Aberglauben, und wer von uns hielte nicht das Begegnen einer hübschen Frau, eines reizenden Mädchens für ein gutes — ein verkommenes altes Weib für ein schlechtes Omen, wenn man zur Jagd auszieht?

W.

Waidmännisch, waidgerecht nennt man das Verhalten des Jägers, wenn es den Regeln und Grundsätzen der Jägerei vollkommen entspricht.

Waise wird jedwedes junge der Mutter beraubte Wild genannt.

Warm nennt man die Spur, wenn sie frisch ist.

Warzen. Die von denselben befallenen Hunde befreit man durch das Abbinden mittelst eines Seidenfadens oder Pferdehaares. Sind dieselben jedoch flach, dann benetzt man sie mit einer leichten Höllensteinlösung.

Waidlaut, siehe Vorlaut.

Waidloch, die Ausmündung des Waiddarms (Mastdarms).

Waidmann, Weidmann ist die altehrwürdige Bezeichnung eines wehrhaften Jägers.

Waidmannssprache. Wie der Seemann, wie der Bergmann, hat auch die Jägerei seit vielen Generationen, seit Jahrhunderten ihre eigene Sprache.

Die Gemeinsamkeit des Berufes, die verwandten Sitten, Gebräuche und Gewohnheiten, das Leben in der freien Gottesnatur — sie schufen unter den Jägern von Beruf das lebhafte Gefühl der Zusammengehörigkeit — den Corpsgeist — die Liebe und Werthschätzung dieses männlichen, schönen Berufes.

Im Gefühle der thatkräftigen Befähigung und der Berufs- und Pflichttreue war der Jäger stolz auf seinen Stand, schon vor Jahrhunderten; er fühlte sich und nannte sich ein Waidmann!

Die der Jägerkaste eigene Terminologie vermittelte das fachliche Wissen auf den Gebieten des Berufes, und die Anfänge desselben wurzeln in grauer Vorzeit, in der ehrwürdigen katechetischen Form der Waidsprüche, die in Frage und Antwort die Verbreitung der Jagdwissenschaft und Naturkunde vermittelten. — Es war das lebendige Wort der Waidmannssprache, welches als Erkennungszeichen unter den Berufsgenossen galt.

Wir Jäger vom Fach haben die Pflicht, den Corpsgeist, das Gefühl der Zusammengehörigkeit, die Tüchtigkeit und Berufstreue inmitten nivellirender Zeitströmungen auch für die Gegenwart und Zukunft zu pflegen, das Panier des edlen Waidwerks im hohen Sinne hoch zu halten. — Thue es ein Jeder und treu!

Waidmesser geben, Pfunde geben, Waidblatt.

Ein uralter Gebrauch Verstösse gegen die Sitten, die Gebräuche und die Sprache des Waidwerks zu strafen.

Die Application dieser Strafe und das hiebei geltende Ceremoniell habe ich an anderer Stelle an der Hand historischer Ueberlieferungen, Handschriften und Urkunden beschrieben (Monographie das Edelwild und das Waldhorn im Dienste der hohen Jagd, s. Einleitung).

Es wird wohl kaum ein Treiben auf Füchse abgehalten, bei welchem sich nicht ein namhaftes Percent der Schützen Verdienste um's — Waidblatt erwirbt.

Waidsprüche, siehe Waidmannssprache.

Waidwerk, Weidwerk bezeichnet das Jagdwesen in seiner Gesammtheit.

Waidwund bezeichnet eine Verwundung des Gescheides.

Wechsel wird wohl häufig für die Aus- und Eingänge des Fuchses in die einzelnen Walddistricte angewendet — richtiger ist aber die Bezeichnung **Pass.**

Wechselkundig soll und muss der Jäger im Revier sein, und die Wechsel des nützlichen Wildes, wie den Pass des Fuchses genau kennen. — Siehe den Abschnitt Jagd.

Werfen nennt man bei Hunden das Gebären der Jungen.

Wiedersprung, siehe Absprung.

Wildbodenhunde, siehe Bracken.

Wildpret nennt man das Fleisch des Nutzwildes, jenes der Raubthiere heisst Fleisch.

Wind. Die Luftströmung übt auf den Jagdbetrieb eine in hohem Grade bestimmende Wirkung aus und der Jäger muss stets mit dem Winde rechnen.

Die ungemein entwickelten von stetem Misstrauen und der regsten Vorsicht überdies unterstützten Sinne des Fuchses gebieten dem Jäger bei jeglicher Art von Jagd auf dieses schlaue Raubthier auf den Wind sorgsamst zu achten, und die Dispositionen des Jagens mit der Richtung desselben in Einklang zu bringen.

Winden, siehe Sichern.

Windhatz ist die abgekürzte Bezeichnung für eine Hetzjagd mit Windhunden.

Windhund, siehe das Capitel über die Hunde.

Wittern, siehe Sichern.

Wittern. Der Hund »wittert« das Wild vermittelst seines hochentwickelten Geruchssinnes.

Witterung, siehe Fangmethoden.

Wölfen. Die Füchsin »wölft« ihre Jungen, sie gebärt sie nicht.

Wolfsklauen nennt man die locker hängenden Afterklauen an den Hinterläufen der Hunde.

Würgen. Wenn die Dachshunde den Fuchs decken, bez. anpacken, so »würgen sie ihn ab«.

Würmer. Die Hunde leiden häufig an Würmern, und geben dies auch durch ihr Verhalten deutlich zu erkennen.

Die Würmer, mit welchen die Hunde behaftet erscheinen, sind entweder Spul- und Fadenwürmer oder der Bandwurm.

Mittel gegen Spulwürmer:

Wermuth und Rainfarrenkraut, von jedem eine Handvoll, und 40 Gramm pulv. sem. santonici, werden mit einem halben Liter heissen Wassers übergossen und in dem wohlverdeckten Topfe eine Stunde belassen. Hierauf setzt man 15 Gramm Epsomer Salz und 40 Gramm Meerzwiebelsaft zu. Von diesem Decoct reicht man dem Hunde täglich Morgens einen Esslöffel voll.

Jester empfiehlt:

Rec. Wermuthsaft Gramm 2
      Leberaloe   »   2
      Hirschhorn »   5
      Schwefel   »   5

mit Nussöl zu Pillen geknetet.

Ist der Hund vom Bandwurm befallen, dann zeigen sich meist heftige Krämpfe und der Hund krümmt den Rücken. — In v. Winkell's Handbuch für Jäger wird folgendes Mittel empfohlen:

Rec. Sennesblätter 5 Gramm in 150 Gramm Wasser aufgekocht. Nachdem das Decoct durchgeseiht ist, werden demselben 5 Gramm pulverisirte Aloe spicat. und 20 Gramm Cassia beigemengt. Hievon jeden Morgen ein Esslöffel.

W u n d e n , Bisswunden, welche der Hund selbst belecken kann, heilen ohne Zuthun. An Stellen, wo dies nicht thunlich, wende man Goulard'sches Wasser an und vernähe klaffende Wunden mit einem starken Seidenfaden.

W u r f nennt man die jungen Hunde, welche von der Hündin zu gleicher Zeit — als Geschwister — geboren wurden.

W u r m , siehe Ohrenkrankheiten.

W u t h des Fuchses. W u t h , T o l l w u t h , W a s s e r s c h e u des Hundes.

Diese grässliche, höchst gefährliche Krankheit unterscheidet sich in zwei Arten: die s t i l l e und die r a s e n d e Wuth.

Vor dem Ausbruche der Wuth zeigt sich der Hund auffallend traurig und insbesondere g l e i c h g i l t i g g e g e n s e i n e n H e r r n ; hat trübe Augen und warme Nase. Der Hund zeigt sich schüchtern, schaut mit scheelem, verdächtigem Blick der glanzlosen Augen und bellt auch wohl leise und heiser.

Zeigen sich diese Symptome, dann tödte man den Hund sofort und sorge dafür, dass alles, womit derselbe in Berührung kam, verbrannt, vernichtet, überhaupt unschädlich gemacht wird. Die weitere bekannte entsetzliche Entwickelung der Krankheit kann nicht leicht zum Ausbruche kommen, wenn jeder Hundbesitzer auf die vorangeführten Symptome achtet.

Z.

Zaupe wird in manchen Gegenden Norddeutschlands von den
Jägern die Hündin genannt.

Zeichen, siehe Schusszeichen.

Ziehen zu Holz. Die Jägerei »zieht zu Holz«, einerlei, ob
dies zu Fuss, zu Pferd oder zu Wagen geschieht.

Zielen, siehe Treffen.

Zinke, siehe Hüfthorn.

Zu Holz schiessen, siehe Schiessen.

Zusammenfallen. Die Hunde fallen zusammen, wenn sie
sich raufen.

Zwinger, siehe Hundezwinger.

VI. Mythisch-historische Ueberlieferungen.

»Das Menschen-Thier-Mysterium
Hängt lockender als wo
Um's Wesen Reinecken's herum,
Und dessen wird er froh.«
           L a u b e , »Jägerbrevier«.

»Der Fuchs vnd Dachs in Baw sich helt
Dann gleich vnd gleich sich gern geselt.
. . . .
Wenn Reinick fromm ist, gen Rom zeugt
Als dan er erst am meisten treugt,
Drum spricht man jhm den Segen do,
Commendo te diabolo.«
     Neues Jagd- vnd Weydwerck-Buch
     Frankfurt a. M., Feyerabendt, 1582.

Bei Teufelsspuk, bei List und Trug und
                  Lumperei
Ist Meister Fuchs gewiss dabei. —

Seit Menschengedenken, seit sie überliefern und schreiben, gar erst seit sie — dichten und erdichten, spielt Meister Reinecke's Gaunergestalt seine Rolle, namentlich auf dem Gebiete der — Fabel.

Auch die Sage zog den Fuchs in ihre geheimnissvollen Gebiete, und in manchem hochnordischen, tief eingeschneiten Weiler erzählt Grossmütterchen beim Scheine des knisternden Kienspans die überlieferten Sagen. Die Rolle, die Meister Fuchs dabei spielt, ist stets die des Gauners.

Auf den Fuchsenstein bei Hosterschlag in Böhmen kömmt häufig der Teufel auf seinen Irrfahrten, um dortselbst zu rasten. Dann kommen die Füchse herbei mit ihren grünfunkelnden Sehern, die Fahne schwenkend zum Gruss und erwürgte Waldmäuse als Tribut herbeischleppend.

Das Gestein zeigt die Merkmale von des Teufels Krallen, und auch den Eindruck seines Hintertheils. Fuchslosung ist heute noch zuweilen dort zu finden.

Auch Tyrol hat eine schauerliche Sage vom Fuchs [*]). Nach einer uralten Knappensage bewohnen die »Fackeljungfrauen« eine grosse Berghöhle voll langer, verschlungener Gänge und bodenloser Tiefe. Ihr Gefolge und ihre Diener sind Füchse mit glühenden Augen und rauchendem Odem.

Werden die Jungfrauen bei ihrem nächtlichen Wandeln, wo sie brennende Fackeln tragen, von einem Menschen belauscht und sie nehmen dies gewahr, dann erschallt ein gellender, markerschütternder Schrei, die Fackeln verlöschen im Augenblick und die Jungfrauen verschwinden.

In tiefster Finsterniss irrt dann der Frevler trostlos, von namenloser Angst gepeinigt. Die höllischen Füchse hetzen ihn in wilder Jagd vor sich her — dem Wahnsinn in die Arme.

In der Thiersprache der Japanesen ist der Fuchs — »kitsune« — einer der spitzfindigsten Redner.

*

Dass sich auch der Jägeraberglaube und »geheimbe« Jägerkünste mit Meister Voss befassten, ist zur Genüge bekannt: So gab's ein Geheimmittel [**])

---

[*]) v. Alpenburg, Mythen und Sagen.
[**]) Meurer, Nürnberg 1718. Taenzer Notabilia eod. l. et an. — Graesse, Jägerbrevier, Wien 1869.

»Dass dir in Fuchs nachtrabet, wohin du wilt.«

»Nime *Foenum graecum* gepülvert, Schaafenunschlitt und Henig (Honig) eins so viel als des andern, und schmiere die Schuhe damit.

Wann du nun im Walde herumgehst, und er auf deine Fahrt kommt, so läufft er gewiss hernach.« Probatum.

»Geheimmittel, wie man Füchs umbringen solle.«

Recipe:

»*Nuces vinaecas*, d. s. *uvarum sarmenta in quibus acini fuerint, arseniana* vnd *coloquinta,* — pülvere sie, menge alles untereinander und tue das Pulver darunter, mache kleine Kügelein wie kleine Schnellkügelein, nimm darnach Pferdemist und schütte etliche Häuflein ziemlich weit voneinander da du dich des Fuchses vermuthest, alsdann brate eine Katze beim Feuer vnd lege die Kügelein bey dem Mist, und schleiffe die Katze von einem Häufelein zum anderen, so kommt der Reinike auf die Spur. Frisst er ein Kügelein, bleibt er darbey liegen. Man kann die Katze lange herzue brauchen, sie wird nur wieder gesenget; man muss aber die Fuchsbälge bald verkaufen, denn die Haare fallen ihnen aus, wenn sie nit flugs in die Beisse komen.

Item wo man die Pudenda einer Füchsin hinstreichet, da finden sich die Füchse bald hin, und sind darnach wohl zu fangen und zu bekommen.«

»So ein Fuchs zum Schuss bringen

verfahre also:

»Wilt du ein Fuchs aus dem Walde bringen, mache Feuer mit Schaaff-Beinen vor deme Holtzung so komet der Fuchs darauf welzet vnd streichet sich vnd bestehet zum Schuss.

Probatum.«

»Fuchskugeln

mache also:

»Nime im Herbst um Michaelistag der rothen Fliegen-
schwämme so in dene Holtzern wachsen, die oben weisse Tüp-
chen haben, die thue in ein Glass oder ein verglassten Topf,
den vermache oben wohl zu vnd setze ihn in einen Misthauffen,
grabe ihm wohl ein vnd lasse ihme ein Monat stehen, so wird
ein Wasser draus, das behalt wohl verwahret vnd verstopfet
bis du es brauchest.

»Diese Schwamme solt du erstlichen an einer Schnure
fassen und in einer Kammer an der Luft und nicht an der
Sonnen wohl abdorren so lange bis du sie zum Pulver machen
kannst.

»Item nime Wolfswurzel die da frisch vnd guet· vnd inne-
wendig weiß ist, die stoße dass Stucken davon werden als die
halben Erbsen groß.

»Item sollt du Venedisch Glas nemen ein Stücke wie die
Wurzel groß, dasselbe stoßen vnd bereiten wie die Wurtzel.

»Darnach nime gute Birnen oder Hutzeln die gantz dorre
seynd vnd mache die zu Pulver — nime eine Waage und mache
diese Dinge gleich so viel als der Wolffswurtzel. Ferner nime
Ibisch-Laub, das brich auch ein wenig, dass die Blätter nicht
gantz bleiben.

»Alsdann nime obgemeldete Stücke nemlich Venedig Glass,
Fliegenschwamme die gedorret vnd gepülvert seynd — gebacken
Birnmehl, alles in gleichem gewogen vnd untereinander in ein
verglasten Topf gethan, den verdecke wohl vnd gieß Wasser
von dene Fliegenschwammen so zuvor gemachet ein gut Theil
darüber, lass also stehen etliche Tag in einer Wärme dass das
Pulver in der Wärme solch Wasser wohl zu sich genommen
habe vnd zum Theil wieder trocken worden seyn.

»Item nime einen guten Honig der dicke vnd hart ist,
tue die bereiteten Pulver darein vnd mache einen Teig daraus,

den magst du beisamen behalten vnd Kugeln daraus machen
wie Haselnussen groß.

»Wenn es also bereitet so tue es in gut Schaafen-Unschlitt,
vnd wenn das Unschlitt anhebet zu gischen, welgere die Kugeln darinnen, bis sie sich überziehen vnd zusammenhalten —
so seind sie bereitet.

»Lege deren aller Wege sechs zusamen vnd da du sie
langst, so habe einen guten höltzernen Kleppen wie eine Licht-
putzen — damit lege die Kugeln und rühre sie ja mit der
bloßen Hand nicht an. Welcher Fuchs deren also 6 nimet, der
gehet nit weit.

»Item wenn du die Kugeln gemacht hast ist gut dass du
ein Aas habest vnd mit einer Schnuren nach dir schleifest.

»Welcher Fuchs auf die Schleiffe kommt, der gehet darnach. Lass' einzelne Kugeln auf die Schleiffen fallen, die nimmet
er gar gern entzlich, bis du ihn dahin bringest vnd, wenn dich
Zeit dünket, wo er dir gelegen, lass' die Kugeln hinter dich
schleiffen vnd nime ein Gemerk wo sie liegen, ob es in der
Nacht schneiete oder regnete, damit du sie des Morgens wieder
finden vnd aufheben kannest, oder sehen, ob sie etwan ein Thier
hinweg genommen hätte.

»Die Kugeln sollt du des Abends spät legen, das sie die
Vögel nit wegführen. Du kannst solche Kugeln stets in deiner
Lade über Land führen, wohin du wilt, doch verwahre sie,
damit sie stille liegen, denn sie seind breit vnd gar kein Fuchs,
welcher derer sechs nimet kommt davon — darum, so lege
alle Wege einen Steinwurf sechs Kugeln zusammen.

»Probatum est.«

»Füchse an ein gewissen Ort zu bringen.«

»Zeuch einer Katzen das Fell ab, bestreiche sie mit Honig
vnd brate sie beim Feuer.

»Item besprenge sie mit Pulver von jungen Fröschen welche man Krotkäule nennet zu Pulver gebrannt, binde sie darnach an ein Strick, schleife sie dir nach auf der Erde bis auf den Ort wo du die Füchse haben wilt so fahren sie alsdann dieser Spure immer nach vnd werden danach gar leichtlich gefangen.

»Oder schmiere die Sohlen an deine Schuhen mit fettem Schweinefleisch etwa ein Spannen lang, das zuvor über dem Feuer gerostet werden vnd wirf darneben da du gegangen kleine Stücklein von einer gebratenen Schweinsleber mit Honig bestrichen vnd schleppe hernach eine todte Katze wie jetzo gemeldet, wirffe auch hin vnd wieder ein Stücklein von ein Bücklinge welche die Füchse fleissig nachspüren.

»Item mache Küglein von klein zerstossen Glas vnd zerhacktem Fleisch vnd lege sie hin.

»Probatum.«

» So du Fuchsen schiessen wilt« [*]).

»Nime eine pudendam — oder Fuchsf ... trockne selbige auff, dass sie dörr werde.

»So du ausgehen wilt nime ein neu par Schuhe vnd thue Pferdekot darein, zeuch sie an, binde unter jeglichem Schuh eine F... lege sie in warm Wasser so quellen sie wieder auff.

»Die F... aber musst du ausschneiden von die Füchsin wenn sie rennet.

»Gehe in's Holtz vnd wen du vermeynest, dass du weit bist, so gehe auf der Schlage wiederumb zurücke vnd so du wiederumb auf deme halben Weg bist, so gehe auf der anderen Seiten wiederumb zurücke auf der Schlagen; wann du nun

---

[*]) Dieses classische Recept zur Habhaftwerdung eines Fuchses fand ich in einem — Gebetbüchlein verwahrt, welches eine im Riesengebirge heimische Jägerfamilie seit anderthalb hundert Jahren vom Vater auf den Sohn vererbt.   D. V.

wieder auf den ersten Gang kommest, so gehe über demselben Weg auch ein Revier in der Weite wie zuvorn, gehe wieder zurücke auff der Schlagen, dann seind gemachet vier Steige wie ein Kreutz † da kriech auff ein Baum mitten.

»Probatum est.«

*

Man ersieht aus der Mühsal, mit welcher unsere Vorväter Recepte zum Habhaftwerden Reineckens bereiteten, dass auch sie unablässig bemüht waren, den Erzgauner zu vertilgen.

Glücklicher Weise scheint Meister Fuchs bereits vor Jahrhunderten von diesem wenig freundlichen Bemühen seiner Feinde Act genommen und dieselben paralysirt zu haben — trotz des infalliblen Schlusssatzes »probatum est«. — Ein Glück — denn es wäre uns Waidmännern von Heute nicht mehr die Freude zu Theil geworden, dem Fuchs nach neuester Manier zu Leibe zu gehen und uns von dem Schelm — gleichfalls im Geiste des neunzehnten Jahrhunderts — mitunter gründlichst foppen zu lassen.

Schon im Sachsenspiegel — 1215 — erscheint der Fuchs gleich dem Wolf und Bär vom Banne ausgenommen und es durfte ihn Jedermann tödten. Schon damals jedoch gestaltete Meister Fuchs das altdeutsche Sprichwort zur Wahrkeit, »dass die Nürnberger Niemand hängen, bevor sie ihn nicht haben«. Die Jagd auf den Fuchs durch Antreiben wurde bereits vor mehr denn 200 Jahren geübt — so jagte der Churfürst Ferdinand Maria um's Jahr 1670 zu Feldmoching und in der Freimanner Au in Baiern.

Auch bei den Prunk- und Festinjagden jener Zeitperiode wurde eine grosse Zahl gefangener Füchse verwendet.

Im fünfzehnten und sechzehnten Jahrhundert war das Hetzen fast die ausschliessliche Jagdmanier auf den Fuchs.

Es geschah dies in zweifacher Weise.

Die eine Jagdmethode war das »Hetzen mit Richten«, in Oesterreich das »Hessen« genannt; die zweite nannte man »Vom Strick hetzen«.

Bei der vorbezeichneten Art waren Garne, sog. Hasengarne, vorgespannt und das Verfahren war jenem bei der Schweinhatz üblichen durchaus ähnlich, während das »vom Strick hetzen« dem »über Land hetzen« der Sauen entsprach.

Zum Aufstöbern der Füchse bediente man sich analog den Findrüden bei den Sauen, einer Gattung von Stöberhunden.

Das Hetzen wurde zur Schonung des Edel- und Schwarzwildes ausschliesslich in den Vor- und Feldhölzern vorgenommen. Hiebei war man bemüht, den Fuchs wo möglich in's freie Feld zu drängen, weil dort der Fang rasch und sicher vor sich ging. Als Hatzhunde wurden diesfalls zumeist Windhunde verwendet.

Diese Art den Fuchs zu jagen, war allenthalben an den deutschen Höfen sehr beliebt und wurde häufig betrieben.

Auch damals schon war die Jagd des Fuchses am Bau mit Hilfe der Dachshunde hie und da üblich.

Die Erfindung der Schusswaffe änderte in ihrer stetig weitere Kreise im Waidwerk beherrschenden Verbreitung, auch die Jagd auf den Fuchs und nahmen später eben auch die Dienstjäger thätigen Antheil am Bejagen desselben.

Bereits zu Anfang des XVII. Jahrhunderts (1610 — 1615) erscheint die Anwendung von Selbstschüssen mehrfach, speciell auch in Würtemberg und im Dessau'schen, verbreitet, welche an die Fuchswechsel gelegt wurden.

Welchen Prunk man im Sinne und im Geschmack jener Zeitperiode auch im Jagdwesen entwickelte, möge ein Jäger-Aufzug darthun, welcher im Jahre 1662 zu Dresden stattfand Derselbe war zu Ehren der churfürstlichen Prinzessin Erdmut Sophia veranstaltet, als dieselbe mit dem Markgrafen Christian

Ernest von Brandenburg Beilager hielt und vom damaligen Churprinzen Johann Georg III. angeführt '). Auch Meister Fuchs war hierzu aufgeboten.

Dieser Jäger-Aufzug war wie folgt zusammengestellt:

»Drey Jäger mit eyn Leithunde.

Der Ober-Hof-Jägermeister Ziegesar.

Dreissig Patini, als sieben Ober-Förster, drey Forst- vnd ein Pürsch-, fünff Wild-Meister, eyn Hof- vnd zwey Land-Jäger, eilf Oberförster je drey und drey in eyn Gliede.

Zwey Riesen in wilder Männergestalt.

Vier Satyri mit Schalmeyen auf eyn Berge gleich eynem Walde, mit Vogeln vnd Thieren gezieret, sitzen da.

Drey Nymphen.

Drey Nymphen anstatt der Laquayen.

Seine churprinzliche Durchlaucht in der Dianen Gestalt auff einem weißen Hirsch reitende.

Zwey Nymphen, welche vor Leib-Knechte neben deme Chur-Printzen giengen.

Drey Nymphen anstatt der Laquayen.

Dreissig Aventurirer mit dem Jäger-Habit bekleidet — Schwein-Eisen und Büchsen führende.

Drey Personen als Löwenwärter in grüner Liberey und zwey Sack-Pfeiffer wie wilde Männer gekleidet, auf einem runden Invention Wagen, darauf zugleich fünf junge Bären vom Gutscher geführet wurden.

Fünf: als ein Löwen-Wärter, drei Oberförster mit Bären-Eisen, der Gutscher aber führete einen doppelten eisernen Kasten, mit zwey Tieger-Thieren.

Fünf: als vier Oberförster mit Bären-Eisen, und ein Gutscher ein eisernen Kasten mit einem Löwen.

— — —

') A. Fr. Glaley: Kern der Geschichte des hohen Chur- und fürstlichen Hauses zu Sachsen.

Fünf: als vier Oberförster mit Bären-Eisen, und ein Gutscher führete ein doppelt eisernen Kasten mit ein Löwin.

Fünf: als vier Oberförster mit Bären - Eisen und ein Gutscher führete ein einfachen Kasten mit ein weißen Bären.

Sechs Jäger-Jungen, welche Engeländisch Hunde führeten.

Fünf: als vier Oberförster mit Bären - Eisen und ein Gutscher, der einen einfachen eisernen Kasten mit dem gressten brandenburgischen Bären führete.

Fünf: als vier Oberförster mit Bären - Eisen und ein Gutscher, ein einfachen Kasten mit Hertzog Moritzens Bären führend.

Sechs Jagdzeugknechte, Engeländische Hunde führend.

Drey: als zwey Oberförster, mit Sau-Eisen und ein Gutscher mit doppelten Kasten, darinnen zwey hauende Schweine.

Sechs Jagdzeugknechte, führend Engeländische Hunde.

Vier Lappländer mit Racken-Hunden.

Drey: als zwey Oberförster mit Sau-Eisen und ein Gutscher mit doppeltem Kasten zwei Hausschwein führend.

Zwey Lappländer, Sau-Rüden führend.

Drey: als zwey Oberförster mit Pürsch-Buchsen und ein Gutscher, ein vierfachen Kasten mit vier Luchsen führend.

Zwey Vogelsteller, Pürschhunde führend.

Drey: als zwey Oberförster mit Pürsch-Buchsen ein Gutscher wiederumb ein Kasten mit vier Luchsen führende.

Zwey Vogelsteller mit Pürschhunden.

Drey: als zwey Oberförster mit Pürsch-Buchsen und ein Gutscher, ein Doppelkasten mit zwey Wolfen führende.

Zwey: Loschwitzer Pürschhunde führende.

Drey: als zwey Förster mit Pürsch-Büchsen ein Gutscher mit ein Kasten mit zehn F ü c h s e n führende auch einer mit zehn Hasen und Kanin führende.

Drey: als zwey Falkeniere mit Gabeln, ein Gutscher ein Kasten mit Dachsen führende.

Zwey Loschwitzer mit Dachs Hündigen.

Drey: als ein Fischotter-Fänger, ein Schütze mit Gabeln und ein Gutscher der ein Doppelkasten mit Fisch-Ottern und wilde Katzen führend.

Zwey Loschwitzer mit Otter Hunden.

Eyn Jagd-Meister mit Sau-Eisen und Pürsch-Buchsen.

Vier: als der Wirth, der Wagner, der Schmied und der Seiler tragen ein Kasten mit Mardern und Elsthieren (Iltis).

Sechs: als zwey Schirmknechte, zwey Zeug- eyn Zelt-schneider und ein Geschirrknecht, tragen ein Kasten mit Eich-hörnern und Hamstern.

Vier Jäger-Jungen mit grossen Rüden Hörnern, zwey Jagd-hunde an Leinen führende.

1. Der erst Pürschwagen mit zwey aufgeladene Hirschen.

Der andere Pürschwagen mit zwey Thann-Hirschen.

Der dritte Pürschwagen mit zwey hauend Schwein, der vierte Pürschwagen mit einem Bär und ein Wolf.

1. der erst Pürschkarren auf deme ein Knecht bei den Leithunden mit einem Leit-Hunde sitzet.

Ein Fasan Wärter.

2. der ander Pürschkarren darauf ein Jäger-Junge mit ein Leit-Hunde.

Zwey Jagdzeug-Knechte.

Der dritte Pürschkarren mit ein Jäger-Hunde und ein Leithunde.

Zwey Jagd-Zeug-Knechte.

Der vierte Pürsch-Karren mit ein Jägerjungen und ein Leithunde.

Zwey Jagd-Zeug-Knechte.

Der Wende-Wagen mit Füchsen und Hasen behangen, darninen etliche Hunde.

Eyn Loschwitzer mit zweyen Hasen-Netzen.

Eyn Zimmermann mit eyn Bind-Axt.

Summa dere Personen 256

dere Pferde 139 *).

*

Im Jahre 1678 wurde zu Dresden abermals ein ähnlicher Jagdzug abgehalten, bei welchem acht Bären mitgeführt wurden und ein halbes Hundert Füchse.

Ein solcher Jagdzug in seiner bunten Reihenfolge, die männlichen Gestalten der Jäger in der kleidsamen, farbenreichen Tracht jener Zeitperiode, die prächtigen Hatzrüden und Leit-Hunde, das wilde Gethier auf den Festwagen, der mächtige edle Kronenhirsch, das hauende Schwein, der Bär, der Wolf, der Fuchs, der grimme Luchs als Jagdbeute, überragt von den blanken Bäreneisen und Saufedern — und nun erst, damit zum Strengsten das Zarte nicht fehle, umschwebt von Nymphen, ein solcher Jagdzug bot wohl eine anregende, gesunde Augenweide! Nun, die Aufzüge unserer Zeit haben auch ungemein viel des Farbenreichen, des Idealen! Man denke sich etwa den Aufzug eines »ersten X'schen Insectenschutz- und Zuchtvereines«: den Präsidenten mit sechs bis acht Vicepräsidenten an der Spitze, gefolgt von den Mitgliedern, alle im Frack, voran die flatternde Vereinsfahne mit dem Vereinsabzeichen, dem veredelten Floh, im Felde!

Von da ab begann das Waidwerk, diese edle freie Kunst und Manneslust, in jene barocken Bahnen einzulenken oder, richtiger, abgedrängt zu werden, welche das Ende des siebzehnten und das ganze achtzehnte Jahrhundert charakterisiren.

---

*) Originaltext.

Es genügte der damaligen Geschmacksrichtung nicht mehr das morgenstille, herrliche Waldrevier, nicht mehr der herbstlich prangende Buchenwald, die ragenden ernsten Edeltannen; man fand es reizender, den Jagdplatz mit bemalter Leinwand, mit einer Gattung Coulissen zu umstellen, auf welchen symmetrisch verschnittene Baumgruppen — wahre Eunuchen — und griechische Tempelchen mit Schnörkeln im Rococostyl geklext waren. Wahrlich, ein eigenthümliches Relief für die Jagd auf den edlen Hirsch, das hauende Schwein, den schlauen Fuchs! Der schäumende Wildbach des grünen herrlichen Wald-Revieres war hier durch plätschernde Springbrunnen surrogiert; — statt dem mit duftendem Tannenreis bekleideten Jagdschirm prangten Jagdpavillons in bunter Bemalung mit schwellenden Polstersitzen, von vergoldeten Kuppeln überdacht.

Den ernsten weichen Klang des Waldhorns fand man eben auch zu eintönig und es wurden der Jagdmusik auch Pauken beigesellt, ein Instrument, welches der bemalten Leinwand allerdings besser angepasst war, als das Waldhorn des Waidmanns mit seinem herrlichen Klang und Nachklang!

Indess, auch dies genügte bald nicht mehr.

Zu den Schäferscenen und — Schäferstündchen nach dem damaligen Geschmack, musste ein passendes Pendant gefunden werden und — man erfand das Fuchsprellen.

Das Fuchsprellen fand häufig in den Höfen der Schlösser und Residenzen oder in eigens für diesen Zweck ummauerten, eingeplankten, oder aber mit Dunkelzeugen verstellten Räumen statt.

Die für diese »Jagdzwecke« gefangenen Füchse wurden in Klappkasten bereit gehalten und es wurden deren stets mehrere gleichzeitig losgelassen.

Das Verfahren selbst — das Prellen — erforderte immerhin einen gewissen Grad von Behendigkeit und Geschicklichkeit und bestand darin, dass der im relativ engen Raume umhergejagte

Fuchs durch ein Prellnetz hoch empor geschleudert wurde, welches von zwei Personen — einem Herrn und einer Dame — gehalten und gehandhabt wurde.

Diese Prellnetze waren aus vier bis fünf, an einer etwa $^{3}/_{4}$ Meter langen rundgedrehten hölzernen Handhabe parallel laufend befestigten Schnüren gebildet, welche letztere, diagonal sich kreuzend, von leichteren Schnüren durchzogen waren. Auch schmale Tücher wurden hiezu verwendet. Die Netze oder Tücher wurden lose gehalten, so dass sie am Boden gebreitet lagen. Nahm nun der ziemlich rathlos umherspringende Fuchs seinen Weg über das Netz und er musste dies wohl, da meist sechs bis zehn Paare »Jäger« und »Jägerinnen« im Raume vertheilt waren, dann zogen Beide gleichzeitig das Netz oder Tuch stramm an und der Fuchs flog »geprellt« klafterhoch in die Höhe, wurde durch dieses oder das benachbarte Prellnetz wieder aufgefangen und neuerdings in die Höhe geschleudert, bis er verendete.

Um diese »Jagd« noch pikanter zu gestalten, wurden später neben den Füchsen auch noch Frischlinge in den Raum gelassen.

Die resoluten jungen Wildschweine benahmen sich sehr agressiv, fuhren den Cavalieren zwischen die Beine, den Jägerinnen unter die Reifröcke. — Da gab's dann allerdings pikante Situationen und Événements in Fülle, um so mehr, wenn man weiss, dass ein heranfahrender Frischling auch den stärksten Mann über den Haufen rennen kann.

Der alte Flemming beschreibt das Prellen wie folgt:

»Erscheinen nun an dem bestimmten Tage die Cavaliers und Dames in grüner mit Gold und Silber verchamerierten Kleidung bei Hofe, so werden sie an den verlangten Ort invietiret und alsodann in eine bunter Reihe, wechselweise ein Cavalier und eine Dame gestellet und also, dass eine jede Dame ihren Cavalier gegenüber habe vor sich, welcher mit ihr den Fuchs mit den hiezu behörigen schmalen Prellnetzen aufziehet und prellet.

»Soll es dann bald zu Ende gehen, dann werden die Sauen los gelassen (Frischlinge und geringe Bachen) und die machen dann bei den Dames unter den Reifröcken einen solchen Rumor, dass nit zu beschreiben!*).

Nachdem man eben Vieles umschreiben müsste, wäre das beschreiben allerdings einigermassen schwierig.

An den meisten Höfen war damals das Fuchsprellen in Mode und wurden namentlich in Würtemberg und in Hessen, besonders von der Landgräfin Amalie Elisabeth von Hessen († 1651), häufig abgehalten.

Gelegentlich der Vermählungsfeierlichkeiten bei der Hochzeit des Kaisers Leopold I. mit der spanischen Infantin Margaretha Theresa wurden im Prater am 16. December 1665 über 100 Füchse und 50 Hasen geprellt.

Bei der Heimführung der Landgräfin Magdalena Sibylla von Hessen durch den Herzog Wilhelm Ludwig von Würtemberg, fand auf dem Schnarrenberge bei Stuttgart im Jahre 1674 ein solennes Fuchsprellen statt.

Fuchsprellen im grossartigsten Maßstabe und mit grossem Gepränge wurden von August dem Starken und dessen Sohn und Thronfolger August II. in Dresden abgehalten.

So fand im Jahre 1722 in der Hof-Reitbahn zu Dresden ein Fuchsprellen statt, wobei 160 Füchse, und im Jahre 1747 ein solches statt, bei welchem in neun Abtheilungen die enorme Zahl von 414 Füchsen, 281 Hasen, überdies noch 39 Dachse und sechs Wildkatzen geprellt wurden.

Altmeister Döbel beschreibt ein solches solennes Fuchsprellen, welches Herzog Ludwig Rudolf zu Braunschweig und

---

*) Da hat der alte Flemming recht. Mir liegt eine alte Handschrift aus jener Zeit mit einer so detaillirten, unverblümten Beschreibung eines solchen »Rumors« vor, dass ich deren Reproduction aus sittlichen Gründen unterlassen muss.   D. V.

Lünneburg im Jahre 1724 in Blankenburg hielt und bei welchem der·Genannte selbst als Jäger Dienste that.

Er beschreibt diese Jagd wie folgt:

»Wie der Platz zum Prellen eingerichtet und die Thiere am Tuche hingeschafft, denen Hasen vorher von starkem gepappten Papiere, Kragen, Leyern, Violinen und allerhand musikalische Instrumente vorstellende, auch sonst unterschiedliche Portraits an- und aufgemacht waren; so hatten sich die Jäger vor dem Schlosshofe rangiret. Dabey hatten sich einige mit glattanliegenden grünen Beinkleidern, Strümpffen und kurtzen dergleichen Westen, welche in die Hosen ein- und angemacht waren, dass es anzusehen, als ob es in einem Stücke wäre, um den Leib von Wintergrün, als aus Orangerie-Laube, Kräntze, auf dem Kopffe unaufgeschlagene Hüthe, worunter sie eine Tour hatten, welche den Greiss-Haaren ähnlich und übers Gesicht eine Masque, an welcher ein breiter langer Bart war, angethan: Die andern Jäger aber waren mit proprer grüner Kleidung und Stieffeln bekleidet, in der Hand eine Spiss-Ruthe habende.

»Wie nun die erstern, als die abgemahlten wilden Männer aussahen, so war auch einer unter ihnen, welcher den Pohlnischen Bock pfeifen konnte. Demselben war ein Fuchs verfertigt darauf er, wie auf einem Pohlnischen Bocke pfeifen konnte dabey ein anderer die Violine spielete. Ferner waren zwey Jäger die das Parforce-Horn musicalisch blasen konnten. Annoch waren zwey Jäger die mit ebensolcher Masque, die Hüfft-Hörner bliesen. Hiezu war ein Marsch komponiret, dass, da die Parforce-Hörner in einer Clausul etliche Pausen hatten, die Hüfft-Hörner einfielen, bliesen, und mit ihnen angenehm harmonirten.

»Hierauf geschah der Aufzug: Vorher ging der jüngste Jagd-Junker, mit blossem Hirschfänger in der Hand. Diesem folgte der Fuchs- oder Bock-Pfeifer, danebst die Violine und spielten ihren Marsch. Nach diesen kamen etliche mit obengenannten wilden Manns-Habit und verstümmelten Bäumen in

der Hand. Nach denen kamen die mit den Parforce- und Hüfft-
Hörnern, welche wechselweise mit der vorhergehenden Music
ihren Marsch bliesen. Nachdem kam ein Forst-Meister mit dem
blossen Hirschfänger in der Hand. Diesem folgten die andern
Jäger Paar und Paar nach ihren Range und zogen also im
Angesicht der Durchlauchtigen Herschafften und zuschauenden
Cavaliers und Dames zum Schloss-Hofe hinein, nach dem eingerichteten Platze, woselbst das Tuch geöffnet war, erstlich
drum herum, und alsdann hinein. Allda wurden sie also rangiret, dass an einem Ende die Parforce- und Hüfft-Hörner, am
andern aber der Fuchs und die Violine und sodann ferner
die Jäger rund herum stunden. Hierauf kamen die Cavaliers
Paar und Paar in den Platz, woselbst die Prellen gesteckt waren.

»Hierbey muss mit anmercken, wie die Prellen gemacht
werden. Dieselben können nun auf zweyerley Art verfertigt
werden: Erstlich macht man solche von Gurten, wie an den
Satteln zu Bauch-Gurten genommen werden, sie müssen aber
einer starken Hand breit und neun bis zehn Ellen lang seyn
An beyden Enden wird ein Knebel gemacht, daran man mit
beyden Händen angreiffen kann.

»Ferner werden dergleichen auch von Leinen gemacht,
die eines Fingers Dicke und zehn bis zwölf Ellen lang sind.
Hierzu kommen hölzerne Knebel, in welchen vier Löcher und
ein jedes Loch vier Zoll vom andern sind. Dadurch werden
die Leinen gezogen und mit einem halben Knoten geknüpfft.
Die Knebel kommen auch $1\frac{1}{2}$ Elle weit auseinander; an beyden
Enden aber werden zwey Knebel angemacht, da man an beyden
Seiten angreifen kann und prellet es sich mit diesen Leinen-
Prellen besser, als mit den erstern.

»Um aber auch in Beschreibung des vorerwähnten Prellens
fortzufahren, so traten die Cavaliers an ihre Prellen. Darauf
werden aus denen Kasten etliche von denen Füchsen und
Hasen in den Platz gelassen.

»Lauffen dieselben nun über die Prellen, so stehen die Herren schon parat, rücken beyde zugleich, dass sie zuweilen etliche Ellen hoch in die Luft fliegen. Sie kommen aber kaum herunter und wieder auf die Prelle, so werden solche schon wieder in der Lufft geschicket, davon sie denn gantz taumelnd und herum kriechend werden. Etliche crepiren auch, oder man schlägt sie vollends todt. Solches wird denn folgends mit allen vorbenannten Thieren continuiret. Die Dachse und Frischlinge prellen sich wegen ihrer Schwere so gut nicht; die Katzen aber bleiben öffters an den Prellen kleben.

»Dieses Prellen, wie es oben mit dem Aufzuge angefangen wurde, nachdem alle Füchse, Hasen und andern Thiere geprellet und todt geschlagen waren, auch nach ihrer Ordnung rangiret; also zogen sie wieder aus dem Platze und auf Ihro Hochfürstl. Durchl. gnädigsten Befehl hinauf in Dero Speise-Saal, woselbst die gesammte Jägerey mit den Hüft-Hörnern blasen muste; da denn die Durchl. hohen Herrschaften auf aller braver Jäger Gesundheit beliebten ein gross Glas zu trincken, dabey jedesmal geblasen wurde und sie zum Final das Wald-Geschrey hören liessen. Nachgehends wurden die Jäger magnifique tractiret.

»Solchemnach ist dieses Fuchs-Prellen ein sonderliches Plaisir, besonders wenn sich die zwey, so mit einander prellen, einander recht verstehen und zugleich rücken, so bringen sie den Fuchs sechs bis acht Ellen in die Höhe. Rücken sie aber nicht in einem Tempo, so überschlagen sie selbige nur, dass sie von einer Prelle auf die andere kommen.

»Zudem ist dieses Fuchs-Prellen auch eine vollkommene Leibes-Bewegung und Motion. Es gehört aber auch so viel Force als Geschicklichkeit hierzu.

»Wer mit dem Prellen die Vortheile nicht recht in Acht nimmt, der kan vom andern umgerückt werden, oder aber sich doch verrenken.

»Denn wer nur so zusiehet, solte zwar nicht meynen, dass viele Geschicklichkeit hierzu erfordet würde; ich versichere aber, dass, wie schon gedacht, nicht nur die Force, sondern auch die Vortheile hierzu nöthig sind.«

Das Fuchsprellen erforderte einen ziemlichen Grad von Kraft und Behendigkeit. Als eben diese Gattung Sport in Mode war, geschah es nicht selten, dass hiezu an 200 Füchse beigestellt wurden.

Bei einem »Prell«- und »Lust-Jagen«, welches im Jahre 1751 auf der Stallbahn vor dem königlichen Schloss zu Dresden abgehalten wurde, prellte man am ersten »Jagd«-Tage 687 Füchse (am 1. März) und den nächstfolgenden Tag überdies noch den übrig gebliebenen Rest von 83 Stück!

Welcher enorme Aufwand in jeder Richtung war da erforderlich um diese Zahl von lebenden Füchsen rechtzeitig herbeizuschaffen. Ein Beweis, dass es damals, trotz des Prellens eine Jägerei gab, die in ihrem vielgliedrigen Berufe und namentlich im Fangen Bescheid wusste.

»Wenn man«, sagt Kobell in seinem »Wildanger« treffend, »die Portraits von Damen aus jener Zeit betrachtet, wie sie so kindlichen Gemüthes eine Rose oder Lilie in der Hand haltend, dargestellt sind und man denkt an's Fuchsprellen, so gibt's einem, wie man bei uns sagt, »einen Riss«, der manchen schönen Wahn entzwei reisst!«

Historisches über Parforcejagd.

Die historischen Ueberlieferungen rücksichtlich der Parforcejagd reichen ziemlich weit in die Zeitperiode des Mittel-
alters zurück.

Sowohl in England, wie in Frankreich, Deutschland und
Oesterreich, lassen sich Spuren dieser Jagdmethode schon zu
Ende des dreizehnten und im Beginne des vierzehnten Jahr-
hunderts entdecken.

Eduard I. von England († 1307) hielt eine Meute von
12 Fox hounds, die der Obhut eines eigens hiezu bestellten
Jägers: »the Kinge's huntsman of Foxes« anvertraut waren.

In Deutschland und Oesterreich war das vom »Strick-
Hetzen« bereits im Mittelalter sehr beliebt und es wurden bei
der »Sauhatz über Land« auch häufig Füchse parforce gejagt
und von den Hunden gefangen.

Die Ueberlieferungen des fünfzehnten und sechzehnten
Jahrhunderts über die Fuchsjagden sind indess äusserst lücken-
haft und treffend ist die Stelle einer englischen Handschrift:
»dass die Barone und Squires bei Tage eben nur ritten und
des Abends nur tranken«.

Gewiss ist es, dass zu Beginn des sechzehnten Jahrhunderts in England die Parforcejagd im heutigen Genre noch
keine Verbreitung gefunden hatte, denn Gervase Markham reiht
den Fuchs dem Dachse an und sagt in seinem Buche »Cavalerie,
oder der Theil der Kunst, worin enthalten ist die Wahl der
Behandlung und Pflege der Jagdpferde zum Vergnügen oder
zum Wetten — L. 1618 —« folgendermassen:

»Für die Fuchs- und Dachsjagd, obgleich sie viel mehr
Schnelligkeit verlangt (als die Otterjagd) und immer auf festem
Boden geübt wird, kann ich doch nicht zugeben, Pferde zu dres-
siren, weil sie mindesten auf waldigem rauhen Grunde sich be-

wegt, wo ein Pferd weder bequem gehen, noch sich genug vorsehen kann, ohne in Gefahr zu kommen zu stolpern«.

Diese Geringschätzung des Fuchses in jener Zeitperiode bespricht Oliver St. John in einer im »langen Parlamente« gegen Strafford gehaltenen Rede, wo er, wie Macaulay anführt, erklärte: »Strafford dürfe nicht betrachtet werden wie ein Hirsch oder Hase, sondern wie ein Fuchs, der auf alle Weise gefangen und ohne Mitleid auf den Kopf geschlagen werden müsse.«

Mit der Abnahme des Hochwildes im Freien und der im Aufschwunge begriffenen Landescultur begann man indess bald Meister Reinecken mehr Aufmerksamkeit zuzuwenden.

Im Jahre 1762 wurde »Tarporley« oder »Cheshire Hunt« gegründet und hielt ihre erste Versammlung am 14. November desselben Jahres.

Die vereinbarte Uniform war damals ein blauer Rock mit einfachen, gelbpunktirten Knöpfen, rothe Sammtmütze und eine wollene Weste mit zwei Reihen Knöpfen. Der Rockärmel war eingeschnitten und aufgeschlagen, die Satteldecke war scharlachroth, die Gurte blau und der vordere Theil der Zügel mit Scharlach überzogen.

Die Statuten waren mit einigen originellen Paragraphen ausgestattet. So war es bestimmt, dass jedes Mitglied nach dem Mittag- und Abendessen nur je drei volle Becher trinken dürfe — nachher jedoch könne jedes Mitglied trinken was es wolle und könne.

Ein anderer Paragraph enthielt die Bestimmung, dass: Soferne ein Mitglied in den Stand der Ehe trete, er verpflichtet sei — seinen Genossen je eine gesteppte lederne Hose zum Geschenke zu machen.

Mit den Fuchsjagden begann der Club im Jahre 1769. Die Farben des Jagdkleides wurden zu derselben Zeit abgeändert und die Club-Mitglieder trugen nun einen rothen Rock, grüne

Kappe und eine Weste von gleicher Farbe. Die rothe Satteldecke erhielt eine grüne statt der blauen Gurte, alles Uebrige
blieb unverändert.

Die älteste Fox hound-Jagd in England ist jene der Brokle-
sby-Koppeln, welche von der Familie des Earl of Jarborough
über 130 Jahre unvermischt erhalten wurde und deren genau
geführter Stammbaum über 100 Jahre alt ist.

Vielfach wird behauptet, dass die Fuchsjagd und insbesondere die Art des Jagens, wie auch die Dressur der Hunde
in neuerer Zeit wesentliche Aenderungen erfahren habe — dies
scheint jedoch, wie dies historische Ueberlieferungen erweisen,
durchaus irrig.

So wird die Behauptung, »dass man früher schwere und
weit langsamere Hunde züchtete«, dadurch widerlegt, dass sich
im Broklesby-Park ein von dem berühmten Thiermaler Stubbs
1792 gemaltes Portrait des »berühmten Hundes Ringwood«
befindet, dessen Formen durchaus den Zuchtprincipien der Gegenwart entsprechen.

Die Leistungen der bekannten Hunde Blue-Cap und Wanton
werden von keinem Hunde der Gegenwart übertroffen und doch
sind mehr denn 80 Jahre seither verronnen.

Der bekannte ausgezeichnete Jagdschriftsteller und Dichter
Somerville, welcher im Jahre 1742 starb, hinterliess Anweisungen
zur Fuchsjagd, welche ebensogut heute geschrieben sein könnten;
es erscheint lediglich die Stunde des Rendez-vous von 8 Uhr
Morgens (oder noch zeitiger) dermal auf 11 bis 12 Uhr Mit-
tags verlegt.

Einer der grössten Gönner und Verehrer des Fox-hunting
zu Anfang dieses Jahrhunderts war der Herzog von Cleveland.

Er fütterte seine Hunde selbst und jagte durch volle
dreissig Jahre den Fuchs in der Umgebung seiner Residenz
Raby-Castle.

Durch eine lange Reihe von Jahren jagte dieser Sport-
mann par excellence regelmässig sechs Tage in der Woche und
hielt, um in keiner Weise genirt zu sein, in jedem der Gast-
höfe seines Jagdgebietes vollständige Garderoben.

War nun die Jagd beendet, dann ritt er in den nächst-
gelegenen Gasthof, wechselte die Kleider, bestieg seinen mit
einem Viererzug bespannten Wagen und fuhr dem Schlosse zu.

Sobald er sich diesem näherte, wurde am Eingange des
Parkes eine dort aufgestellte Kanone gelöst und er fand das
Diner bereits servirt — nachdem er vom Wagen gestiegen war.

Ein Fuchsjäger erzählte ihm einst, dass eine Dame ihren
Gatten bewogen habe, sich seiner Meute zu entäussern.

»Hätte meine Frau dies gethan«, rief der Herzog, »ich
würde sie nie mehr — küssen, — bis — sie ihre Nachthaube
abnähme und mit mir riefe:

Tally — ho!«

a

b

Spur des Fuchses.

a Vorder- *b* Hinterbrante.

Spur des Fuchses, schnürend.

Tafel III.

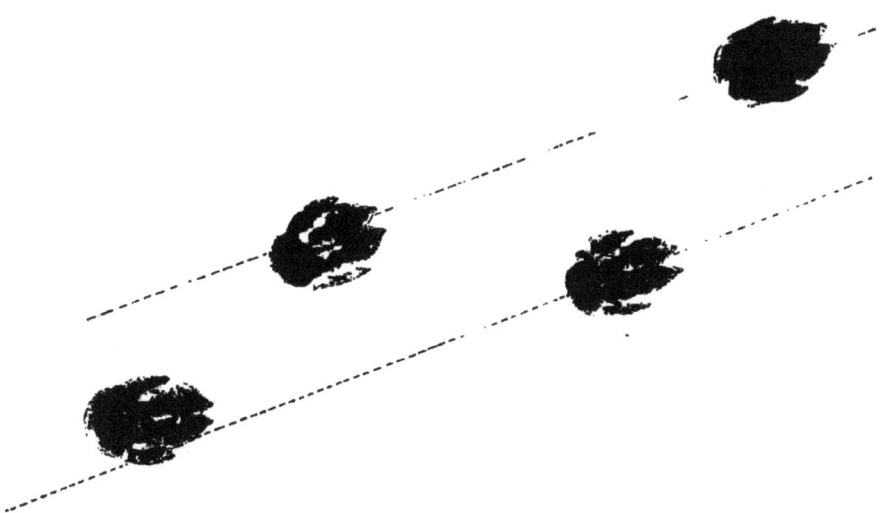

Spur des Fuchses, schleichend.

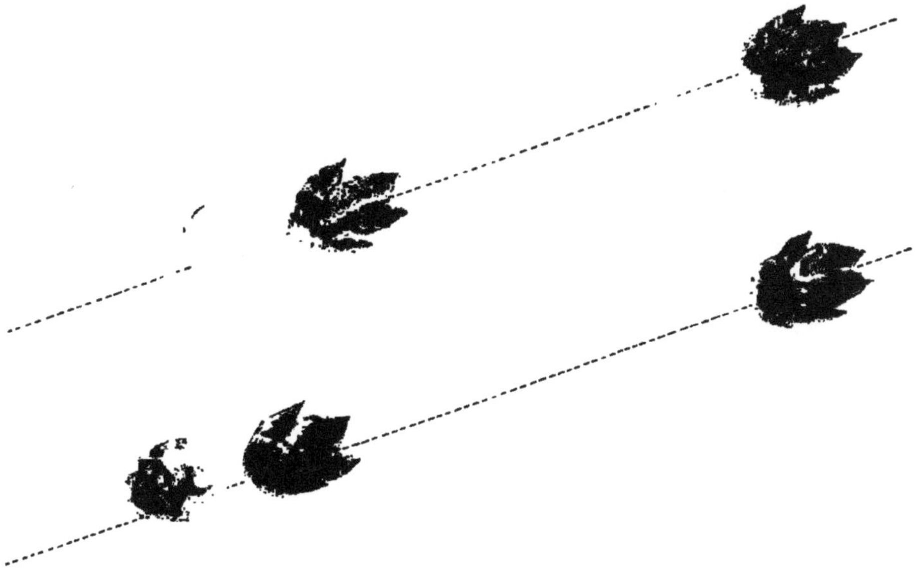

Spur des Fuchses, flüchtig.

Horizontal-Segment eines Fuchsbaues.

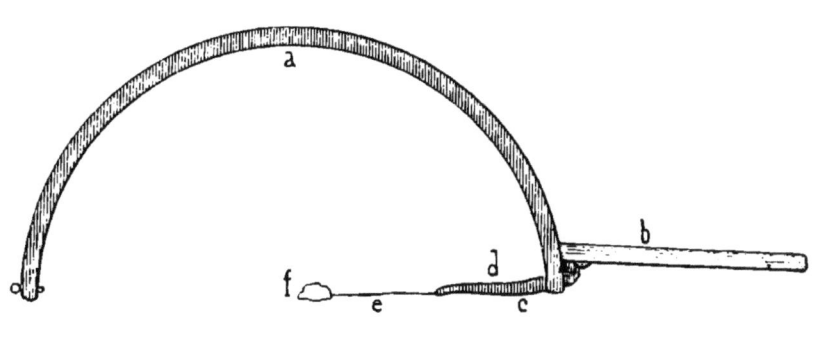

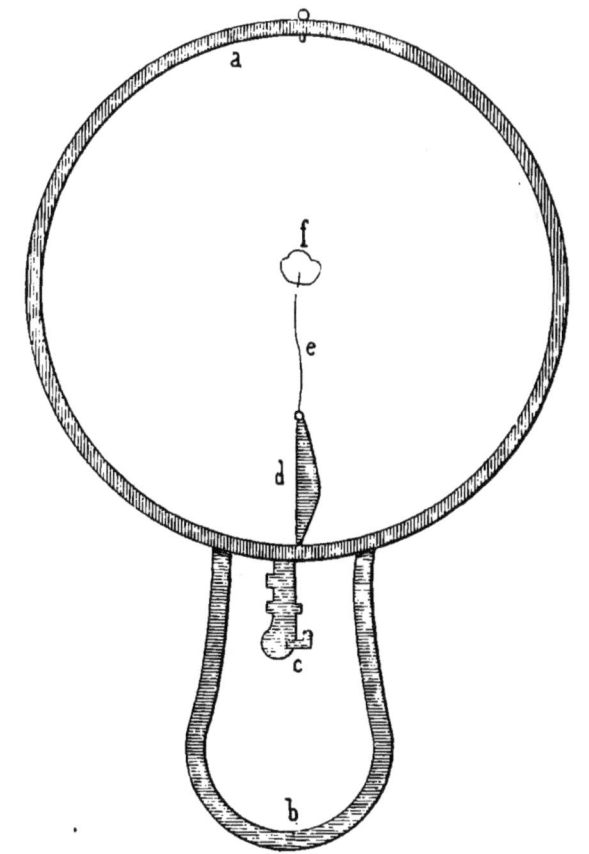

Schwanenhals.

a Bügel, *b* Feder, *c* Schloss mit Abzug, *d* Röhre, *e* Abzugfaden, *f* Abbiss.

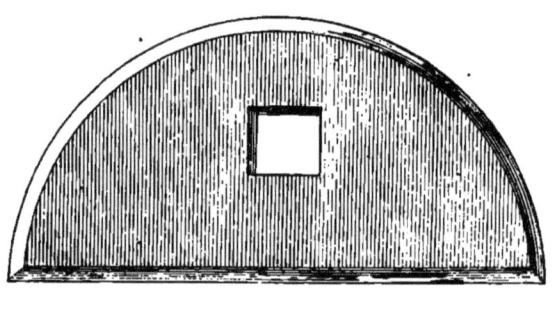

a

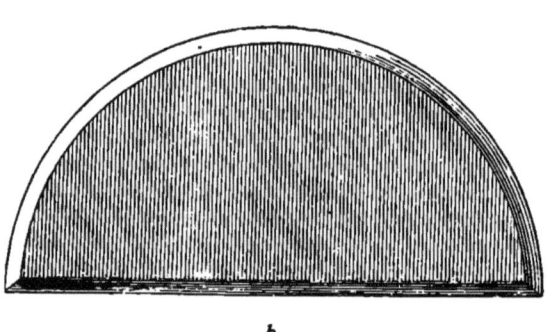

b

Deckbrettchen für den Schwanenhals.

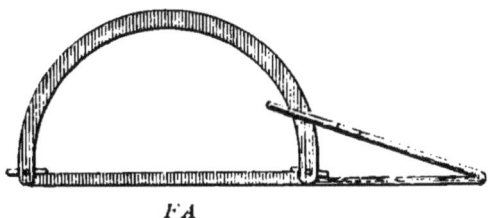

FA

FB

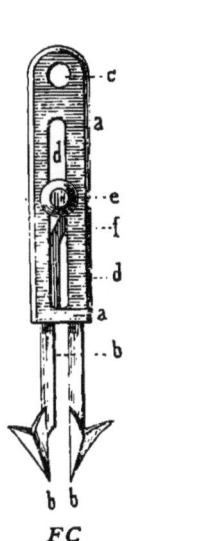

FC

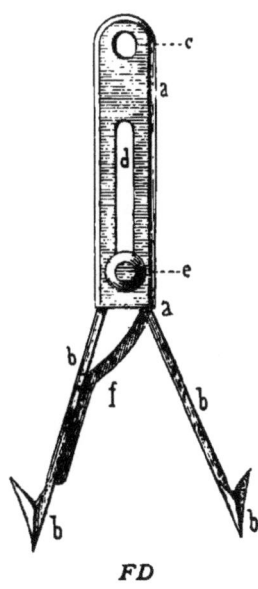

FD

FA u. *B* Teller- oder Tritteisen.
FC u. *D* Fuchsangel.

Fuchs-Grube.